SEBASTIAN
DETTMERS

DIE GROSSE ARBEITS~~ER~~LOSIGKEIT

Warum eine schrumpfende Bevölkerung
unseren Wohlstand bedroht und
was wir dagegen tun können

FBV

Bibliografische Information der Deutschen Nationalbibliothek:
Die Deutsche Nationalbibliothek verzeichnet diese Publikation in der Deutschen Nationalbibliografie. Detaillierte bibliografische Daten sind im Internet über http://dnb.d-nb.de abrufbar.

Für Fragen und Anregungen:
info@finanzbuchverlag.de

Originalausgabe, 1. Auflage 2022

© 2022 by FinanzBuch Verlag, ein Imprint der Münchner Verlagsgruppe GmbH
Türkenstraße 89
80799 München
Tel.: 089 651285-0
Fax: 089 652096

Redaktion: Jordan Wegberg
Korrektorat: Silvia Kinkel
Umschlaggestaltung: Sonja Vallant
Satz: Daniel Förster
Druck: GGP Media GmbH, Pößneck
Printed in Germany

ISBN Print 978-3-95972-595-8
ISBN E-Book (PDF) 978-3-98609-125-5
ISBN E-Book (EPUB, Mobi) 978-3-98609-126-2

Wir produzieren
nachhaltig
www.m-vg.de

Weitere Informationen zum Verlag finden Sie unter:

www.finanzbuchverlag.de

Beachten Sie auch unsere weiteren Verlage unter www.m-vg.de.

INHALT

VORWORT

Vor etwa 200.000 Jahren entwickelte sich der moderne Mensch. Die ersten 199.750 Jahre sind schnell erzählt: Es war eine Zeit minimalen Fortschritts und stagnierender Lebensbedingungen. Ob ein Mensch vor 2000 Jahren, im Mittelalter oder im 18. Jahrhundert geboren wurde – es erging ihm kaum besser, als wenn er in der Steinzeit geboren wäre. Die Lebenserwartung stagnierte bei gut 30 Jahren, 95 Prozent der Menschen lebten in Armut und kämpften jeden Tag ums Überleben.[1] Die Bevölkerung wuchs in homöopathischen Dosen. Doch vor rund 250 Jahren geschah etwas in der Geschichte absolut Einzigartiges: Der Mensch entkam der Armutsfalle.

Die Industrialisierung brachte den Menschen innerhalb weniger Generationen einen zuvor unvorstellbaren Wohlstand. Am Anfang stand ein aus heutiger Sicht simpel anmutendes Gerät: die »Spinning Jenny«. Die weltweit erste Spinnmaschine leistete genauso viel wie bis dahin acht Arbeiter. Sie gab den Startschuss zu einer einzigartigen Explosion der Produktivität. In den USA, in Deutschland und England stiegen die Produktivität und damit der Wohlstand bis heute um das bis zu Dreißigfache, weltweit immerhin um das Fünfzehnfache.[2]

Das Automobil ersetzte das Pferd, und nur 40 Jahre später flog der Mensch mit dem Flugzeug um die ganze Welt. Auf eines konnten sich die wachsenden Volkswirtschaften und ihre Unternehmen dabei immer verlassen: einen nicht versiegenden Zustrom an Arbeitskräften, vom Land in die Städte und von Land zu Land. Zudem wurde der Mensch nun immer älter. Dank ausreichender Ernährung und medizinischem Fortschritt – Antibiotika, Impfstoffe und moderne Operationstechniken – kam es global zu mehr als einer Verdoppelung der Lebenserwartung. Die Weltbevölkerung verachtfachte sich, von 1 Milliarde im Jahr 1800 auf heute fast 8 Milliarden Menschen.[3]

Der immense technische Fortschritt war nicht nur in der Lage, die rasant wachsende Zahl von Menschen zu ernähren. Global gesehen mehrte er auch deren Wohlstand enorm. Die weltweite Wirtschaftsleistung wuchs in den vergangenen 250 Jahren um mehr als das Hundertfache.[4] Natürlich gibt es nach wie vor gravierende Unterschiede zwischen einzelnen Regionen, Ländern und Kontinenten, doch auch in weniger entwickelten Ländern sind heute Güter und Dienstleistungen in breiten Bevölkerungsschichten selbstverständlich, die noch vor wenigen Generationen weltweit nur wenigen vorbehalten oder schlicht unvorstellbar waren. Dazu gehört sauberes Trinkwasser genauso wie eine medizinische Grundversorgung und die Möglichkeit, in kurzer Zeit große Distanzen zu überbrücken, genauso wie der Schulbesuch für alle Jungen und Mädchen.

Die vergangenen 250 Jahre seit Beginn der industriellen Revolution waren in vielerlei Hinsicht einzigartig. Mittlerweile ist der daraus resultierende Wohlstand zu einer Selbstverständlichkeit geworden – und wir beginnen zu vergessen, dass er auf Wachstum gründet und ohne Wachstum nicht funktioniert. Eine gefährliche Entwicklung, denn schon seit den 1970er-Jahren stottert der Wachstumsmotor. Dies zeigt sich insbesondere bei der Produktivität, der entscheidenden Triebfeder für einen steigenden Wohlstand. 2018 kam der Anstieg der Pro-Kopf-Produktivität in Deutschland zum Stillstand. Ein Alarmzeichen, denn je produktiver die Beschäftigten, desto größer die Spielräume für Lohnzuwächse und desto höher letztendlich der Wohlstand.

Mittlerweile zerbrechen sich Wissenschaftler in vielen Ländern über ein Phänomen den Kopf, das in Deutschland »Produktivitätsparadoxon«, in Großbritannien »Productivity Puzzle« und in den USA »Productivity Slowdown« genannt wird. Es erscheint unbegreiflich, dass die Beschäftigten trotz Automatisierung, trotz Digitalisierung nicht produktiver werden. Erfüllen Roboter, Internet und Smartphones die in sie gesetzten Hoffnungen nicht? Nutzen wir sie nicht richtig? Messen wir eventuell ihren Beitrag zum Wirtschaftsgeschehen falsch? Oder gibt es andere Faktoren, die unsere Produktivität zunehmend hemmen?

Der stotternde Wachstumsmotor trifft uns zur Unzeit. Denn obendrein versiegt nun auch noch der Zustrom an Arbeitskräften. Schon bald wird die Menschheit zu schrumpfen beginnen. Und es werden weder ein Virus noch ein Krieg, noch eine Naturkatastrophe sein, die zu Bevölkerungsverlusten führen. Es wird vielmehr der Wohlstand sein.

Mit den Wohlstandsgewinnen der letzten 250 Jahre ging nicht nur eine steigende Lebenserwartung einher, sondern auch eine rückläufige Geburtenrate. Egal ob wir nach Deutschland, Italien oder Spanien, in die USA, nach China oder Japan blicken: die Fertilität reicht nicht mehr aus, um die Bevölkerung stabil zu halten. Dieser länder- und kulturübergreifende Trend wird China, Japan, Italien und Spanien bis Ende des Jahrhunderts die Hälfte ihrer Einwohner verlieren lassen, Deutschland mindestens 20 Prozent und sogar rund ein Drittel der Erwerbsbevölkerung.[5]

Wir erleben eine Zeitenwende. Der wichtigste Treiber des Wachstums der letzten 250 Jahre geht zur Neige: der Mensch. Statt Arbeitslosigkeit droht die Arbeiterlosigkeit. Mehr noch: Treffen sinkende Bevölkerungszahlen und eine stagnierende Pro-Kopf-Produktivität aufeinander, bedeutet das nichts anderes als ein Schrumpfen der Wirtschaft oder mit anderen Worten: jahrzehntelange Rezession. Auf die industrielle Revolution könnte ein Jahrhundert des Rückschritts folgen. Wobei es die einzelnen Wirtschaftsmächte mit unterschiedlicher Wucht treffen wird.

Die noch größte Volkswirtschaft der Welt, die USA, ist traditionell ein Einwanderungsland und kann so dem eigenen Bevölkerungsschwund entgegenwirken. Zudem investiert das Land mittlerweile Billionen US-Dollar in eine Stärkung von Industrie, Infrastruktur und Bildung und profitiert darüber hinaus von einem innovativen Hightech-Sektor. China wird noch jahrzehntelang damit beschäftigt sein, die Produktivitätslücke zum Westen schließen. Allerdings wird das Reich der Mitte schon bald die verheerenden Folgen der viel zu niedrigen Geburtenraten zu spüren bekommen.

Europa, Ursprung der industriellen Revolution, wird hingegen gleich doppelt getroffen. Während der Bevölkerungsrückgang bereits im vollen Gange ist, stagniert hier auch die Produktivität und damit der Fortschritt. Die Folge: Unternehmen halten Investitionen zurück oder verlagern sie in wachstumsstärkere Regionen. Ähnliches ist bei Forschung und Entwicklung zu beobachten. Wo vor wenigen Jahrzehnten der alte Kontinent dominierte, rangeln nun amerikanische und asiatische Koryphäen um die Spitzenplätze. Die europäischen Staaten ächzen unter der Last steigender Sozialausgaben und suchen ihr Heil in einer wachsenden Verschuldung. Großer Protest bleibt bislang aus. Das Feuer, das die industrielle Revolution einst entfachte, brennt aus. Erleben wir bald ihr Gegenteil: die Unrevolution?

Die Unrevolution wäre eine stille Revolution – ohne Kämpfe und ohne Widerstand. Sie käme leise daher, kaum wahrnehmbar. Das Wachstum würde sich verlangsamen, der Fortschritt erlahmen, bahnbrechende Innovationen ausbleiben. Davon würde keine Zeitung Notiz nehmen, kein Fernsehsender berichten. Früher oder später käme es zu Rezessionen ohne erkennbare Ursache. Auch das wäre kein Grund zur Aufregung, denn bislang folgte auf jeden Abschwung ein Aufschwung.

Über die Jahre hinweg würden wir uns an negative Wachstumsraten gewöhnen. Daran, dass Unternehmen weniger investieren, weil sie keine Wachstumschancen sehen. Dass die Infrastruktur verfällt, weil die Steuereinnahmen sinken. Dass die Investitionen in Forschung und Entwicklung sowie Bildung zurückgehen. Dass die Kosten für Rente und Gesundheit in einer alternden Gesellschaft explodieren. Dass die Staaten immer höhere Schulden aufnehmen, um handlungsfähig zu bleiben. Dass unser Wohlstand sinkt.

Und weiterhin bliebe es still. Niemand würde sich erheben, niemand auf die Straße gehen. Denn die Unrevolution breitet sich dort aus, wo Gesellschaften altern und die Bevölkerung schrumpft. Alte Gesellschaften meiden Konflikte, sie demonstrieren nicht und beginnen schon gar keine Revolution.[6] Die Unrevolution wäre ihr Gegenteil. Sie wäre durch Nicht-Handeln charakterisiert – genau das macht sie so gefährlich. Und die Gefahr rückt näher. Sehr nah. Viele Anzeichen sprechen dafür, dass die Unrevolution längst begonnen hat.

Doch die Unrevolution ist kein Schicksal, sie geschieht durch Unterlassen. Und dagegen können wir etwas unternehmen. Vielerorts ist dies bereits der Fall. Unternehmer gehen neue Wege, um die Produktivität zu steigern und Arbeitskräfte zu finden. Die Politik in anderen Ländern mobilisiert mehr Menschen für den Arbeitsmarkt und fördert gezielt hochproduktive Branchen. Öffentliche wie private Kapitalgeber investieren in Bildung sowie in disruptive Innovationen. All das macht Mut.

Noch können wir handeln, um die Wachstumskräfte auf unserem Kontinent neu zu entfachen. Dazu dürfen wir nicht mehr länger die Augen vor dem verschließen, was um uns herum passiert, und müssen beginnen, Konsequenzen zu ziehen, damit die Arbeiterlosigkeit nicht unseren Wohlstand zunichtemacht.

In meiner Arbeit komme ich immer wieder mit Unternehmen und Menschen zusammen, die dies genauso sehen – und handeln. Sie leisten ihren Beitrag, um die Produktivität mit Innovationen, mit Automatisierung und Digitalisierung nachhaltig zu steigern. Sie betreten unbekanntes Terrain und bauen mit disruptiven Ideen neue Firmen, ja ganze Branchen auf. Sie öffnen Firmentüren für Menschen mit Migrationshintergrund und ältere Arbeitssuchende und leben eine diverse Firmenkultur. Und sie beschreiten neue Wege in der Bildung von Menschen. All dies erlaubt einen Blick in die Zukunft und macht Mut. Davon soll dieses Buch handeln.

Im ersten Teil dieses Buches, »Worauf unser Wohlstand beruht«, führe ich in die Problematik ein. Ich beschreibe die einzigartige Wohlstandsexplosion in den vergangenen 250 Jahren und zeige den entscheidenden Beitrag des massenhaften Zustroms von Arbeitskräften sowie des technischen Fortschritts. Dabei werfe ich Schlaglichter auf Deutschland, die USA, China und das Mutterland der industriellen Revolution: das Vereinigte Königreich.

Der zweite Teil zeigt, was Wachstum und Wohlstand bedroht: die Arbeiterlosigkeit, ausgelöst durch eine schrumpfende Erwerbsbe-

völkerung sowie stagnierenden Fortschritt. Bevölkerungsprogno-
sen für alle Kontinente zeigen, wie schnell die Menschheit in den
kommenden Dekaden altert und schrumpft. Ich analysiere, warum
wir kaum noch produktiver werden, und beschreibe zudem die entscheidenden Produktivitätshemmnisse.

Teil drei macht an zahlreichen Beispielen deutlich, wie wir der
Arbeiterlosigkeit entkommen können. Auch wenn die Wege zur Be-
wahrung unseres Wohlstands mit politischen Forderungen verbunden sind, folgen sie keinem Parteiprogramm. Die Erhöhung des
Renteneintrittsalters ist genauso ein Thema wie ein höherer Mindestlohn, eine Flexibilisierung der Arbeitsmärkte genauso erforderlich wie eine neue Zuwanderungsstrategie. Vielleicht liegt gerade
hier aktuell ein Problem in vielen Industriestaaten. Das klassische
Rechts-Links-Schema verhindert einen unverstellten Blick auf die
Herausforderungen und blockiert konstruktive Lösungsansätze.

So ist zum Beispiel Deutschland seit Langem ein Einwanderungsland. Doch bis heute weigert es sich, dies mit allen Konsequenzen
anzuerkennen und die Voraussetzungen für eine gezielte Migration
und eine erfolgreiche Integration zu schaffen. Dabei brauchen wir
schon in dieser Dekade rund eine halbe Million Einwanderer pro
Jahr, um die Verrentung der Generation der Babyboomer zumindest
zum Teil auszugleichen, danach noch mehr. Ohne ein aktives Werben um Einwanderer, eine systematische und gezielte Steuerung
der Migration und eine erfolgreiche Integration drohen schon bald
Hunderttausende Arbeitsplätze unbesetzt zu bleiben.

Um Arbeiterlosigkeit zu verhindern, brauchen wir ein Upgrade
der Arbeit. Wenn weniger arbeitende Menschen einen immer größer werdenden Sozialstaat finanzieren sollen, braucht es mehr Investitionen in Innovation und Fortschritt. Automatisierung und Digitalisierung versprechen riesige Produktivitätssprünge, doch wir
nutzen sie nicht. Wir müssen daher konsequent neue Wege gehen,
gemeinsam mit Kollege Roboter und mit Algorithmen zusammen-
zuarbeiten.

Dabei werden wir unsere Fähigkeiten auf den Arbeitsmarkt des
21. Jahrhunderts abstimmen müssen – ein Jahrhundert, in dem wir

uns nicht mehr an Maschinen anpassen, sondern Maschinen und Algorithmen an unsere Arbeit. Statt Gehorsam und Fleiß braucht es dafür Kreativität und die Fähigkeit, komplexe Probleme zu lösen. Ohne ein Upgrade auf Bildung wird das Upgrade auf Arbeit jedoch scheitern. Denn noch heute kann ein Fünftel der Jugendlichen in Deutschland nicht einmal auf Grundschulniveau lesen und scheitert an einfachen Aufgaben wie dem Fahrkartenkauf am Automaten.

Kaum ein Thema erhitzt die Gemüter so sehr wie der Mindestlohn. Führt er zu mehr Gerechtigkeit, oder vernichtet er Arbeitsplätze? Beides vielleicht, vor allem aber halte ich die Beschäftigung einer Vielzahl von Menschen im Niedriglohnbereich für ein Symptom mangelnden Fortschritts. Daher müssen wir uns zum Ziel setzen, den Mindestlohn über die kommenden zehn Jahre hinweg weiter zu steigern.

Warum? Weil Unternehmen die Hauptverantwortung dafür tragen, den Fortschritt voranzutreiben. Der Mindestlohn ist keine soziale Wohltat, sondern eine Abgabe für unproduktive Arbeitsplätze. Der Mindestlohn soll Unternehmen dazu motivieren, in die Produktivität ihrer Mannschaft zu investieren, so ihrer sozialen Verantwortung gerecht zu werden und den Wohlstand zu steigern.

Da uns im 21. Jahrhundert eher Arbeiterlosigkeit als Arbeitslosigkeit droht, trägt ein steigender Mindestlohn dazu bei, die schrumpfende Zahl der Erwerbstätigen möglichst wertschaffend zu beschäftigen. Das ist nicht nur gut für Arbeitnehmer, sondern auch gut für die Wirtschaft und am Ende für unseren Wohlstand.

Die Beispiele zeigen: Die Arbeiterlosigkeit ist eine Folge der Entscheidungen von Menschen und kann von Menschen überwunden werden. Statt der stillen Unrevolution beginnt damit eine »laute« Revolution – eine Revolution, die unsere Gesellschaft verändert und eine neue Ära einläutet.

Der vierte Teil schließlich beschreibt eine Vision für unsere Zukunft: Wie ein Upgrade auf Arbeit gelingen kann. Wie wir Aufstiegschancen für alle Menschen schaffen, unabhängig von ihrer Herkunft, ihrem Geschlecht oder ihrer Hautfarbe. Wie wir wieder träumen, von Moonshots, von einer Zukunft, in der es unseren Kindern besser geht als uns selbst. Und noch eine Erkenntnis folgt: Wir können auch die Überbevölkerung samt ihrer negativen Auswirkungen auf das Klima und das Ökosystem der Erde aufhalten. Durch Wohlstand.

Warum schreibe ich dieses Buch? Ganz einfach: Die Arbeiterlosigkeit trifft uns völlig unvorbereitet. Und sie betrifft uns alle. Hinter uns liegen 250 Jahre explodierender Bevölkerungszahlen. Als ich vor gut 40 Jahren geboren wurde, lebten 4,4 Milliarden Menschen auf diesem Planeten, bald sind es doppelt so viele. Das bedeutete auch: bis heute gab es für jede neue Fabrik, für jedes neue Büro immer genügend Arbeitskräfte. Und für jedes Produkt, für jede Dienstleistung ließen sich immer mehr Kunden gewinnen. Die wachsende Bevölkerung ist Grundlage für unser Wachstum, Grundlage für unseren Wohlstand. Und dieser wachsende Wohlstand war bis heute die Basis für das Funktionieren demokratischer Gesellschaften. Oder kennen Sie eine Demokratie, die vor der industriellen Revolution dauerhaft funktioniert hat?

Ich halte die Arbeiterlosigkeit neben dem Klimawandel für die größte Gefahr unserer Zeit: für unseren Wohlstand, für unseren gesellschaftlichen Zusammenhalt, für das Funktionieren der Demokratie. Wir können uns nicht vorstellen, welche Auswirkungen schrumpfende Bevölkerungszahlen auf unsere Gesellschaft, auf die Weltwirtschaft haben. Weil wir es noch nie erlebt haben, nicht in diesem Ausmaß.

Betroffen sind praktisch alle entwickelten Volkswirtschaften: Europa, Nordamerika, Asien. In der Geschichte gibt es keine historische Blaupause für das, was uns bevorsteht, keine erprobten Lösungsansätze. Es liegt an uns, diese heute zu entwickeln und aus der Unrevolution eine Revolution zu machen. Ich wünsche mir eine solche Revolution. Denn ich will genau wie meine Großeltern und Eltern, dass es meinen Kindern besser geht und dass sie in Frieden und Wohlstand leben können. Dafür habe ich dieses Buch geschrieben.

All die Arbeit würde indes verpuffen, wenn Sie, liebe Leserin und lieber Leser, nicht dieses Buch zur Hand nehmen. Ich freue mich, dass Sie nun mit mir auf eine Entdeckungsreise gehen – vom Beginn der industriellen Revolution im 18. Jahrhundert bis zum Jahr 2100. Sie werden erfahren, wie unser Wohlstand entstand, was ihn gefährdet und mit welchen Ansätzen wir ihn bewahren und erhöhen können. Es geht um Fortschritt, um Wachstum und um die Fähigkeit des Menschen, Außergewöhnliches zu leisten. Natürlich stehen wir derzeit vor enormen Herausforderungen. Doch wir können sie meistern. Wir werden neue Antworten finden, damit es unseren Kindern einmal besser geht.

Dafür brauchen wir Mut. Genau das möchte ich mit diesem Buch: Mut machen, die Arbeiterlosigkeit zu verhindern und neue Wege zu mehr Produktivität und mehr Wohlstand zu gehen. Das wird nicht leicht, es erfordert große Anstrengungen von Politik, Unternehmen und Bürgern sowie die Bereitschaft, Dinge zu verändern, sie frei vom klassischen Rechts-Links-Schema zu beurteilen und Risiken einzugehen. Doch es lohnt sich!

Dieses Buch wäre nicht ohne die Unterstützung zahlreicher Menschen zustande gekommen. Mein Dank gilt daher meinem Team bei StepStone – für seinen Input, seine Ideen und seine Unterstützung. Besonders danken möchte ich meinen Kollegen Tobias Zimmermann und Franziska Eckhardt, die mich bei der Konzeption und Entwicklung unermüdlich unterstützt haben. Sie haben bis tief in die Nacht recherchiert, gedacht und diskutiert, damit dieses Buch erscheinen konnte. Ich danke auch Christoph Keese und Frank Dopheide. Sie haben mich im Sommer 2021 überhaupt erst davon überzeugt, dass man mit Büchern die Welt verändern kann – zumindest ein bisschen. Dank gebührt auch Sabine Langohr von der Keil & Keil Literatur-Agentur sowie Friederike Thompson von der Münchner Verlagsgruppe, die mich über den gesamten Prozess der Bucherstellung fantastisch unterstützt haben.

Ich danke auch meiner Frau – Swantje Dettmers. Sie hat mich nicht nur in stundenlangen Diskussionen immer wieder herausgefordert. Ohne ihre Erfahrung aus der Bildungsforschung hätte ich übersehen, wie wichtig Bildung für unsere Zukunft ist. Viele Ideen in diesem Buch entstammen außerdem dem Dialog mit

Unternehmern und Managern sowie mit Wissenschaftlern und Arbeitsmarktexperten. Sie alle aufzuführen würde die Dimension eines Vorworts sprengen. Einige finden sich mit ihren Werken im Literaturverzeichnis wieder. Daher an dieser Stelle nur ein Wort: Danke!

TEIL 1

WORAUF UNSER WOHLSTAND BERUHT

WACHSTUM UND WOHLSTAND: NUR EINE ANOMALIE DER GESCHICHTE?

Krise? Welche Krise?

Es ist Montag, der 1. Februar 2021. Draußen ist es düster, nass und kalt. Im Büro herrscht Totenstille, die meisten unserer 3500 Mitarbeiterinnen und Mitarbeiter sitzen seit Monaten fast ausschließlich am heimischen Schreibtisch. Hinter uns liegt der stärkste Einbruch der Weltwirtschaft seit dem Zweiten Weltkrieg – ausgelöst durch ein Virus: 2020 brach die Wirtschaft weltweit um 3 Prozent ein, in den entwickelten Volkswirtschaften sogar um fast 5 Prozent.[1] Großbritannien, bekannt für seine lang zurückreichenden Statistiken, meldete mit knapp 10 Prozent den stärksten Wirtschaftseinbruch seit über 300 Jahren.[2]

Gleich zu Beginn der Corona-Pandemie stürzten die Aktienindizes der USA, Großbritanniens, Deutschlands und Japans binnen weniger Wochen um teilweise fast 40 Prozent. Globale Lieferketten kamen zum Erliegen. Vor den großen Häfen der Welt lagen Hunderte Containerschiffe ohne Auftrag – sie wurden zum Sinnbild der gravierenden wirtschaftlichen Folgen. 400.000 Seeleute strandeten auf See und konnten nicht zu ihren Familien heimkehren.[3] Arbeitslosenzahlen schnellten in die Höhe, in den USA von gut 3 auf fast 15 Prozent[4] – das gab es zuletzt 1933 während der Großen Depression, der bislang größten Wirtschaftskrise in der Geschichte der USA.

Um Arbeitsplätze zu sichern, setzten vor allem in Europa etliche Regierungen auf milliardenschwere Kurzarbeitsprogramme. Experten schätzen, dass einzig so über 50 Millionen Menschen ihren Job behalten konnten. Während der Finanzkrise ein gutes Jahrzehnt zuvor war es nur ein Bruchteil dessen gewesen. Allein in Deutschland liefen zum Höhepunkt der Pandemie Kosten von rund 500 Millionen Euro auf – pro Woche. Regierungen in aller Welt nahmen Billionen von neuen Staatsschulden auf, damit sich die Pandemie so wenig wie möglich auf ihre Wirtschaftsleistung auswirkt.

Derartige Auswirkungen auf das weltweite Wirtschaftsgeschehen hatten weder die Ölkrise noch der Irak-Krieg oder die Finanzkrise von 2008 gehabt. Aber ist ein Virus wie SARS-Cov-2 auch in der Lage, das Ende eines jahrhundertelangen Wachstumszyklus einzuleiten? Wohl kaum.

Die Geschichte lehrt uns, dass konjunkturelle Krisen im 20. und 21. Jahrhundert in Friedenszeiten selten länger als ein bis zwei Jahre dauern. Zu groß sind die Selbstheilungskräfte der Wirtschaft, zu groß ist das Streben von Staat und Unternehmen nach Wachstum. So brauchte die Wirtschaft nach der Korea-Krise von 1953 lediglich zehn Monate, um sich zu erholen. Die Ölkrisen von 1973 und Anfang der 1980er-Jahre waren jeweils nach 16 Monaten überstanden, der Dot-Com-Crash zur Jahrtausendwende nach nur acht Monaten, die Finanzkrise von 2008 nach 18 Monaten.[5]

Und so wird uns auch die Covid-Pandemie lediglich als eine unter vielen Zäsuren in Erinnerung bleiben, die das Wachstum der globalen Wirtschaft kurzzeitig unterbrochen haben. Denn dazwischen liegen durchschnittlich acht bis zehn Jahre mit einem steten wirtschaftlichen Wachstum, steigenden Beschäftigungszahlen und florierenden Aktienmärkten.[6] Kurzum: mit steigendem Wohlstand.

Das Wachstum der vergangenen 250 Jahre wurde vor allem aus zwei Faktoren gespeist: dem Bevölkerungswachstum und dem Fortschritt. Kleine Betriebe, große Konzerne und ganze Volkswirtschaften konnten vor allem deswegen wachsen, weil in einer wachsenden Bevölkerung immer mehr Arbeiter, immer mehr Talente zur Verfügung standen. Seit 1800 hat sich die Zahl der Erdbewohner verachtfacht. Mehr noch: Getrieben durch immer neue Ideen, durch bahnbrechende Erfindungen und nicht zuletzt durch flächendeckende Bildung entstand ein Fortschritt, der all diese Menschen immer produktiver werden ließ.

In einem Bruchteil der Menschheitsgeschichte haben wir die Eisenbahn, das Auto und das Flugzeug erfunden, den Funk, das Telefon und das Internet. Es ist vor allem diese Kombination aus Bevölkerungswachstum und Fortschritt, der wir unseren heutigen Wohlstand zu verdanken haben. Sie ist der Grund, warum Wirtschaftskrisen nie lange gedauert haben.

Doch wie geht es weiter? Ich selbst habe den größten Teil meines Lebens angenommen, Bevölkerungswachstum und Fortschritt würden linear verlaufen. Ich teilte wie viele Menschen die Angst vor einer Überbevölkerung unseres Planeten: Unmöglich könnte die Menschheit immer weiter wachsen, ohne dass es irgendwann zur Katastrophe käme! Vielleicht würde eine Krankheit die Menschheit dezimieren oder gar auslöschen, vielleicht eine Naturkatastrophe, vielleicht ein Atomkrieg?

Gleichzeitig war und bin ich fasziniert vom Fortschritt. Ich liebe Science-Fiction-Romane. Welche Innovationen würde die Menschheit wohl in den nächsten 200 Jahren hervorbringen? Den Meeresboden besiedeln? Den Mars vielleicht?

Heute weiß ich: Es war naiv, anzunehmen, dass sich Bevölkerung und Fortschritt auch in Zukunft linear weiterentwickeln. Denn wir müssen uns eines klarmachen: Unsere Wachstumsgeschichte ist gerade einmal 250 Jahre alt. Erst die industrielle Revolution entfesselte den weltweiten Fortschritt und ließ die Bevölkerung explodieren. Sie ist die Grundlage unseres heutigen Wohlstands.

Doch was sind schon zweieinhalb Jahrhunderte angesichts der 200.000-jährigen Geschichte des modernen Menschen, der praktisch durchgehend in Armut lebte? Vielleicht sind die letzten 250 Jahre nur eine Anomalie der Geschichte. Vielleicht haben wir einfach nur das Glück, genau zum richtigen Zeitpunkt geboren zu sein. Denn schon bald wird die Weltbevölkerung anfangen zu schrumpfen. Und auch der Fortschritt hat schon längst begonnen, nachzulassen. Die Arbeiterlosigkeit wirft ihre Schatten voraus.

Wer die Herausforderungen der Zukunft verstehen möchte, muss die Einzigartigkeit unserer Zeit erkennen: den enormen Fortschritt der vergangenen zweieinhalb Jahrhunderte, den Erfindergeist unserer Groß- und Urgroßeltern, ihren Willen, die Menschheit in eine völlig neue Zeit zu führen, eine neue Wirtschaftsordnung zu erfinden, eine neue Politik. Unser heutiger Wohlstand mag uns als eine Normalität vorkommen. Wir empfinden es als normal, dass heute fast jedes Kind das Erwachsenenalter erreicht, dass wir kaum noch Hunger leiden. Bildung, unser Gesundheitssystem, unsere Infrastruktur – all das ist Alltag geworden. Doch unser Wohlstand ist alles andere als normal. Unser Wohlstand ist eine Anomalie der Geschichte. Er ist jung, und er ist fragil.

Wachstum als Garant für Wohlstand und Stabilität

Hinter uns liegt ein einzigartiger Aufschwung. Seit dem Beginn der industriellen Revolution Ende des 18. Jahrhunderts ist eine wachsende Wirtschaft der entscheidende Wohlstandsmotor und die unverzichtbare Grundlage stabiler Nationen. In den vergangenen 250 Jahren stieg die globale Wirtschaftsleistung um rund das Hundertfache. Und laut Weltbank gibt es kein einziges Land auf der Erde, dessen Wirtschaft in den letzten 25 Jahren nicht gewachsen ist.[7]

Für die meisten Menschen verbesserten sich die Lebensbedingungen dabei rasant. Auch wenn die Armut noch nicht besiegt ist, ging es der Menschheit noch nie so gut wie heute. Von den fast 8 Milliarden Menschen leben nur noch knapp 10 Prozent in extremer Armut, müssen also mit weniger als etwa 2 Dollar pro Tag auskommen.[8] Die Produktivität pro Kopf – der beste Indikator für den Wohlstand – liegt im globalen Durchschnitt etwa fünfzehnmal so hoch wie im Jahr 1820.[9] Was für ein Wachstum! Aber was ist eigentlich Wachstum? Und was hat es mit Wohlstand zu tun? Viele Begriffe schwirren im Raum herum, machen Schlagzeilen und finden

Eingang in politische Diskussionen: das Bruttoinlandsprodukt, Auf- und Abschwünge, Rezessionen, die Produktivität und schließlich der seit Ludwig Erhards Zeiten sagenumwobene Wohlstand. Wir werden uns daher ganz kurz damit beschäftigen.

Wenn über das Wirtschaftswachstum gesprochen wird, geht es meist um das Bruttoinlandsprodukt. Darunter versteht man den Wert sämtlicher von einer Volkswirtschaft hergestellten Waren und Dienstleistungen innerhalb eines bestimmten Zeitraums (wir werden in diesem Buch übrigens die Wirtschaftsleistung häufig in Dollar messen, um Länder miteinander vergleichen zu können). Jedes neue Auto, jedes gebackene Brot und jeder Restaurantbesuch fließen in diese Größe ein.

Werden mehr Brote gebacken, mehr Autos hergestellt, mehr Reisen gebucht oder mehr Versicherungen verkauft, steigt das Bruttoinlandsprodukt und wächst die Wirtschaft. Das ist auch der Fall, wenn Unternehmen die Qualität ihrer Brote, Autos, Reisen oder Versicherungen verbessern und diese dann zu einem höheren Preis verkaufen. Werden hingegen weniger Waren produziert oder weniger Dienstleistungen erbracht, schrumpft die Wirtschaft. Passiert das zwei Quartale lang in Folge, sprechen wir von einer Rezession.

Wachstum ist die Grundlage einer funktionierenden Marktwirtschaft. »Ohne Wachstum keine Investitionen, ohne Wachstum keine Arbeitsplätze, ohne Wachstum keine Gelder für die Bildung, ohne Wachstum keine Hilfe für die Schwachen. Und umgekehrt: Mit Wachstum Investitionen, Arbeitsplätze, Gelder für die Bildung, Hilfe für die Schwachen und – am wichtigsten – Vertrauen bei den Menschen.«[10] Mit diesen Worten machte die langjährige Bundeskanzlerin Angela Merkel klar, was eine schrumpfende Wirtschaft so gefährlich macht.

Denn wenn Unternehmen davon ausgehen müssen, dass sie weniger verkaufen können, dann investieren sie weniger. Befürchten Verbraucher sinkende Löhne oder gar Arbeitslosigkeit, dann konsumieren sie weniger. Auf Dauer entzieht das dem Staat Steuereinnahmen. Auch er investiert dann weniger – ein Teufelskreis nimmt Fahrt auf. Und die Angst davor sitzt tief.

Als im Oktober 2008 die globale Finanzkrise eine Rezession aus-
löste, zeigte das *Time Magazine* eine Suppenküche auf dem Cover.
Menschenmassen warteten auf eine warme Mahlzeit – die Redaktion titelte dazu: »The New Hard Times«. Die Botschaft war deutlich: Rezessionen bedeuten, den Gürtel enger zu schnallen. Auch in
Deutschland beherrschen die Medien das Spiel mit der Angst. Im
Laufe der Rezession nach dem Platzen der Dot-Com-Blase im Jahr
2001 machte der *Spiegel* mit dem Titel »Die Angstkrise – Psycho-
logie einer Rezession« auf. »Zu sagen, wir verzichten auf die Idee
von Wachstum«, so der aktuelle Wirtschaftsminister Robert Habeck,
»würde bedeuten, wir verzichten auf die Idee von Fortschritt.«[11]

Egal, ob sie das Ergebnis von Wirtschaftskrisen, Unruhen oder
Naturkatastrophen sind – Stagnation und Rezession werden massiv von Regierungen auf der ganzen Welt bekämpft. Zum gängigen
Werkzeugkasten gehören Zinssenkungen und milliardenschwere
Notkredite, Anleihekäufe und Investitionsprogramme. Und seit
dem Zweiten Weltkrieg haben solche Interventionen in der westlichen Welt immer funktioniert.

Für unsere Generation ist Wirtschaftswachstum mittlerweile zu
einer Selbstverständlichkeit geworden. Das gilt unabhängig vom
Wirtschaftssystem und der Regierungsform. Ob Marktwirtschaft
oder Staatswirtschaft, Demokratie oder Autokratie – ausbleibendes
Wachstum bedroht den gesellschaftlichen Zusammenhalt in jedem
Land. Von daher strebt nahezu jede Volkswirtschaft, jede Regierung
und jedes Unternehmen nach Wachstum. Denn Wachstum bedeutet Wohlstand.

Steigende Produktivität
als Wachstumstreiber

Ein wesentlicher Treiber für das Wirtschaftswachstum ist ein Anstieg der Produktivität pro Kopf. Rechnerisch lässt sich die Produktivität eines Landes einfach als Bruttoinlandsprodukt pro Einwohner
berechnen. Wie wichtig diese Kennzahl ist, macht der amerikanische

Nobelpreisträger Paul Krugman mit wenigen Sätzen klar: »Productivity isn't everything, but in the long run it is almost everything.«[12] Denn: »A country's ability to improve its standard of living over time depends almost entirely on its ability to raise its output per worker.«

Wenn wir die Produktivität erhöhen, bedeutet das also nichts anderes, als dass wir bei gleichem Arbeitseinsatz mehr produzieren: Die Pro-Kopf-Produktivität steigt. Und steigt die Pro-Kopf-Produktivität in einem Land, legen auch die Einkommen zu.[13] Die Steuereinnahmen schwellen an, ebenso die Sozialbeiträge. Kurzum: der Wohlstand steigt.

Viele Erfindungen in der Menschheitsgeschichte sind deswegen ein so großer Erfolg, weil sie die Produktivität und damit unseren materiellen Wohlstand erhöht haben. Dank Pflug und Ochse konnten unsere Vorfahren den Ackerboden leichter und schneller bearbeiten. Mithilfe der Mühle mahlten sie plötzlich deutlich mehr Korn. Nach Erfindung der Eisenbahn konnten sie Waren leichter von einem Ort zum anderen transportieren. Schließlich reduzierte der Schweißroboter die Zeit, die es benötigt, ein Auto herzustellen. Und vielleicht werden irgendwann in der Zukunft Roboter für uns kochen, sodass wir mehr Zeit für produktivere Tätigkeiten haben.

Immer wieder waren es Erfindungen, neue Maschinen oder Prozesse, die uns produktiver gemacht haben. Die Dampfmaschine, der Computer, der Industrieroboter – sie alle haben dafür gesorgt, dass ein einzelner Mensch mehr leisten, mehr produzieren konnte. Und damit trugen sie dazu bei, dass unser materieller Wohlstand über die vergangenen Jahrhunderte um ein Vielfaches gestiegen ist.

AUSBRUCH AUS DER ARMUTSFALLE

Zweihunderttausend Jahre Armut

Heute mag es so erscheinen, als sei die Geschichte der Menschheit eine Geschichte des immerwährenden Wachstums. Eine Geschichte immer neuer Erfindungen und Innovationen: vom Rad über den Pflug bis hin zur Dampfmaschine und zum selbstfahrenden Auto. Eine Geschichte des immer weiter steigenden Wohlstands. Doch in Wahrheit ist Wachstum ein neuzeitliches Phänomen. In der vorindustriellen Zeit, also der Zeit vor 1770, betrug die weltweit durchschnittliche Wirtschaftsleistung pro Person nach heutiger Kaufkraft gut 1.000 Dollar pro Jahr.[14] Kaum ein Mensch war in der Lage zu sparen. Mit dem Einkommen hielt man in der Regel einzig die eigene Familie über Wasser. Vielfach reichte es nicht einmal dafür. 95 Prozent der Erdbevölkerung lebten noch im 18. Jahrhundert in Armut – das bedeutet, sie mussten mit weniger als 2 US-Dollar pro Tag auskommen.[15]

Selbst in England, wo die industrielle Revolution ihren Anfang nahm, sah die Situation nicht viel besser aus, als etwa 40 Kilometer südlich von London in der Grafschaft Surrey im kalten Februar 1766 Thomas Robert Malthus als sechstes Kind von Henrietta Catherine Graham und Daniel Malthus das Licht der Welt erblickte.[16] Dass Thomas seinen fünften Geburtstag erleben würde, war zu dieser Zeit alles andere als selbstverständlich. Das Leben im 18. Jahrhundert war hart, der Tod ein ständiger Begleiter. Eines von drei Kindern starb noch vor dem fünften Geburtstag.[17] Die durchschnittliche Lebenserwartung betrug gerade einmal 38 Jahre.[18]

Im Vereinigten Königreich lebten zur damaligen Zeit gut 8 Millionen Menschen.[19] Seuchen, vor allem die Pest, aber auch Missernten und Kriege sorgten dafür, dass die Bevölkerungszahl nur äußerst langsam zunahm. Die meisten Menschen arbeiteten in der Landwirtschaft, oft sechs Tage die Woche, mehr als 300 Tage im Jahr, nur die Sonntage blieben frei.[20] Das wenige Einkommen gaben sie fast vollständig für Lebensmittel, Kleidung und ein Dach über dem Kopf aus. Bei unzureichender Wärme und ohne fließendes Wasser waren Hunger und Krankheit allgegenwärtig.

Thomas Malthus wuchs in für die damalige Zeit wohlhabenden Verhältnissen auf. Mit 22 Jahren erhielt er eine Stelle als Geistlicher an der Oakwood Gemeinde in Wotton – bei einem jährlichen Salär von 40 Pfund.[21] Neben kirchlichen Angelegenheiten beschäftigten den jungen Malthus vor allem sehr weltliche Themen. In seinem Fokus stand die Frage, warum trotz des durchaus vorhandenen Fortschritts der Wohlstand nicht zunahm und große Teile der Menschheit seit Jahrhunderten in Armut lebten.

1798 fasste Malthus seine Überlegungen in *An Essay on the Principle of Population*[22] zusammen. Nur wenige Aufsätze aus dieser Zeit sorgen bis in die heutige Zeit hinein für so viel Furore. Dem berühmten Naturforscher Charles Darwin diente er als Grundlage für seine Artenforschung,[23] der Ökonom John Maynard Keynes nannte ihn eine Pionierarbeit in der soziologischen Geschichtsschreibung.[24]

Was seine Zeitgenossen so sehr bewegte, war Thomas Malthus' Entdeckung der Armutsfalle. Malthus ging die Frage nicht aus dem Kopf, warum der von ihm beobachtete landwirtschaftliche Fortschritt nicht zu einer Verbesserung des Wohlstands führte. Warum brachten Innovationen zwar mehr Ertrag, reduzierten aber die Armut nicht? Warum mussten so viele Menschen hungern – trotz Pflug, Bewässerungsanlagen, Windmühlen oder neuen Getreidesorten?

Seine Erkenntnis war so simpel wie bahnbrechend: Mit jedem Fortschritt, mit jeder Steigerung der landwirtschaftlichen Erträge konnten eine Zeit lang mehr Menschen ernährt werden. Die Überlebenschancen stiegen, es wurden mehr Kinder geboren. Damit wuchs die Bevölkerung, oft sogar überproportional zum Nahrungsangebot. Doch von nun an mussten damit auch mehr Münder gestopft werden. Für den Einzelnen blieb schon bald nicht mehr zum Essen übrig. Hunger und Seuchen führten schließlich dazu, dass das Bevölkerungswachstum gebremst oder sogar umgekehrt wurde. In der Folge fiel der Wohlstand wieder auf sein altes, niedriges Niveau. Ein permanenter Wettlauf zwischen Pflug und Storch, der ohne Gewinner blieb. Der Mensch war gefangen in der »Malthusischen Armutsfalle«.

Die Geschichten über das fürstliche Leben an Königshöfen oder Festgelage auf Ritterburgen spielen uns einen Streich. Das Leben unserer Vorfahren war hart. Egal ob in der Steinzeit, im Mittelalter oder im Jahr 1766: Im Schnitt wurden die Menschen nur 30 bis 35 Jahre alt,[25] rund ein Viertel aller Kinder starb vor dem ersten Geburtstag.[26] Die niedrige Produktivität und der niedrige Wohlstand hatten ganz handfeste und drastische Konsequenzen.

Die industrielle Revolution: Ausbruch aus der Armutsfalle

Doch dann änderte sich alles – die industrielle Revolution markiert den wichtigsten Wendepunkt in der Wirtschaftsgeschichte der Menschen. Die Fortschrittswelle erfasste erst England, dann Europa und schließlich den Rest der Welt. Zum ersten Mal gelang es den Menschen, die Produktivität in einem Ausmaß zu steigern, dass sie der Armutsfalle entkommen und ihren Wohlstand dauerhaft steigern konnten. Den Startschuss dafür gab der Engländer James Hargreaves.

Ende des 18. Jahrhunderts war England der weltweit größte Hersteller von Textilien. Aus seinen zahllosen Kolonien importierte das Land im großen Stil Baumwolle.[27] Allerdings war die Herstellung von Tüchern aufwändig – Baumwollfäden mussten mühevoll per Hand gesponnen werden. Auf einen einzelnen Weber kamen etwa vier bis acht Spinner.

Der Erzählung nach beobachtete Hargreaves seine Frau beim Spinnen von Baumwollgarn, als ihm die Idee kam, diesen Prozess zu automatisieren. 1764 kurbelte er zum ersten Mal an seiner »Spinning Jenny«, der ersten industriellen Spinnmaschine der Welt.[28] Damit konnte ein Spinner von nun an nicht nur einen Faden, sondern gleich acht Fäden gleichzeitig herstellen.[29] Wir mögen das heute banal finden. Aber erinnern Sie sich an eine Erfindung, an eine Idee, welche die Produktivität eines Mitarbeiters um das Achtfache gesteigert hat? Können Sie sich vorstellen, morgen auf einmal das Achtfache zu erledigen?

Hargreaves Erfindung bedeutete einen gewaltigen Produktivitätssprung für die Textilindustrie. Sie erhöhte die Pro-Kopf-Produktivität in Spinnereien um ein Vielfaches. Die Zeit, ein Kilo Baumwolle in Kleidung zu verarbeiten, reduzierte sich dank vieler weiterer Erfindungen in den kommenden Jahren von 36 auf nur noch drei Stunden.[30] Innerhalb kürzester Zeit entstanden zunächst in England, später in ganz Europa und den USA Textilfabriken.

Es war die Geburtsstunde der Massenproduktion. Immer mehr Waren wurden nicht mehr per Hand, sondern von einer Maschine hergestellt. Erst ihr Einsatz ließ die Leistung eines einzelnen Arbeiters um ein Vielfaches steigern.

Wir verbinden die industrielle Revolution häufig mit Kohle und Stahl, mit der Produktion von Maschinen, Traktoren und den ersten Autos. Ihren Anfang nahm sie jedoch bei etwas so Alltäglichem wie Bekleidung. Tatsächlich ging nämlich in den ersten 100 Jahren mehr als die Hälfte des gesamten Produktivitätsfortschritts der englischen Wirtschaft auf Fortschritte in der Textilindustrie zurück.[31] Für den Rest waren das Transportwesen und in geringerem Ausmaß die Landwirtschaft verantwortlich.

Die Zeit um das Jahr 1770 markiert den Beginn der Industrialisierung. Entscheidende Meilensteine waren der Durchbruch der Dampfmaschine im Jahr 1769 und die Erfindung der Dampflokomotive 1804: Dank des Fortschritts konnten nun Waren massenhaft an einem Ort produziert und über das gesamte Land transportiert und verkauft werden. Gleichzeitig steigerten Jethro Tulls Sämaschine oder John Deeres Pflug aus Stahl auch in der Landwirtschaft die Produktivität um ein Vielfaches. Allein im 19. Jahrhundert erhöhte sich die Pro-Kopf-Produktivität in England so um mehr als das Doppelte. In den USA verdreifachte sie sich sogar.[32]

Zum Ende des 19. Jahrhunderts hin begann die Industrialisierung ihre volle Kraft in der Breite zu entfalten. Es war die Zeit exponentiellen Wirtschaftswachstums. Während sich die globale Wirtschaftsleistung von 1770 bis 1870 gerade einmal verdoppelt hatte, explodierte der Fortschritt ab dann, vor allem in der westlichen Welt. Große Maschinen- und Autobauer entstanden: Unternehmen wie Ford und General Electric in den USA oder Daimler und Siemens in Europa. Es entwickelten sich die chemische Industrie und die Elektroindustrie.

Die Produktivität explodiert

Im Laufe der Hochindustrialisierung wurden zunächst Deutschland und Frankreich, Großbritannien und die USA, später auch Japan zu wohlhabenden Nationen. Noch im Jahr 1800 lag die weltweite Produktivität pro Kopf bei gut 1.000 Dollar pro Jahr. Heute liegt die Pro-Kopf-Produktivität in Großbritannien, dem Ursprungsland der industriellen Revolution, bei über 41.000 US-Dollar pro Jahr. In Deutschland beläuft sie sich auf über 46.000, in den USA sogar auf über 63.000 US-Dollar pro Jahr.[33] Und China? Immerhin war das Land im Mittelalter die unbestrittene Wirtschaftsmacht Nummer eins. Damals produzierte es zum Beispiel bereits so viel Stahl wie England erst sechs Jahrhunderte später. Und auch noch 1800 war China eine Größe – das Reich der Mitte stellte rund ein Drittel aller Waren weltweit her und war nicht nur für seine Seide berühmt.[34]

Große innen- und außenpolitische Probleme schwächten das chinesische Kaiserreich jedoch zunehmend. Die Abschottung von der Außenwelt machte jeglichen Fortschritt zunichte. Entsprechend stagnierte die Pro-Kopf-Produktivität. China verpasste den Anschluss. Erst in jüngerer Vergangenheit konnte das Land mit rasanter Geschwindigkeit aufholen. In den gut 40 Jahren seit der Reformpolitik

Deng Xiaopings stieg die Produktivität um mehr als das Siebenfache auf heute rund 10.000 US-Dollar.[35] Trotz dieser explosionsartigen Entwicklung liegt China in Sachen Wirtschaftskraft (noch) weit hinter den westlichen Industriestaaten zurück.

Dort schlägt sich die mittlerweile erreichte Produktivität in spürbarem Wohlstand nieder: Deutschland, Großbritannien und Frankreich, die USA, aber auch Kanada und Australien bewegen sich auf einem noch vor 250 Jahren kaum vorstellbaren Wohlstandsniveau. Die Einkommen und der Lebensstandard haben sich vervielfacht. Lebte damals der Großteil der Bevölkerung in diesen Ländern in Armut, sind es heute weniger als 1 Prozent.[36] Die Lebenserwartung verdoppelte sich innerhalb weniger Generationen – aktuell liegt sie in entwickelten Ländern bei rund 80 Jahren.[37]

Doch wie kommt es, dass das Bevölkerungswachstum die Produktivitätsgewinne der industriellen Revolution nicht sofort wieder zunichtegemacht hat? Die Erklärung ist simpel: Zwar stiegen die Bevölkerungszahlen wie von Malthus vorhergesagt rasant. Seit Beginn der industriellen Revolution versiebenfachte sich die Einwohnerzahl im Vereinigten Königreich auf heute 67 Millionen, in Deutschland verfünffachte sie sich auf rund 83 Millionen. In den USA stieg sie gar auf fast 330 Millionen.[38]

Doch diese Steigerungen blieben weit unterhalb des Produktivitätswachstums. Denn nachdem der Mensch nahezu 200.000 Jahre in der Armutsfalle verharrt hatte, stieg die Produktivität in nur 250 Jahren um das bis zu Fünfzigfache. Malthus hatte den Erfindergeist des Menschen unterschätzt. Und so hat der Fortschritt den Menschen aus der Armutsfalle geführt – und obendrein dank sinkender Mortalität das größte Bevölkerungswachstum der Menschheitsgeschichte eingeleitet.

Wer die Welt von heute verstehen will, sollte erkennen, wie einzigartig die Entwicklung der vergangenen 250 Jahre war. Noch wenige Generationen vor uns lebten die meisten Menschen rund um den Planeten in Armut. Heute ist der Wohlstand weit verbreitet. Die Vereinigten Staaten, Deutschland und Großbritannien zählen dabei zu den größten Gewinnern der industriellen Revolution. In jüngster Zeit holt vor allem China auf und setzt an, die größte Wirtschaftsmacht der Erde zu werden. Und selbst in Afrika, dem bislang am wenigsten entwickelten Kontinent, hat der Fortschritt längst eingesetzt.

Es scheint, als wäre die industrielle Revolution eine Geschichte unendlichen Wachstums. Dabei fällt kaum auf, dass der Wachstumsmotor ins Stottern gerät. Die Wachstumskräfte der industriellen Revolution schwinden. Der Fortschritt, der uns aus der Armutsfalle geführt hat, scheint ins Stocken geraten zu sein. Im Mutterland der industriellen Revolution ebenso wie im Rest Europas sowie den USA. Dazu zeichnet sich eine Zeitenwende ab. Die Bevölkerung beginnt zu schrumpfen – in weiten Teilen Europas, in China, in Japan, und schon bald auf der ganzen Welt. In der Folge droht die große Arbeiterlosigkeit. Und die Reaktionen sind ganz verschieden.

USA: DANK »AMERICAN DREAM« (NOCH) WIRTSCHAFTSMACHT NUMMER EINS

Kein Land verkörpert so sehr das Streben nach Wachstum und Wohlstand wie die USA. Nach Überwindung der Folgen des Bürgerkriegs entwickelten sich die Vereinigten Staaten zum Treiber des globalen Wachstums. In den vergangenen 200 Jahren stieg die Pro-Kopf-Produktivität um mehr als das Zwanzigfache[39] auf über 60.000 US-Dollar pro Jahr. Damit ist die US-Wirtschaft produktiver als alle anderen Industrienationen und rund sechsmal so produktiv wie die chinesische.[40]

In den 1950er- und 1960er-Jahren wuchs die Wirtschaft durchschnittlich um über 4 Prozent pro Jahr, bis in die 1990er-Jahre immerhin über 3 Prozent. Mit über 20 Billionen US-Dollar Wirtschaftsleistung ist die US-Wirtschaft ein Drittel größer als die Nummer zwei – China.[41]

USA 1800: 5 Millionen Einwohner

Der Glaube an Aufstieg und Fortschritt ist fest in der amerikanischen Gesellschaft verankert. Wie wichtig dieser Leistungsgedanke für das Funktionieren der amerikanischen Wirtschaftsordnung ist, lässt sich schon daran erkennen, dass anders als in Europa kaum staatliche soziale Sicherungssysteme existieren. Die USA sind daher wie kaum ein anderes Land auf Vollbeschäftigung, auf Wachstum und Fortschritt angewiesen. Sie sind das Herzstück des American Dream.

Der American Dream ist ein Versprechen an alle US-Bürger, selbst am Wachstum teilzuhaben. Ein Versprechen, dass jeder – unabhängig von seiner Herkunft – allein durch harte Arbeit zu Wohlstand gelangen kann. Schon in den ersten Sätzen der Unabhängigkeitserklärung von 1776 garantieren die Gründungsväter allen US-Bürgern das Recht auf »Life, Liberty and the pursuit of Happiness«.[42]

USA 1900: 76 Millionen Einwohner

Sinnbildlich für den American Dream stand lange der Nordosten der USA, das traditionelle Zentrum der Industrie und damit der Wachstumsmotor des Landes. Vor gut 100 Jahren gab Henry Ford in Detroit den Startschuss zur Industrialisierung des gesamten Landes. Durch die Einführung von Fließbandarbeit für das legendäre Model T im Jahr 1913 war er in der Lage, die Produktionszeit eines Autos von zwölf Stunden auf nur 90 Minuten zu verkürzen.[43]

Die Produktivität jedes Fabrikarbeiters vervielfachte sich, Autos konnten in höherer Stückzahl und zu niedrigeren Kosten produziert werden. Bald schon hatte das Model T in den USA einen Marktanteil von 50 Prozent. Ford wuchs zum größten Autohersteller und wurde damals das größte Unternehmen seiner Zeit.

Aufgrund seines Erfolges führte Henry Ford 1914, schon ein Jahr nach dem Start der Fließbandarbeit und dem Erfolg des Model T, das »Five-Dollar-Day-Program« ein.[44] Es war die Geburtsstunde des Mindestlohns. Jeder Arbeiter verdiente fortan das Doppelte des damals üblichen Lohns, umgerechnet lag sein Verdienst über dem eines Ingenieurs in Deutschland zur selben Zeit.[45] Eine lokale Zeitung titelte: »Gold Rush is started by Ford's $5 Offer«.[46]

»Ford Families« konnten sich ein eigenes Haus leisten, fuhren das erste Mal in den Urlaub, ihre Kinder mussten nicht mehr arbeiten.[47] Die amerikanische Mittelklasse war geboren.

Der Erfolg von Ford machte den »Manufacturing Belt« im Nordosten zum Zentrum der Industrie. Mit Chrysler und General Motors wurde die gesamte Region zum Sinnbild des American Dream. Für Henry Ford war die Rechnung allerdings ganz simpel. Mit dem 5-Dollar-Programm sicherte er sich die wichtigste Ressource für den Aufschwung von Ford: den Arbeiter.

Die Industrialisierung der USA veränderte das Leben der Amerikaner fundamental. Autos wie auch die seit Längerem im Einsatz befindlichen Bahnen verkürzten nicht nur die Reisezeit und erhöhten den Komfort unterwegs, sie machten auch das Pferd überflüssig. Ein Viertel der landwirtschaftlichen Fläche wurde bis dahin für die Versorgung der Pferde gebraucht und konnte von nun an für den Anbau von Lebensmitteln genutzt werden.[48]

Der Fortschritt reichte aber noch viel weiter, als es die bloßen Zahlen ausdrücken können.[49] Noch im Jahr 1880 hatte kaum ein Haushalt elektrischen Strom, Mitte des 20. Jahrhunderts waren nahezu alle Häuser an das Stromnetz angeschlossen. Kaum anders war es mit sauberem Trinkwasser, ans Abwassernetz angeschlossenen Toiletten, Gasheizungen, Kühlschränken oder Waschmaschinen. In nur wenigen Jahrzehnten verbesserten technische Innovationen die Lebensumstände der meisten Amerikaner grundlegender, als wir es uns heute vorstellen können. Die Zeit, in der zumeist Hausfrauen mit der Bewirtschaftung des Haushalts beschäftigt waren, wurde durch den Einsatz von Technologien so sehr reduziert, dass viele nun erstmals einen Job annehmen konnten.

Gleichzeitig sank die Arbeitszeit. 1880 arbeitete ein Amerikaner noch durchschnittlich über 60 Stunden in der Woche und selbstverständlich auch an Samstagen.[50] Mitte des 20. Jahrhunderts waren es nur noch rund 40 Stunden pro Woche. Dank besserer Lebensmittelversorgung und Medikamenten verdoppelte sich gleichzeitig die durchschnittliche Lebenserwartung von unter

40 Jahren auf heute fast 80 Jahre.[51] So selbstverständlich das zweitägige Wochenende und der jahrelange Ruhestand heute für uns sind – sie wurden erst mit dem technischen Fortschritt vor 150 Jahren möglich.

Parallel zum technischen Fortschritt wuchs auch die Bevölkerungszahl in einem unglaublichen Tempo. Noch 1800 waren die damals jungen Vereinigten Staaten ein dünn besiedeltes, von Landwirtschaft geprägtes Land und zählten gerade einmal gut 5 Millionen Einwohner.[52] Damit waren sie kaum größer als Irland zur selben Zeit.

Durch Migration änderte sich das Bild in den folgenden Jahrzehnten drastisch. Angezogen vom American Dream machten sich ab Mitte des 19. Jahrhunderts Millionen von Europäern auf den Weg in die USA, um ein neues Leben zu beginnen. Diese Migration führte dazu, dass dort schon zu Henry Fords Zeiten rund 100 Millionen Menschen lebten. Das aktive Anwerben und die Integration von Migranten wurden zum Erfolgsrezept auf dem Weg zu wirtschaftlicher und im Übrigen auch zu militärischer Stärke. Bis heute. Ohne Einwanderer würden die USA heute in der Welt keine Rolle spielen.

Rückblickend beruht der Aufstieg der USA zur Weltmacht auf zwei simplen Faktoren. Erstens auf dem Fortschritt, getrieben durch einen unbändigen Erfindergeist und den Mut unzähliger Unternehmer wie Henry Ford, die im Land der unbegrenzten Möglichkeiten aus Ideen Unternehmen schufen. Seit 1900 liegt die Pro-Kopf-Produktivität der USA höher als in allen anderen Industrieländern. Und zweitens auf der Einwanderung, getrieben durch die Verheißung des American Dream. Fast ein Fünftel aller Migranten lebt derzeit in den Vereinigten Staaten – bis heute mit Abstand beliebtestes Ziel für Arbeitsmigranten aus der ganzen Welt.[53]

USA 2020: 330 Millionen Einwohner

Wer heute den American Dream erleben will, muss an die Küsten reisen, am besten ins Silicon Valley zwischen San Francisco und San Jose oder nach Seattle. Die hier ansässigen Tech-Giganten Amazon, Apple, Facebook, Google und Microsoft gehören zu den börsennotierten Unternehmen mit der höchsten Marktkapitalisierung weltweit und dominieren gleichzeitig die digitale Welt. Ihr Erfolg basiert auf der Leistung einer vergleichsweise kleinen Gruppe von Hard- und Softwareentwicklern; ihre Produkte und Dienstleistungen werden auf der ganzen Welt verkauft.

Mehr Effizienz und damit mehr Produktivität gehen kaum. Durchschnittlich erwirtschaftet ein Mitarbeiter bei Google oder Facebook einen Jahresumsatz von 1,6 Millionen Dollar, bei Apple gar von 2,4 Millionen.[54] Ein Vielfaches von dem, was ein Steuerberater oder ein Rechtsanwalt pro Jahr erwirtschaftet, das Fünfzigfache von dem eines Frisörs,[55] eines Kellners oder Gärtners. Entsprechend hoch sind die Gehälter.

Kaum eine Region wird so sehr mit Fortschritt verbunden wie das Silicon Valley. Wäre sie ein Land, wäre sie mit einem Pro-Kopf-BIP von rund 180.000 Dollar pro Jahr der produktivste Staat der Welt. Dabei ist das Silicon Valley dreimal so produktiv wie der Rest des USA.[56] Das globale Epizentrum des Internets ist zum Inbegriff von Innovation, Wachstum und Wohlstand geworden. Im benachbarten San Francisco, wo viele Techies aus dem Valley leben, gilt eine Familie statistisch gesehen als geringverdienend, wenn ihr Einkommen unter 117.000 Dollar pro Jahr liegt.[57]

Die fast 250-jährige Geschichte der USA ist eine Geschichte ständiger Bewegung und nahezu ununterbrochenen Wachstums. So entstand der Mythos vom Land der unbegrenzten Möglichkeiten. Unzählige Romane, Filme und Lieder haben diesen Mythos erzählt und besungen und die Vereinigten Staaten zum Sehnsuchtsort von Menschen auf der ganzen Welt gemacht. Am 4. Juli

2026 feiert das Einwanderungsland par excellence und die derzeit noch führende Volkswirtschaft der Welt das 250. Jahr ihres Bestehens. Schon zehn Jahre vorher begannen die Planungen für die Jubiläumsfeier.[58] Geplant ist ein gewaltiges Spektakel, das den Gründungsmythos der USA und den American Dream wieder aufleben lässt.

Allerdings ist dem Land derzeit nicht unbedingt nach Feiern zumute. Denn der Wachstumsmotor der USA stotterte zuletzt, der ein Vierteljahrtausend alte American Dream scheint für viele Menschen ausgeträumt. Millionen von Amerikanern sind unzufrieden, fühlen sich abgehängt vom Fortschritt. Wie konnte das passieren in einem Land, das für sein unendliches Wachstum und seine grenzenlosen Möglichkeiten berühmt geworden ist? Das mit Google, Facebook, Apple und Amazon die erfolgreichsten Unternehmen der Welt beheimatet?

Eine Antwort findet man, wenn man noch einmal einen Blick auf die einstige Herzkammer der Industrialisierung im Nordosten des Landes wirft. Der »Manufacturing Belt« ist zum »Rust Belt« geworden. Die hier beheimatete Industrie hat ihre starke Stellung auf dem Weltmarkt verloren, Innovationen blieben aus, die Produktivität stagniert. Ganze Städte und Regionen zerfallen. Millionen von Arbeitsplätzen sind verschwunden.

Detroit, Heimat von Ford, verlor seit den 1970er-Jahren fast die Hälfte der Einwohner, das Einkommen einer Familie sank um durchschnittlich 35 Prozent.[59] Ein Drittel der Einwohner gilt heute als arm. In Detroit verfallen nicht nur Fabriken, sondern ganze Straßenzüge und Stadtteile. Im »Rust Belt« scheint der amerikanische Traum vom immerwährenden Wachstum und grenzenlosen Möglichkeiten ferner denn je.

Die Vereinigten Staaten sind zu Beginn der 2020er-Jahre voller Gegensätze, das Silicon Valley im Südwesten und der Rust Belt im Nordosten bilden die Pole. Auf der einen Seite Wachstum und Wohlstand, auf der anderen Verfall und Armut. Viele der gesellschaftlichen und politischen Konflikte der USA haben ihren Ursprung in diesen Gegensätzen. Das Wachstum und der Wohlstand der USA sind davon abhängig, dass nicht nur einzelne Regionen prosperieren, sondern das ganze Land. Wollen die USA wieder an alte Wachstumsraten anknüpfen, können sie sich nicht nur auf ihre Tech-Konzerne verlassen. Auch der »Rust Belt« muss wieder glänzen.

Als Joseph »Joe« Biden Anfang 2021 zum 46. Präsidenten der USA vereidigt wurde, stand er vor der gewaltigen Aufgabe, ein zutiefst gespaltenes Land zu führen. Er wusste, dass die Akzeptanz eines Präsidenten in kaum einem anderen Land so abhängig vom Wachstum der Wirtschaft ist wie hier.

Schon zwei Monate nach seiner Amtseinführung kündigte Biden den »American Jobs Plan« an.[60] Die Idee: Über acht Jahre soll jeweils 1 Prozent des Bruttoinlandsproduktes im ganzen Land in Infrastruktur, Industrie, Wissenschaft und Forschung investiert werden. Unter anderem sollen Tausende Kilometer neue Straßen gebaut und 10.000 Brücken erneuert werden. Eine halbe Million Ladesäulen sollen den Weg zur Elektromobilität beschleunigen. Der Breitband-Ausbau soll dafür sorgen, dass alle Amerikaner Zugang zu schnellem Internet haben – auch diejenigen, die in ländlichen Gebieten wohnen. 1 Prozent des Bruttoinlandsprodukts: Das sind 2 Billionen US-Dollar.

Im November 2021 wurde nach langen Verhandlungen als Erstes der »Infrastructure Investment and Jobs Act« unterzeichnet. Volumen: 1,2 Billionen US-Dollar, das ist etwas weniger als das Bruttoinlandsprodukt von Spanien oder Australien.[61] Weitere Investitionen sollen folgen. Für Biden geht es darum, den Platz Amerikas als größte Volkswirtschaft der Erde zu sichern: »Noch Generationen später werden die Menschen zurückblicken und wissen, dass Amerika damit den wirtschaftlichen Wettbewerb des 21. Jahrhunderts gewonnen hat.«[62]

Die Investitions-Offensive trifft auf eine Volkswirtschaft im Aufschwung. Nach dem tiefen Einbruch in der Pandemie zieht das Bruttoinlandsprodukt wieder deutlich an, 2021 um fast 6 Prozent. Solche Zuwächse gab es zuletzt in den 1980er-Jahren, als sich die US-Industrie von der zweiten Ölkrise erholte. Und für 2022 prognostiziert der Internationale Währungsfonds einen weiteren Anstieg um gut 5 Prozent.[63]

Damit kommen die Vereinigten Staaten nah an die Wachstumsraten des größten Wettbewerbers China heran. Die geplanten Billionen-Dollar-Programme könnten dazu beitragen, den Rivalen auf Abstand zu halten. Denn der bedrängt die USA immer stärker.

CHINA: AUF DER ÜBERHOLSPUR

Im Osten wächst eine Weltmacht heran. Schon im zweiten Satz des »American Jobs Plan« macht Präsident Biden unumwunden klar, warum die USA einen aggressiven Wachstumsplan brauchen: um im Wettbewerb mit China zu bestehen. Die Wirtschaft im bevölkerungsreichsten Land der Erde wächst seit Jahrzehnten. Selbst im Pandemiejahr 2020 stand unter dem Strich ein Wachstumsplus von über 2 Prozent. Alle anderen wichtigen G-20-Staaten schrumpften dagegen.[64] Mittlerweile ist die chinesische Volkswirtschaft mit einem Bruttoinlandsprodukt von fast 15 Billionen Dollar die zweitgrößte der Erde.

Und das Land hat noch mehr vor. Zum 100. Jahrestag der Kommunistischen Partei im Juli 2021 beschwor der chinesische Präsident Xi Jinping vor zigtausenden Teilnehmern seinen »Chinesischen Traum«.[65] Bis 2049, dem 100. Geburtstag der Volksrepublik China, solle das Land wieder zu einer Weltmacht werden, die chinesische Wirtschaft die größte der Welt. Für Xi geht es um nichts weniger, als das »Jahrhundert der Schande« zu beenden und die »Wiedergeburt der chinesischen Nation« einzuleiten.[66]

Xi, dessen politische Laufbahn ihn über Jahrzehnte zu einem der mächtigsten Männer der Welt gemacht hat, erwähnte den chinesischen Traum schon 2012, direkt nach seiner Ernennung zum Generalsekretär der Kommunistischen Partei.[67] Seitdem wurde der Traum weiterentwickelt, erweitert, angepasst.

Wer den chinesischen Traum verstehen will, muss das chinesische Trauma verstehen. Über viele Jahrhunderte war das Land die größte Wirtschaftsmacht der Welt. Sein Selbstverständnis steckte bereits in seinem Namen: Zhong Guo – Reich der Mitte. Zwar lag die Pro-Kopf-Produktivität in vorindustriellen Zeiten nicht höher als in Europa,[68] dafür gab es aber wesentlich mehr Köpfe.

Ende des 18. Jahrhunderts lebten mehr als 300 Millionen Menschen in China[69] – fast ein Drittel der Weltbevölkerung, fünfmal mehr als im britischen Empire[70] und sechzigmal mehr als in den USA. Dies machte China zur mit Abstand größten Wirtschaftsnation der Welt, der Anteil am globalen Bruttoinlandsprodukt lag bei mehr als einem Drittel. Die chinesische Wirtschaft war ungefähr fünfmal so groß wie die britische und mehr als zehnmal so groß wie die der USA.[71]

Die geballte Wirtschaftskraft des Landes ging mit einer hohen Innovationskraft einher – das Silicon Valley des Mittelalters lag auf der anderen Seite des Pazifiks. Dort wurden unter anderem Papier, Seide, Porzellan, das Spinnrad und der Kompass erfunden.[72] Und das war längst nicht alles. 1620 schrieb der Philosoph Francis Bacon: »Kein Reich, keine Religion oder Philosophie, kein Stern [hat] größeren Einfluss auf die Entwicklung der Menschheit ausgeübt als die drei Erfindungen Buchdruck, Schießpulver und Magnet« – alle drei kamen aus China.[73]

Der französische Philosoph Voltaire und der deutsche Philosoph Gottfried Wilhelm Leibniz schwärmten Anfang des 18. Jahrhunderts von der chinesischen Kultur.[74] Leibniz plädierte sogar dafür, Chinesisch zur Weltsprache der Wissenschaft zu machen.[75] Das »China-Fieber«[76] ergriff bald ganz Europa, Fürstenhöfe auf dem ganzen Kontinent schmückten sich mit kunstvollen Darstellungen chinesischen Lebens und errichteten Teepavillons. China war eine Weltmacht, nicht nur wirtschaftlich.

China 1800: 330 Millionen Einwohner

Die Industrialisierung Europas und der USA machte dieser Erfolgsgeschichte ein Ende. China schaffte es nicht, mit dem Fortschritt im Westen Schritt zu halten. In seinem Hauptwerk *The Wealth of Nations* notierte der berühmte schottische Ökonom Adam Smith schon 1776 die Stagnation des Fortschritts und des Wohlstands in China. Smith bemängelte, dass das Reich der Mitte sich der Welt nicht öffne und kein Interesse am internationalen Handel oder Austausch zu haben scheine.[77]

Und tatsächlich waren nur zwei chinesische Häfen zu dieser Zeit überhaupt für internationalen Schiffsverkehr geöffnet, Handel im nennenswerten Umfang wurde lediglich mit Japan betrieben. Das Reich der Mitte war sich selbst genug. Smith erkannte, dass das gleich zwei Nachteile mit sich brachte: Zum einen fehlte chinesischen Unternehmen der Zugang zum Weltmarkt; sie hatten weniger Anreize, ihre Produktivität zu erhöhen. Zum anderen hatte das Land keinen Zugang zu Innovationen, die anderswo auf der Welt entstanden. Damit schnitt sich die so lange führende Wirtschaftsnation vom Fortschritt ab, der in der westlichen Welt im 19. Jahrhundert Einzug hielt.

Die Bedeutung von China als Volkswirtschaft nahm in der Folge rapide ab. Das Land entwickelte sich nicht weiter, brachte keine nennenswerten Innovationen mehr hervor. Dazu kam: Das erstmals erstarkte Europa strebte nach weltweiter Expansion. Insbesondere Großbritannien entwickelte sich zu einer globalen Wirtschaftsmacht. Wie auch andere europäische Länder wie Frankreich, Spanien, Portugal und die Niederlande versuchte das Land, Zugang zu Rohstoffen, Gewürzen und Edelmetallen zu gewinnen. Gleichzeitig sollten neue Absatzmärkte erschlossen und so der heimischen Wirtschaft neue Wachstumsimpulse verliehen werden.

Das britische Königreich errichtete Handelsstützpunkte und Kolonien und spann so ein weltweites Handelsnetzwerk – das Empire. An China biss sich das Land jedoch erst einmal die Zähne aus. König George III. scheiterte 1793 mit dem Versuch, auf friedlichem Weg chinesische Seehäfen für englische Schiffe zu öffnen.

Was George III. auf diplomatische Weise nicht gelang, ließ Königin Victoria rund 50 Jahre später mit Waffengewalt durchsetzen. Im ersten sogenannten Opiumkrieg wurde eine Öffnung chinesischer

Häfen erzwungen, im Vertrag von Nanjing von 1842 musste das Land zudem Hongkong an England abtreten. China, dessen Wirtschaft selbst zu diesem Zeitpunkt noch immer ein Viertel der globalen Wirtschaftsleistung ausmachte, hatte vor dem mehr als dreimal kleineren England kapituliert. Anschließend entstanden in der zweiten Hälfte des 19. Jahrhunderts fast 100 Vertragshäfen für den internationalen Handel. Doch nicht China hatte hier das Sagen, sondern europäische Kolonialmächte.

China 1900: 400 Millionen Einwohner

Der Vertrag von Nanjing markiert aus chinesischer Sicht den Beginn des »Jahrhunderts der Schande«. Das Land versank in internen Kämpfen und verpasste den Anschluss an die Industrialisierung. Während in Europa und den USA unzählige Fabriken entstanden und aus Landarbeitern Fabrikarbeiter wurden, blieb China weitestgehend von der Landwirtschaft abhängig.[78]

Die Folgen waren dramatisch: Bis 1950, also innerhalb von gerade einmal rund 100 Jahren, sank der Anteil Chinas am weltweiten Bruttoinlandsprodukt auf nur noch 5 Prozent. Die Pro-Kopf-Produktivität der USA lag nun fast zwanzigmal so hoch wie in China.[79] Das Land verarmte, China wurde wirtschaftlich zur Nebensache. Es folgten über 20 Jahre Bürgerkrieg und schließlich die Ausrufung der Volksrepublik China durch Mao Zedong im Jahr 1949.

Hangzhou, eine Stadt etwa 200 Kilometer südlich von Schanghai, steht sinnbildlich für den Bedeutungsverlust Chinas. Sie gilt als eine der Wiegen der chinesischen Zivilisation. Vor über 600 Jahren schrieb Marco Polo in seinen berühmten Reiseberichten, die Millionenstadt Hangzhou sei »ohne Zweifel die schönste und prächtigste Stadt der Welt«.[80] 6000 Brücken machten die Stadt zum Venedig des Ostens. Die meisten seiner Einwohner, so Marco Polo, würden sich in Seide kleiden, so groß war der Überfluss am edlen Stoff. Über seinen

Hafen betrieb Hangzhou Handel mit Indien und anderen Ländern. Waren wurden mit Papiergeld bezahlt, Jahrhunderte bevor es in Europa eingeführt wurde. Auch wenn manches übertrieben sein mag, Hangzhou muss eine wohlhabende Stadt gewesen sein.

Von diesem Glanz war 1949 nur noch wenig erhalten. Nur gut eine halbe Million Menschen lebten in der Stadt, die meisten von ihnen waren bitterarm.[81] Die Wirtschaft stagnierte, in der Bevölkerung kam es zu Unruhen. Während der Kulturrevolution in den späten 1960er-Jahren wurden dann auch noch etliche historische Stätten als Symbole des Kapitalismus zerstört. Hangzhou hatte seinen Glanz verloren. Und wie Hangzhou erging es den meisten chinesischen Städten.

China 2020: 1,440 Milliarden Einwohner

Frankreichs Kaiser Napoleon Bonaparte soll einmal gesagt haben: »Lasst China schlafen. Denn wenn China aufwacht, wird die ganze Welt erzittern.«[82] Heute ist China aufgewacht. Es begann mit der wirtschaftlichen Öffnung durch Deng Xiaoping, der China in den 1980er- und 1990er-Jahren de facto führte. Als nach dem Tod Maos eine neue Führungsriege die Macht übernahm, lebten bis 1980 neun von zehn Chinesen in Armut, die Landwirtschaft war noch immer der wichtigste Wirtschaftszweig.[83] Das durchschnittliche Einkommen lag bei gerade einmal 3 Prozent von dem in den USA.[84]

Um den Wohlstand zu steigern, öffnete Deng die chinesische Wirtschaft für ausländische Investoren und richtete Sonderwirtschaftszonen ein, die westliche Unternehmen mit Steueranreizen und niedrigem Lohnniveau anlockten.[85] Das Land importierte neue Technologien, manchmal sogar ganze Fabriken. Das brachte Know-how herein und sorgte dafür, dass Industrie und Dienstleistungen die Landwirtschaft als wichtigsten Wirtschaftssektor ablösten. Chinas Wirtschaft begann in einem atemberaubenden Tempo zu wachsen. Die Reformen Deng Xiaopings legten den Grundstein, um die Produktivität der Wirtschaft zu steigern und die Armut zu beseitigen. Sie markieren das Ende des chinesischen Traumas.

Heute geht es seinem Nachfolger Xi Jinping längst nicht mehr um die Beseitigung von Armut. Er möchte China wieder zur führenden Wirtschaftsnation machen. Das Mittel: die Steigerung der Produktivität der chinesischen Wirtschaft und damit des Wohlstands für alle Chinesen. Das Jahrhundert der Schande liegt hinter China, jetzt träumt China wieder von alter Größe. Xi Jinpings chinesischer Traum ist keine Träumerei, sondern die kommunistische Interpretation des amerikanischen Traums. Beide sind ein Zukunftsversprechen, ein Versprechen von Wachstum und Wohlstand.

Und genau wie die USA ist China bereit, den Traum durch massive Investitionen Wirklichkeit werden zu lassen. Ganze Städte werden aus dem Boden gestampft, immer neue Fabriken errichtet, Straßen und Eisenbahnlinien gebaut. Allein in den ersten drei Jahren um Xi Jinpings Amtsantritt wurde in China mehr Beton verarbeitet als in den USA im gesamten 20. Jahrhundert.[86] China ist hellwach.

Im Spätherbst 2019 reiste Xi Jinping in die griechische Hauptstadt Athen. Auf dem Programm standen Gespräche mit Politikern und ein Staatsbankett. Beide Seiten hoben die gute Freundschaft der beiden Kulturnationen hervor.[87] Xi Jinping ging es vermutlich jedoch weniger um den kulturellen Austausch als vielmehr um eine Stippvisite bei einer der wichtigsten Baustellen Chinas in Europa: dem Hafen von Piräus.

Einige Jahre zuvor hatte ein chinesisches Staatsunternehmen hier die Mehrheit übernommen. Nun investiert das Land mehr als eine halbe Milliarde Euro, um den Hafen zu einem Baustein des größten Infrastrukturprojekts seit dem Bau der Mauer zu machen: der neuen Seidenstraße.[88] Sie verbindet künftig China nicht nur mit Europa, sondern auch mit Südostasien und Afrika und stärkt den globalen Einfluss Chinas massiv.

Mit Erfolg: Seit China in den Hafen investiert, kletterte der Containerumschlag vom europaweiten Rang 17 auf Platz vier – direkt hinter Rotterdam, Antwerpen und Hamburg.[89] Weltweit kontrolliert

China jedes vierte Containerterminal.[90] Piräus ist kein Einzelfall. Mit über 100 Ländern hat China in den vergangenen Jahren Verträge über den Bau von Hafenterminals geschlossen, rund um den Globus werden Straßen, Bahnlinien und Flughäfen finanziert. Über 1 Billion Dollar sollen bis 2025 investiert werden, der größte Teil davon ist bereits fest verplant.[91]

Das Seidenstraßenprojekt ist die Korrektur der Abschottungspolitik Chinas vor 200 Jahren. Im 19. Jahrhundert waren nur zwei Häfen für den internationalen Handel geöffnet. Heute gehören China die Häfen der Welt. Über die neue Seidenstraße hat das Land einen besseren Zugang zu den Absatzmärkten rund um den Globus. Das wiederum kurbelt die heimische Produktion an und sorgt für Wachstum. Vor allem aber rückt China so näher an den Fortschritt der führenden Industrienationen. Es kann innovative Produkte und Verfahren schneller adaptieren, erhält Zugang zu neuen Technologien und sorgt so dafür, dass sich die Pro-Kopf-Produktivität der chinesischen Wirtschaft in hohem Tempo dem Westen annähert. »Zou Chu Qu!« – »Geht raus!«, so lautet die vor über 20 Jahren ausgerufene Parole, unter der chinesische Unternehmen weltweit auf Expansionstour gehen.

Wer den Fortschritt im Land erleben möchte, sollte nach Hangzhou fahren. Die Stadt, vor wenigen Jahrzehnten noch verarmt, hat heute über 12 Millionen Einwohner und damit mehr als zwanzigmal so viele wie vor 70 Jahren. Auf der weltweiten Liste der Städte mit den meisten Milliardären liegt Hangzhou auf Platz zehn.[92] In der Liste der wichtigsten Wissenschaftsstädte des Naturwissenschaftsmagazins *Nature* liegt Hangzhou auf Platz 23, einen Platz vor Oxford.[93] Von den deutschen Städten steht nur Berlin weiter oben.

Überquert man vom historischen Stadtzentrum kommend den Fluss Quiantang, erreicht man nach einigen hundert Metern einen Bürogebäudekomplex, der an einen Campus eines der großen Tech-Konzerne des Silicon Valley erinnert. Ein riesiges weißes Dach in Wabenstruktur spannt sich über mehrere Gebäude. Junge Menschen in Sneakers schwirren umher. Es ist das Hauptquartier von Alibaba, einem der größten chinesischen Tech-Konzerne.

Jahresumsatz: über 100 Milliarden Dollar. Geschäftsmodell: E-Commerce. Über die Plattform Alibaba.com werden in Spitzenzeiten mehr als eine halbe Million Bestellungen abgewickelt – pro Sekunde.[94] 19 von 20 Chinesen nutzen den Online-Bezahlservice Alipay.[95] Hier in Hangzhou arbeiten mehr als 20.000 Menschen für Alibaba,[96] mehr als eine Viertelmillion sind es weltweit.[97]

Wer das moderne Hauptquartier von Alibaba betreten will, braucht weder Schlüssel noch Zugangskarte. Mit Artificial Intelligence ausgestattete Gesichtsscanner erkennen, wer hier arbeitet, und gewähren automatisch Eintritt. In den hauseigenen Shop »Futuremart«[98] oder den Restaurants registrieren intelligente Systeme, was man kaufen möchte, und kassieren ab. Wer keine Zeit hat, lässt sich von kleinen autonomen Fahrzeugen, die überall auf dem Campus umherflitzen, mit Lebensmitteln beliefern.

Was nach Science-Fiction aussieht, ist die konsequente Automatisierung unproduktiver Tätigkeiten wie des Empfangsservices, der Lieferung von Waren oder des Abkassierens im Geschäft. Wer hier arbeitet, ist Programmierer und Data Scientist, entwickelt intelligente Software und autonome Systeme. Das ist hochproduktiv. Mit einem Umsatz von etwa einer halben Million Dollar pro Mitarbeiter hat Alibaba längst die Produktivität der großen Tech-Konzerne des Silicon Valley erreicht.

Noch vor einigen Jahren schrieb die *Harvard Business Review* »Why China can't Innovate« und erklärte, dass Chinas Strategie des Kopierens zwar aufgegangen sei, das Land aber über zu wenig Unternehmertum verfüge, um wirklich eine führende Industrienation zu werden.[99] Die *New York Times* schimpfte über Chinas »Copy Cat Culture«.[100] Dabei macht China genau das, was Adam Smith dem Land schon vor über 200 Jahren empfahl: Es importiert und kopiert westliches Know-how und Technologien, um so das Produktivitätsniveau des Westens zu erreichen.

Mit Alibaba (Amazon, eBay, PayPal), Tencent (Facebook) und Baidu (Google) hat China seine eigenen Tech-Giganten entwickelt. Die Zeiten jedoch, in denen chinesische Unternehmen kopieren, scheinen vorbei zu sein. Längst schauen amerikanische und europäische Tech-Unternehmen nach China und übernehmen Ideen aus dem Reich der Mitte. Facebook integrierte eine Bezahlfunktion in seine Chat-App im Jahr 2019 – fünf Jahre nach dem chinesischen Messengerdienst WeChat; das soziale Netzwerk Instagram kopierte Funktionen (»Reels«) vom chinesischen TikTok. »It's time to copy China« titelte vor einigen Jahren *Wired*, ein führendes Medium der US-Tech-Szene.[101]

Die Strategie, durch eine Öffnung der chinesischen Wirtschaft den gewaltigen Produktivitätsrückstand zum Westen aufzuholen, scheint aufzugehen. Seit der Öffnungspolitik unter Deng Xiaoping stieg die Produktivität um 8 Prozent – pro Jahr![102] Heute ist die Pro-Kopf-Produktivität über zwanzigmal so hoch wie 1980 und liegt bei über 10.000 US-Dollar pro Jahr[103] – Tendenz stark steigend. Würde sich China in demselben Tempo weiterentwickeln, könnte das Land bereits in wenigen Jahrzehnten zu den westlichen Industrienationen aufgeschlossen haben. Schon in den vergangenen 20 Jahren ist im Reich der Mitte eine neue Mittelschicht entstanden wie einst zu Zeiten Henry Fords in den USA. Sie umfasst mehr als 700 Millionen Chinesen, das entspricht nahezu der doppelten Bevölkerung der USA.[104]

Es steht außer Frage: China möchte zurück an die Weltspitze. Von den 500 umsatzstärksten Unternehmen der Welt hat bereits jedes vierte seinen Sitz in China.[105] Seit 1995 ist der Anteil Chinas an der globalen Wirtschaftsleistung von 5 auf 18 Prozent gestiegen.[106] Und nun setzt das Land alles daran, die größte Volkswirtschaft der Erde zu werden.

Angesprochen auf die Führungsambitionen Chinas sagte US-Präsident Biden: »That's not gonna happen.«[107] Bidens Optimismus könnte einen Grund haben: die chinesische Bevölkerungsentwicklung. Noch verfügt das Land mit 1,4 Milliarden Einwohnern nicht nur über ein schier unerschöpfliches Arbeitskräftepotenzial, sondern auch über einen gigantischen Binnenmarkt. Chinesische Unternehmen konnten allein mit Erfolgen auf dem Heimatmarkt zu einer Größe von Weltmarktführerformat heranwachsen – ein Vorteil, der zuvor ausschließlich den USA vorbehalten war. Doch

Chinas Bevölkerung wächst nicht mehr; im Gegenteil, sie geht zurück. Als Ursache dafür gilt oft die Ein-Kind-Politik. Diese Erklärung ist allerdings zu einfach.

Schon als 1980 landesweit die Ein-Kind-Politik eingeführt wurde, war die Zahl der Geburten auf 2,6 Kinder pro Frau gesunken.[108] 1992 sank die Fertilität erstmals unter das für eine stabile Bevölkerungsentwicklung nötige Maß von 2,1 Kindern pro Frau. Heute bekommen chinesische Frauen durchschnittlich nur noch 1,3 Kinder. Weniger Kinder heißt auf lange Sicht auch weniger Arbeitskräfte. Chinas Erwerbsbevölkerung wird in den kommenden Jahren schrumpfen wie kaum in einem anderen Land.[109] Eine gigantische Herausforderung für die chinesische Wirtschaft.

Der Wettbewerb zwischen China und den USA wird die Welt noch lange prägen. Die Rollen sind ungleich verteilt: auf der einen Seite die Vereinigten Staaten, die mit einer stagnierenden Produktivität zu kämpfen haben, während China weiter aufholt. Auf der anderen Seite China, dessen Bevölkerung vermutlich gerade zu schrumpfen beginnt, während die USA nach wie vor Traumziel von talentierten Menschen aus der ganzen Welt sind. In diesem Kräftemessen kämpft der europäische Kontinent gleich mit zwei Herausforderungen. Auch hier stagniert die Produktivität. Doch dazu kommt ein zweites Problem: Anders als in den USA werden die Bevölkerungszahlen schon bald rapide anfangen zu schrumpfen. Wie reagiert Europa?

VEREINIGTES KÖNIGREICH: EINE INSEL AUF SONDERWEGEN

Fangen wir da an, wo einst die industrielle Revolution begann, im Vereinigten Königreich. Dort stellte im März 2021 der Premierminister Boris Johnson ein Wachstumsprogramm unter dem Titel »Build Back Better: our plan for growth« vor.[110] Großbritannien ist zu dieser Zeit besonders durch die Pandemie gebeutelt, um fast 10 Prozent brach die Wirtschaftsleistung 2020 ein, doppelt so stark wie in Deutschland und fast dreimal so stark wie in den USA.[111] Das Empire, einst mächtigste Wirtschaftsnation der Welt, belegt nur noch Rang fünf der größten Volkswirtschaften, und die ehemalige Kolonie Indien schickt sich an, das Land aus den Top Five zu verdrängen. Das Königreich, so Johnson, müsse endlich die Produktion ankurbeln, wettbewerbsfähiger werden. Langfristig seien Produktivitätsgewinne die Grundlage für steigende Einkommen, einen höheren Lebensstandard und Wohlstand.

Der Premier steht allerdings vor einer Herkulesaufgabe. Denn die wirtschaftliche Schwäche begann bereits weit vor dem Pandemiejahr 2020. Schon seit vielen Jahren plagen die britische Wirtschaft fundamentale Wachstumsprobleme. In den zehn Jahren vor der Pandemie stieg die Produktivität pro Arbeitsstunde gerade einmal um 2 Prozent beziehungsweise knapp 0,2 Prozent pro Jahr – ein Bruchteil des langfristigen Durchschnitts von 2,4 Prozent.[112] Trotz technischen Fortschritts und Digitalisierung wurde ein durchschnittlicher Brite in den vergangenen zehn Jahren kaum produktiver. Noch nie seit der industriellen Revolution war das Produktivitätswachstum so niedrig.[113]

Forscher und Politiker stellt das »Productivity Puzzle« vor ein Rätsel. Denn betroffen sind nicht nur einzelne Wirtschaftszweige. Die Produktivitätsschwäche ist vielmehr in fast allen Wirtschaftssektoren festzustellen. Außerdem sind es nicht – wie in den USA – nur einzelne Regionen, in denen die Produktivität schwächelt.

Mittlerweile gibt es für das »Productivity Puzzle« einige Erklärungsansätze. Einer betrifft die Industrie, bis vor 100 Jahren noch das Herzstück der britischen Wirtschaft. Heute ist sie nur noch ein Schatten ihrer selbst und trägt nicht einmal 9 Prozent zur jährlichen Wirtschaftsleistung bei.[114] Zuletzt lastete auch noch der Brexit auf der Industrieproduktion. Die Entscheidung der Briten, aus der Europäischen Union auszutreten, führte zu großer Unsicherheit bei Unternehmen, sodass diese weniger investierten.[115]

Dazu kommt: Bürokratie und Kontrollen erschweren nun die Ausfuhr von Waren in die EU. Manche Unternehmen haben den Verkauf von Gütern in die EU komplett eingestellt. In der Folge sind die Exporte in die EU, mit Abstand wichtigster Handelspartner des Königreichs,[116] massiv eingebrochen.

Großbritannien 1900: 41 Millionen Einwohner

Doch es würde viel zu kurz greifen, die Schwäche Großbritanniens mit dem Brexit zu begründen. Der Abstieg der Industrie begann deutlich früher. Noch Mitte des 20. Jahrhunderts war das Königreich der größte Exporteur der Welt. Fast jeder zweite Brite war in der Industrie beschäftigt.[117] 1952 wurde dort das weltweit erste düsengetriebene Verkehrsflugzeug »Comet« gebaut, 1956 das weltweit erste kommerzielle Atomkraftwerk. Ob Lastwagen oder Traktoren, Farben oder Wolle – kein Land exportierte mehr als das Vereinigte Königreich.[118] Noch 1960 war die Produktivität pro Kopf höher als in Deutschland oder Frankreich und mehr als doppelt so hoch wie in Japan.[119]

Die Erfolge am Weltmarkt verdeckten eine Zeit lang noch die Schwächen heimischer Produzenten. Diese hatten es in einer Zeit, als ihnen die Produkte aus den Händen gerissen wurden, versäumt, in Innovationen und moderne Anlagen zu investieren. Ein Grund dafür: Ihre Kosten stiegen unaufhörlich. Doch der Verzicht auf Innovationen rächte sich bitter, wie das Beispiel der Automobilindustrie zeigt.

1950 war das Vereinigte Königreich noch der weltweit größte Exporteur von Autos.[120] Doch dann begann die Aufholjagd vor allem deutscher und japanischer Wettbewerber. Mercedes und Volkswagen punkteten mit Qualität, Toyota revolutionierte die Massenfertigung. Während andernorts der Einsatz von Maschinen die Arbeit effizienter machte, blieb die Industrie in Großbritannien arbeitsintensiv. So überstiegen die Stückkosten der britischen Automobilindustrie bald die der Autohersteller in Europa, den USA oder Japan.[121] Dazu kamen massive Probleme in der Fertigung.

Die Käufer wandten sich ab, britische Autos wurden für ihre minderwertige Qualität belächelt. Der in den 1970er- und 1980er-Jahren von der British Leyland Motor Corporation hergestellte und über 1 Million mal verkaufte Morris Marina gilt bis heute als eines der schlechtesten Autos aller Zeiten.[122] Als er Anfang der 1970er-Jahre auf den Markt kam, basierte er technisch gesehen auf dem Morris Minor von 1948. Die Technik war nicht wettbewerbsfähig, während der gesamten zehnjährigen Produktionszeit plagten ihn grundlegende Mängel. Die Fahrzeuge untersteuerten, waren schlecht gefedert und fingen obendrein irgendwann an zu rosten.[123]

Lange überlebt das kein Unternehmen. Die Marke Morris verschwand von der Bildfläche, ebenso wie etliche weitere große Automarken. Heute spielt die ehemals stolze britische Automobilindustrie international keine Rolle mehr. Vielen Briten gilt der Morris Marina daher bis heute als »Warnung aus der Geschichte«[124] und als Sinnbild für die Deindustrialisierung des Mutterlandes der industriellen Revolution.

Zu der fehlenden Innovationskraft kamen weitere entscheidende Punkte hinzu: die Inflexibilität des Arbeitsmarktes. Als es noch

Chrysler-Werke auf der Insel gab, legte beispielsweise ein Ausstand von gerade einmal 156 Elektrikern die Produktion über Wochen lahm.[125] Die Macht der Gewerkschaften schützte ungeachtet des technischen Fortschritts unzählige Arbeitsplätze, die längst überflüssig waren. Wie absurd die Konsequenzen waren, zeigt ein Beispiel aus den Häfen von London. Als dort erstmals Gabelstapler eingesetzt wurden, um Schiffe nicht mehr mühsam per Hand zu be- und entladen, setzten die Gewerkschaften durch, dass von nun an gut ein Dutzend Männer den Staplern hinterherlief – bei vollem Lohn.[126] Das machte den Betrieb des Hafens teurer und international weniger wettbewerbsfähig.

Langfristig noch problematischer war ein zweiter Effekt: Anstatt Arbeiter umzuschulen oder weiterzubilden, wurden ihre unproduktiven Tätigkeiten künstlich subventioniert. Ein Mangel an gut ausgebildeten Fachkräften war die Folge.[127] Wie der Automobilindustrie oder den Häfen erging es den meisten anderen Industrien, der Textilindustrie, den Werften, der Elektroindustrie und der Stahlindustrie.[128] Technischer Fortschritt wurde nicht genutzt, die Produktivität der britischen Industrie fiel hinter die anderer Industrienationen zurück, Arbeitsplätze und Unternehmen wanderten ins Ausland ab.

Heute machen britische Industrieexporte gerade einmal 3 Prozent des Welthandels aus.[129] Nur jeder zehnte Brite arbeitet in der Industrie[130], halb so viele wie in Deutschland.[131] Mit mageren 9 Prozent ist der Beitrag der Industrie zum britischen Bruttoinlandsprodukt heute viel geringer als in den Vereinigten Staaten mit 11, in Deutschland mit 18, in Japan mit 20 oder in China mit 26 Prozent.[132]

Im Umkehrschluss ist Großbritannien damit stärker als andere Industrieländer vom Dienstleistungssektor abhängig – und genau hier, im dominierenden Bankensektor, liegt eine zweite Ursache für das »Productivity Puzzle«. Der Aufstieg der Londoner Finanzindustrie begann vor knapp 40 Jahren und war Teil der tiefgreifenden Reformen unter Margaret Thatcher mit dem Ziel, dem damals »kranken Mann Europas«[133] neue Wachstumsperspektiven zu eröffnen. Das änderte sich am 27. Oktober 1986, dem Tag, der als »Big Bang« in die Geschichte einging.[134]

Als an diesem Montag der Börsenhandel begann, mussten Akti-enorders nicht mehr per Zuruf und Handzeichen verabredet, keine Kaufformulare mehr zeitaufwändig ausgefüllt werden.[135] Stattdes-sen wickelten Computer die Transaktionen ab – eine Revolution für die 1801 gegründete London Stock Exchange. London wurde zum wichtigsten Finanzzentrum in Europa.[136]

Doch dann trafen gleich drei Ereignisse das Herzstück der bri-tischen Wirtschaft bis ins Mark: Die Finanzkrise 2008/2009, der Brexit und die digitale Revolution. Seit der Finanzkrise lasten deut-lich höhere Regulierungskosten auf der Branche, zugleich erschwe-ren die historisch niedrigen Zinsen sowie die Zurückhaltung von Kunden das Kreditgeschäft.[137] Mit dem Brexit verlagerten dann viele internationale Banken Teile ihres Geschäfts auf das europäische Festland.[138] Milliarden von Anlagevermögen wurden ins Ausland transferiert.

Und als wäre das noch nicht herausfordernd genug, untergräbt die Digitalisierung derweil die Fundamente des Bankwesens. Tech-nologien wie künstliche Intelligenz und Blockchain eröffnen jun-gen agilen Anbietern die Chance, mit innovativen Geschäftsmodel-len im Finanzsektor Fuß zu fassen. Vielen traditionellen Banken fällt es schwer, auf die kleinen, flexiblen und oft gut finanzierten Start-ups zu reagieren. Zudem müssen sie sich mit einer weite-ren Bedrohung ganz anderen Kalibers auseinandersetzen: Die US Tech-Giganten Amazon, Apple, Facebook und Google stehen bereit, in den Markt einzusteigen – ihren chinesischen Wettbewerbern wie Alibaba ist dies längst gelungen.[139]

Die Deindustrialisierung, ausgelöst durch fehlende Investi-tionen, den Erhalt veralteter Strukturen und einen zu starren Ar-beitsmarkt, sowie die aufgrund von Finanzkrise, Brexit und Di-gitalisierung schwächelnde Finanzindustrie: Für Analysten der Unternehmensberatung McKinsey erklären allein diese beiden Ef-fekte weite Teile des »Productivity Puzzle«.[140] Wenn Großbritannien wieder wachsen möchte, braucht es also neue Impulse, neue Ge-schäftsideen. Doch was folgt auf die Industrie in Manchester, Leeds oder Liverpool? Und was folgt auf die Banken in London?

Großbritannien 2020: 67 Millionen Einwohner

Eine Antwort lautet: eine neue Generation von Unternehmen – gerade im Finanzsektor! Anfang 2021 meldete der staatliche Digital Economy Council, die britische Tech-Industrie sei in der vergangenen Dekade um das Zehnfache gewachsen.[141] Allein die Zahl der »Unicorns«, also Start-ups mit einer Unternehmensbewertung von mehr als 1 Milliarde Dollar, ist innerhalb von zehn Jahren von 8 auf 81 gestiegen. Fast die Hälfte davon sind sogenannte Fintechs, junge Start-ups, die die Finanzwelt von Grund auf verändern.

Investoren lieben solche Disruptoren. Revolut, eine Online-Bank, oder Ki Insurance, ein Online-Versicherung, wurden mit jeweils einer halben Milliarde Dollar finanziert.[142] Ihr Geschäftsmodell: Mit nur wenigen Mitarbeitern, aber gleichzeitig hohem Einsatz künstlicher Intelligenz strukturieren und vermarkten sie Anlageprodukte. Kunden gewinnen sie übers Internet. Transaktionen finden ausschließlich digital statt. Die Beratung übernimmt die künstliche Intelligenz.

Möglicherweise entsteht in London gerade die nächste Generation von Banken. Genau das schwebt Boris Johnson vor, wenn er erklärt, »dass Großbritannien seine Führungsrolle als eines der weltweit führenden Zentren für alle Arten von Technologie behauptet«.[143] Tatsächlich wurde nirgendwo in Europa in den vergangenen fünf Jahren mehr in Start-ups investiert als in Großbritannien, 3 Millionen Arbeitsplätze sind so entstanden.[144]

Der Erfolg des »Build Back Better«-Plans hängt entscheidend davon ab, wie schnell die britische Wirtschaft wieder die Pro-Kopf-Produktivität ankurbelt. Noch liegt diese 35 Prozent hinter den USA und 11 Prozent hinter Deutschland.[145] Für die Aufholjagd braucht es Innovationen, und die kosten zunächst einmal Geld. Geld für junge Unternehmen, Geld für neue Maschinen, Geld für neue Geschäftsideen. Während der Deindustrialisierung floss britisches Geld vor allem ins Ausland, das soll sich jetzt ändern.

In einem Brief forderte Boris Johnson im Sommer 2021 britische Investoren zu einem »Investment Big Bang« auf.[146] Statt Geld im Ausland zu investieren, sollten die Milliarden der Pensionsfonds und Versicherungen verstärkt in britische Unternehmen investiert werden. Boris Johnsons Build-Back-Better-Plan ist kein reines Konjunkturprogramm des Staates, er ist eine Mobilmachung der britischen Wirtschaft: »This plan for growth is a call to arms to put this right«[147] – das ist kein Plan, das ist eine Kampfansage.

DEUTSCHLAND: DIE WACHSTUMSKRÄFTE SCHWINDEN

Boris Johnsons Build-Back-Better-Plan ist auch eine Kampfansage an die größte Volkswirtschaft auf dem Kontinent: Deutschland. Unser Land steht nach der Wahl im September 2021 vor einer Zeitenwende. Die politische Landschaft ist zerklüftet wie nie, keine Partei eines Kanzlers hat je weniger Stimmen bekommen als die SPD 2021. Hinter dem Land liegt ein Wahlkampf, der sich hauptsächlich um den Klimaschutz sowie den Erhalt und Ausbau des Sozialsystems drehte. Über Wachstum sprach kaum jemand in der viertgrößten Volkswirtschaft der Erde, dem Land des Wirtschaftswunders, dem Exportweltmeister.

Was für ein Unterschied zu den Anstrengungen der Vereinigten Staaten, Chinas und Großbritanniens, ihre Wettbewerbsfähigkeit zu erhöhen. Und ein Warnzeichen für die EU. Die deutsche Volkswirtschaft ist mit einem Bruttoinlandsprodukt von 3,4 Billionen Euro mit Abstand die größte; erst danach folgen Frankreich mit 2,3 Billionen Euro und Italien mit 1,7 Billionen Euro.[148]

Deutschland 1800: 18 Millionen Einwohner

Die Rolle als Konjunkturlokomotive Europas hat sich unser Land hart erarbeitet. Denn die Ausgangslage war alles andere als günstig. Deutschland war Anfang des 19. Jahrhunderts ein zersplittertes Land. Und während in Großbritannien bereits die »Spinning Jenny«

die Textilindustrie revolutionierte, war die deutsche Wirtschaft noch weitestgehend agrarisch geprägt. 100 Jahre nach Beginn der industriellen Revolution war die Produktivität gerade einmal halb so hoch wie in Großbritannien oder den USA.[149]

Vom Fortschritt der industriellen Revolution blieb Deutschland lange abgeschnitten. Viele Menschen verließen im 19. Jahrhundert das Land und suchten ihr Glück vor allem in den USA.[150] Rund 4 Millionen Menschen wanderten allein in der zweiten Hälfte des Jahrhunderts aus. Das war vermutlich der größte »Brain Drain« in der Geschichte Deutschlands – und gleichzeitig die Grundlage für den Aufstieg der USA. Denn mit den Iren waren die Deutschen im 19. Jahrhundert die stärkste Zuwanderergruppe in die USA. Rund 40 Millionen Amerikaner geben heute an, deutsche Wurzeln zu haben – mehr als jedes andere Land.[151]

Der Aufstieg des Landes zur Industriemacht begann zunächst eher unbemerkt in der zweiten Hälfte des 19. Jahrhunderts, entwickelte sich dann jedoch schnell zum ersten deutschen Wirtschaftswunder. Es war eine Gründerzeit, die Unternehmen hervorbrachte, die auch heute noch eine bedeutende Rolle spielen: Siemens wurde 1847 gegründet, Bayer 1863, die BASF zwei Jahre später und 1886 Bosch.

Der Einigungsprozess und die Gründung des Deutschen Kaiserreiches 1871 vergrößerten den Binnenmarkt und vereinfachten unternehmerisches Handeln. Einheitliche Gesetze förderten in hohem Maße das Gründergeschehen. So erleichterte das noch von Preußen eingeführte neue Aktienrecht Investitionen in Unternehmen und Technologien. Allein von 1870 bis 1874 wurden fast 1000 Aktiengesellschaften gegründet.[152]

Der Aufschwung gelang auch deshalb, weil endlich genug qualifizierte Arbeiter zur Verfügung standen. Innerhalb von 50 Jahren stiegen die Bildungsausgaben des Kaiserreichs inflationsbereinigt von 100 Millionen Mark auf 1,4 Milliarden, die Zahl der Studenten vervierfachte sich.[153]

Deutschland 1900: 55 Millionen Einwohner

Die Gründerjahre waren von zahllosen Innovationen begleitet. In der Eisenindustrie ließen neue Produktionsverfahren die Produktivität um das Zehnfache, in der Stahlindustrie sogar um das Fünfundzwanzigfache ansteigen.[154] Zugleich eroberte sich Deutschland eine führende Stellung in noch jungen Industrien wie der Chemie, der Elektrotechnik und dem Maschinenbau. Kurz vor Ausbruch des Ersten Weltkrieges, im Friedensjahr 1912, hatte Deutschland dem Vereinigten Königreich den Rang als größte europäische Industrienation abgelaufen.[155] Die Folge: Wo eine Generation zuvor noch Auswanderer an den Hamburger Landungsbrücken Schlange standen, prägte nun eine Binnenwanderung aus dem Osten in den Westen, vom Land in die Städte das Bild. Fast die Hälfte der Deutschen lebte nicht mehr in ihrem Geburtsort.[156] Allein die Einwohnerzahl von Berlin verzehnfachte sich im 19. Jahrhundert, auch andere Städte expandierten. Deutschland war im Begriff, sich zu einer führenden Wirtschaftsnation zu entwickeln.

Doch statt Aufschwung folgten eine menschenmordende Diktatur, zwei Kriege, eine gescheiterte Republik und jahrzehntelanges Nullwachstum. Erst knapp 40 Jahre später begann das zweite Wirtschaftswunder. Als der Wiederaufbau begann, lag das Bruttoinlandsprodukt auf dem Niveau von 1914.[157] Doch mit der Währungs- und Wirtschaftsreform startete ab 1948 eine einzigartige Erfolgsgeschichte.

Ihr politischer Vordenker war Ludwig Erhard. Zu seinem 60. Geburtstag veröffentlichte er im Februar 1957 sein Buch *Wohlstand für alle*. Es ist die programmatische Grundlage der Wirtschaftsordnung, die bis heute maßgeblich für alle regierenden Parteien Deutschlands ist: die soziale Marktwirtschaft. Sie verbindet zwei Grundsätze: erstens die Überzeugung, dass Wettbewerb zwischen Unternehmen zu Fortschritt führe, und zweitens, dass mit steigender Produktivität auch die Löhne in der Breite steigen müssen. Erhard nannte dies die »Sozialisierung des Fortschritts«.[158] Solange der Kuchen größer wird, mehrt sich der Wohlstand für jeden Einzelnen.

Das Symbol des Wirtschaftswunders schlechthin ist der VW Käfer und der damit verbundene Aufstieg Wolfsburgs zu einem Taktgeber der deutschen Industrie. 1945 lebten 14.000 Menschen in der »Stadt des KdF-Wagens bei Fallersleben«.[159] Nach Kriegsende erhielt die Stadt einen neuen Namen: Wolfsburg. Noch im gleichen Jahr wurden hier wieder Autos gefertigt, 1946 begann die Serienproduktion des »Brezelkäfers«. Zehn Jahre später ist jedes vierte Auto auf Deutschlands Straßen ein VW Käfer.[160] 1955 rollt der millionste Käfer vom Band – mit goldfarbener Lackierung. In rund 90 Ländern kann man ihn bereits kaufen. Nur zwölf Jahre später folgt der zehnmillionste Käfer.[161] Der Käfer steht wie kaum etwas anderes für den einsetzenden Wohlstand im Nachkriegsdeutschland. Nicht von ungefähr nannte Erich Kästner die 1950er-Jahre »motorisiertes Biedermeier«.[162]

Doch nicht nur auf der Straße zeigte sich der neue Wohlstand. Er erfasste vielmehr auch die Wohnzimmer und Küchen der Menschen. Ihre sehnlichsten Wünsche im Jahr 1955 waren: ein Kühlschrank, eine Waschmaschine, ein Staubsauger und ein Fernseher.[163] Denn bei der Elektrifizierung der Haushalte hatte Deutschland Nachholbedarf. Während in den USA bereits 1937 mehr als die Hälfte der Haushalte eine Waschmaschine und einen Kühlschrank ihr Eigen nannten, war es in Deutschland gerade einmal 1 Prozent.[164] Zwei Prozent besaßen einen Elektroherd.[165] Gekocht wurde größtenteils auf Kohleherden.[166]

Das hatte weitreichende Konsequenzen: Das Waschen und Trocknen der Wäsche nahm viel Zeit in Anspruch, ebenso das tägliche Besorgen von Lebensmitteln. Was haltbar gemacht werden sollte, wurde eingekocht und eingeweckt. Das änderte sich mit dem Wirtschaftswunder. Während noch 1955 lediglich in 10 Prozent der Haushalte ein Kühlschrank stand, war nur sieben Jahre später mehr als die Hälfte damit ausgestattet.[167] In den 1960er-Jahren kam die Waschmaschine dazu. 1973 fand sie sich in 60 Prozent aller Haushalte.[168]

Firmen wie Bosch, Grundig und Miele belieferten die Bundesbürger mit den Objekten ihrer Begierde. Neben Küchengeräten
zählten dazu auch der Fernseher und das Telefon. In den Werk-
hallen selbst explodierte die Pro-Kopf-Produktivität. Von 1949 bis
1957 stieg sie um fast 100 Prozent, während sie sich in den USA gerade einmal um 23 Prozent und in Großbritannien um 15 Prozent
verbesserte.[169]

Entsprechend stiegen auch die Löhne. Und die Arbeitszeit
sank: von 48 Stunden im Jahr 1950 auf 40 Stunden ab Mitte der
1960er-Jahre.[170] Zugleich wurde der Samstag zum zweiten freien Ar-
beitstag der Woche. Als das Wirtschaftswunder 1973 durch die Ölkrise beendet wurde, lag das Bruttoinlandsprodukt viermal so hoch
wie 1950 – ein Wachstum von fast 6 Prozent pro Jahr.[171] Nie wieder
wurden in Deutschland solche Wachstumsraten erreicht wie zu Zeiten des Wirtschaftswunders.

Wer sich auf die nackten Fakten des Wirtschaftswunders konzentriert, kann leicht eine zweite ebenso bemerkenswerte Entwicklung
der 1950er-Jahre übersehen: die gelungene Integration von 11 Millionen zusätzlichen Beschäftigten in den Arbeitsmarkt. Darunter waren fast 5 Millionen Vertriebene, 4 Millionen Kriegsheimkehrer und
fast 2 Millionen Flüchtlinge aus der DDR.[172] Trotzdem herrschte ab
1957 im Land Vollbeschäftigung, ein neues Problem entstand: Arbeiterlosigkeit. Ein Land, das lange ein Auswandererland war und
danach sein Reservoir an Arbeitskräften für die aufstrebende Industrie durch Binnenwanderung aufgefüllt hatte, musste nun neue
Wege gehen – und begann, Gastarbeiter anzuwerben. Zum Glück
bot sich ein schier unerschöpflicher Quell von Arbeitskräften direkt
vor der Haustür, mitten in Europa.

Das erste Abkommen wurde im Dezember 1955 mit Italien ab-
geschlossen. Das Land litt nach wie vor unter den Folgen des Krie-
ges, gerade in Süditalien und Sizilien waren viele Menschen arbeitslos. Der italienische Ministerpräsident De Gasperi forderte sie nun
höchstpersönlich auf, auszuwandern.[173] Wie kaum ein anderes Unternehmen nutzte Volkswagen die Gelegenheit, Italiener in den
kalten Norden zu locken. Über 3000 Italiener arbeiteten 1962 im

Volkswagenwerk in Wolfsburg – das waren fast 10 Prozent der Belegschaft.[174] Bis heute kamen insgesamt rund 4 Millionen Italiener nach Deutschland.[175] 1960 folgten weitere Anwerbeabkommen mit Spanien und Griechenland. Und als 1961 der Mauerbau den Zuzug von DDR-Übersiedlern zum Erliegen brachte, schloss die Regierung weitere Abkommen mit Ländern aus dem Mittelmeerraum, darunter Marokko, Portugal, Jugoslawien und die Türkei. Das wahrscheinlich wichtigste Abkommen zur Anwerbung von Arbeitskräften wurde mit der Türkei im Oktober 1961 geschlossen. Auf drei nüchternen Seiten hielten die beiden Länder fest, dass sie nicht nur bei der Vermittlung von Arbeitskräften zusammenarbeiten, sondern dass Deutschland in der Türkei eine eigene Verbindungsstelle errichten würde. Der deutsche Staat konnte hier die benötigten Fähigkeiten anmelden, auf deren Basis die Türkei eine Vorauswahl an Bewerbern zusammenstellte und bei der Verbindungsstelle vorstellte.[176]

Was in sperrigem Beamtendeutsch verfasst wurde, ist nichts anderes als staatlich organisiertes Headhunting. Zweieinhalb Millionen Türken bewarben sich zwischen 1961 und 1973, jeder Vierte wurde »angenommen«.[177] Anfangs kamen nur ein paar zehntausend. Doch schon bald sprach sich herum, dass in Deutschland nicht nur Arbeit, Wohlstand und Freiheit warteten, sondern möglicherweise auch eine neue Heimat. Und so wanderten im Spitzenjahr 1973 eine Viertelmillion türkische Gastarbeiter nach Deutschland ein. Das Anwerbeabkommen »war kein Akt der Nächstenliebe«, wie Bundespräsident Steinmeier rückblickend feststellte.[178] Im Gegenteil, zwischen Duisburg-Marxloh und Berlin-Neukölln wurden die Neuankömmlinge nur halbherzig von der deutschen Gesellschaft aufgenommen. Der *Spiegel* titelte 1973: »Die Türken kommen – rette sich, wer kann« und machte sich dafür stark, den Zuzug von Gastarbeitern zu begrenzen.[179] Am Ende waren es jedoch die erste Ölkrise und die folgende weltweite Rezession, welche die sozialdemokratische Regierung von Willy Brandt veranlassten, einen Anwerbestopp zu verhängen. Die Gastarbeiter wurden schlichtweg nicht mehr gebraucht.

Wer das deutsche Wirtschaftswunder begreifen will, muss die Dimension des Zustroms der Gastarbeiter begreifen. Von 1955 bis 1973 lockte Deutschland 14 Millionen Arbeitsmigranten samt Familienangehörigen an.[180] Da die Arbeit zu Beginn befristet war und die Lebensbedingungen in Deutschland alles andere als einladend, kehrten zwar viele nach getaner Arbeit in ihre Heimat zurück. Doch Millionen blieben. Heute leben fast 22 Millionen Menschen mit Migrationshintergrund in Deutschland, darunter fast 3 Millionen türkischstämmige Menschen.[181] Jeder achte Beschäftigte in Deutschland besitzt eine ausländische Staatsbürgerschaft.[182]

Über genügend Arbeitskräfte zu verfügen ist eine Voraussetzung für eine wachsende Wirtschaft. Noch wichtiger ist es aber, über ausreichend qualifizierte Arbeitskräfte zu verfügen. Mit der Handwerksordnung von 1953 und dem Berufsausbildungsgesetz von 1969 teilten sich Staat und Wirtschaft die berufliche Ausbildung – das duale Ausbildungssystem war geboren. Die Berufsschule wurde neben dem ausbildenden Betrieb oder Unternehmen zum zweiten Lernort und die Teilnahme an der Berufsschule zur Pflicht für jeden Auszubildenden.

Diese einzigartige Zusammenarbeit zwischen Staat und Wirtschaft trägt maßgeblich dazu bei, dass bis heute in Deutschland die Jugendarbeitslosigkeit mit 6 Prozent viel geringer ist als in anderen europäischen Ländern. So befindet sich in Spanien jeder dritte und in Italien jeder vierte junge Erwachsene auf Jobsuche.[183]

Das schnelle Wachstum der Erwerbsbevölkerung, erst durch Integration der Vertriebenen und Kriegsheimkehrer, später dann durch die Abwerbeabkommen sowie das gute Bildungssystem, schuf die Basis für den Aufstieg Deutschlands zum Exportweltmeister. Seit 1952 exportiert das Land kontinuierlich mehr Waren, als es importiert.[184] Vier Industrien dominieren: die Autoindustrie, die Maschinenbauindustrie, die Elektrotechnik und die Chemie.[185] Es handelt sich samt und sonders um Industrien mit hohem Forschungsaufwand, einem hohen Bedarf an Fachkräften und damit hohen Löhnen – und einer hohen Produktivität. Heute ist Deutschland nach den USA und China der drittgrößte Warenexporteur der

Welt. Der Anteil am Welthandel beträgt 7 Prozent,[186] obwohl der Anteil der Deutschen an der Weltbevölkerung nur bei 1 Prozent liegt. Autos, Maschinen, Chemie und Technologie machen dabei fast die Hälfte des Exports aus.

Deutschlands Aufstieg zu einer der führenden Wirtschaftsnationen wäre nicht möglich gewesen ohne eine Reihe von Faktoren. Erstens waren das die Gründerjahre, in denen junge Unternehmer mit Ideen, Mut und Geld den Grundstein für viele der heute noch erfolgreichsten Unternehmen gelegt haben. Zweitens gab es die großen Investitionen in ein Bildungs- und Ausbildungssystem, ohne das der Fortschritt und das Wachstum der Industrie kaum möglich gewesen wäre. Und drittens war es das Werben um Migration. Denn ohne die vielen Zuwanderer wäre das Wirtschaftswunder vermutlich ausgeblieben. Der Wohlstand, den wir heute in Deutschland erleben, ist kein Zufall. Er ist das Ergebnis zukunftsgerichteter Entscheidungen.

Deutschland 2020: 84 Millionen Einwohner

Damit wären wir zurück in der Gegenwart – Deutschland 2022 nach der Wahl. Erschöpfungssymptome machen sich breit, natürlich auch wegen der Corona-Pandemie und der Neuordnung der Sicherheitsarchitektur des Westens. Doch schon länger macht sich eine andere weitreichende Herausforderung bemerkbar: Die Wachstumskräfte der vergangenen 70 Jahre schwinden. Es geht nicht mehr voran. Dafür gibt es zwei Gründe.

Im Schatten der Pandemie hat etwas eingesetzt, was uns noch über Jahrzehnte beschäftigen wird: Die Bevölkerung fängt an zu schrumpfen. In einer aktuellen Forschungsarbeit weist der Stanford-Volkswirtschaftsprofessor Charles Jones darauf hin, dass praktisch alle Modelle zum Wirtschaftswachstum entweder von einer wachsenden oder wenigstens stagnierenden Bevölkerung ausgehen.[187] Möglicherweise eine fatale Annahme. Denn bereits in den kommenden 20 Jahren wird die Erwerbsbevölkerung trotz Zuwanderung um fast 10 Prozent zurückgehen.[188]

Dabei fehlen schon heute zunehmend die Fachkräfte, um die Wirtschaft am Laufen zu halten und neue Wachstumspotenziale zu erschließen. Die Zahl fehlender Arbeitskräfte summiert sich bereits auf über 1 Million.[189] Fast zwei Drittel der Unternehmen haben Probleme bei der Besetzung von offenen Stellen, und das ist erst der Anfang. Die Arbeiterlosigkeit wirft ihre Schatten voraus.

Dazu kommt: Wie in vielen anderen Industrieländern stockt auch hierzulande der Fortschritt. In den Jahren 2018, 2019 und 2020 stagnierte die Arbeitsproduktivität.[190] Ein zeitweiliger Rückgang der Produktivität ist kein neues Phänomen, die anhaltende Stagnation schon. Die britische Diskussion um das »Productivity Puzzle« hat damit auch Deutschland erreicht.

Im Januar 2021 wagte sich die Deutsche Bundesbank an einen Erklärungsversuch.[191] Das Innovationstempo hat nachgelassen. Während das Entwicklungstempo im digitalen Zeitalter überall auf der Welt unaufhörlich steigt, fällt es deutschen (genauso wie französischen und italienischen) Unternehmen immer schwerer, mitzuhalten. Den Takt geben das Silicon Valley, aber auch die aufstrebenden chinesischen Giganten vor. Die Bundesbanker verweisen aber noch auf einen zweiten Punkt: den demografischen Wandel. Eine älter werdende Erwerbsbevölkerung hat nun einmal eher die Tendenz, am Bewährten festzuhalten.

Schrumpfende Erwerbsbevölkerung, stagnierende Produktivität – eine toxische Mischung. Denn wenn sich diese Trends fortsetzen, könnten wir statt Jahrzehnten des Aufschwungs jahrzehntelange Stagnation oder gar Rezession erleben. Um diesem Teufelskreis aus schrumpfender Erwerbsbevölkerung und stagnierendem Fortschritt zu entkommen, müssen wir endlich wieder für einen Produktivitätsschub sorgen. Eine Parole wie »Build Back Better« würde vermutlich hierzulande auf Unverständnis stoßen. »Uns geht es doch gut«, denken sich viele. Und das stimmt auch. Es fehlt nur ein entscheidender Zusatz: »noch«.

TEIL 2

AUF DEM WEG
IN DIE
ARBEITERLOSIGKEIT

DIE FALSCHE ANGST VOR DER ÜBERBEVÖLKERUNG

Eine mutige Entscheidung?

Mitte Juli 2021 wurde der Amerikanerin Meghan Markle und ihrem Mann, dem britischen Prinzen Harry, eine besondere Ehre zuteil. Die gemeinnützige britische Organisation Population Matters zeichnete sie für eine »mutige Entscheidung« als »Change Champions« aus.[1] Vorausgegangen war der Auszeichnung ein Interview, das zwei Jahre zuvor im britischen Magazin *Vogue* erschien. Darin verkündete das Paar seine Entscheidung oder vielmehr einen Plan. Dieser lautete, nicht mehr als zwei Kinder zu bekommen.[2] Und mit diesem Plan, so die Initiatoren des Preises, leiste das Paar einen wesentlichen Beitrag zur Eindämmung der weltweiten Bevölkerungsexplosion und sei dank seiner aufgeklärten Entscheidung ein Vorbild für andere Familien.

Ich bin mir sicher, dass die Initiatoren die besten Absichten haben, und ihr Ziel, einer Überbevölkerung entgegenzuwirken, ist ehrenvoll. Doch mir scheint, die Preisvergabe stammt aus einer anderen Zeit. Denn tatsächlich haben Meghan Markle und Prinz Harry bereits mehr Kinder bekommen als ein gewöhnliches Paar in Großbritannien oder den USA. Was natürlich ihr gutes Recht ist. Doch Fakt ist, dass Frauen in den beiden Ländern schon seit langem durchschnittlich nur noch rund 1,7 Kinder bekommen.[3]

Zu wenige, um die Bevölkerung auch nur konstant zu halten. Denn es wären 2,1 (genau: 2,07) Nachkömmlinge erforderlich, damit die Einwohnerzahl eines Landes auf demselben Niveau bleibt. Die krumme Zahl erklärt sich übrigens aus der Tatsache, dass generell etwas weniger Mädchen als Jungen das Licht der Welt erblicken und einige von ihnen sterben, bevor sie Nachkommen gebären können. Diese wichtige Marke von 2,1 Kindern pro Frau unterschritten Großbritannien und die USA beide bereits Anfang der 1970er-Jahre.[4]

Großbritannien und die USA sind keine Einzelfälle: In fast hundert Ländern bekommen die Menschen nicht mehr zu viele Kinder. Sie bekommen zu wenige! Zumindest zu wenige, um die Bevölkerung stabil zu halten. Heute zählen wir mindestens 93 Länder mit niedrigeren Geburtenraten, als sie zur Stabilisierung der Bevölkerung notwendig sind. Und von Jahr zu Jahr steigt die Anzahl der Länder, die unter die magische Grenze von 2,1 Kindern pro Frau fallen.

Was die Menschen dort veranlasst, weniger Kinder zu bekommen, ist kein Mut. Es sind oft ökonomische Gründe. Menschen in Städten haben keinen Platz mehr, um fünf oder sechs Kinder großzuziehen. Und sie müssen es auch nicht mehr wie zu früheren Zeiten, als auf dem Hof oder auf dem Acker jede Hand gebraucht wurde. Junge Frauen streben heute mehr denn je nach Selbstständigkeit, nach eigener beruflicher Perspektive und Entfaltung, nicht (nur) nach der Rolle als Hausfrau und Mutter. Junge Familien investieren lieber mehr in die gute Ausbildung weniger Kinder als in der Vergangenheit. Wenige Kinder zu bekommen ist eine direkte Folge des Fortschritts und des Wohlstands.

Die Tatsache, dass Population Matters seinen Preis mit gerade einmal 500 Britischen Pfund dotiert hatte, mag ein Indiz dafür sein, dass den Initiatoren die Sache selbst nicht ganz geheuer war. Man möchte ihnen zurufen: Ihr kommt zu spät! Die Welt hat sich in den vergangenen 200 Jahren geändert! Im Jahr 1815 bekam eine britische oder US-amerikanische Frau durchschnittlich sechs Kinder, 1910 immerhin noch drei.[5] Doch diese Zeiten sind längst vorbei.

Ja, durchaus bekommen Frauen in etwas mehr als hundert Ländern der Welt auch heute noch mehr als 2,1 Kinder. Etwa im bevölkerungsreichen Nigeria mit seinen über 200 Millionen Einwohnern, wo Frauen im Durchschnitt 5,3 Kinder bekommen. Oder im noch etwas größeren Pakistan: hier gebären Frauen im Schnitt 3,5 Kinder.[6] Doch die Geburtenraten sinken längst – überall auf der Welt. Nicht wegen mutiger Entscheidungen, sondern weil die Welt immer wohlständiger wird, weil immer weniger Menschen auf dem Land wohnen, weil immer mehr Kinder Zugang zu Bildung erhalten, weil die Gleichberechtigung zunimmt. Wenn es Mut braucht, um die Geburtenraten auch in den ärmsten Regionen der Welt zu senken, dann ist es der Mut zum Fortschritt. Im Rest der Welt werden die niedrigen Geburtenraten allerdings längst zu einem Problem.

Wenn das Wort »Children« gestrichen wird

In keinem Land der Erde bekommen Frauen so wenige Kinder wie in Südkorea mit seinen 50 Millionen Einwohnern. Hier sind es im Schnitt nur noch 0,9 Kinder.[7] Besonders wenige Kinder werden in der Hauptstadt Seoul geboren, die Geburtenrate liegt hier bei gerade einmal 0,6 Kindern pro Frau. Seoul ist damit wahrscheinlich die kinderärmste Hauptstadt der Welt.

Das hat Konsequenzen. Das Sowha Children's Hospital, Südkoreas erstes Kinderkrankenhaus, war einst das beste des gesamten Landes. Doch mit den ausbleibenden Geburten sank auch die Zahl der behandelten Fälle von über 300.000 in den 1990er-Jahren auf nur noch 70.000.[8] Das Krankenhaus geriet dadurch in eine derartige finanzielle Schieflage, dass es das eigene sechsstöckige Gebäude verkaufen musste. Heute hat es hier nur noch zwei Etagen angemietet. 2019 eliminierte das Sowha Children's Hospital schließlich das Wort »Children« aus seinem Namen und richtete eine Abteilung für innere Medizin ein. Mit alten Menschen lässt sich in Südkorea schließlich noch eine Zeit lang Geld verdienen.

Südkorea ist mit seiner niedrigen Geburtenrate ein Extrembeispiel, doch andere Länder folgen dem Trend. Im bevölkerungsreichsten Land der Erde, in China, ist die Geburtenrate zuletzt auf gerade einmal 1,3 Kinder pro Frau gefallen – den niedrigsten jemals gemessenen Wert. In den Großstädten, in Peking oder Schanghai, liegt sie sogar fast auf Seoul-Niveau bei 0,7 Kindern.[9]

Übrigens: Wer die Ein-Kind-Politik dafür verantwortlich macht, irrt sich. Die Geburtenrate sank schon längst vor dem propagierten

Ideal der Ein-Kind-Familie. Mittlerweile ermutigt der chinesische Staat seine Bürger sogar, drei Kinder zu bekommen, und lockt sie mit Geld-Incentives, vergünstigten Immobilien und verlängertem Mutterschutz. Die Gründe sind klar: Die ambitionierten Pläne Xi Jinpings, China zur größten Volkswirtschaft der Erde zu machen, werden akut durch die niedrige Geburtenrate bedroht.

»Wenn die Zahl der Arbeitskräfte geringer wird, beginnt der Niedergang der Wirtschaft«, erklärt Yi Fuxian von der amerikanischen Universität Wisconsin.[10] Zu Recht! Verharrt die Geburtenrate in China auf dem aktuellen Niveau und schafft China es nicht, sich als attraktives Zielland für Migranten weltweit zu positionieren, wird das Land bis zum Ende dieses Jahrhunderts die Hälfte seiner Bevölkerung verlieren. Dabei ist die chinesische Wirtschaft auf Wachstum programmiert. Besonders im Fokus dabei: eben die heimische Bevölkerung. Sie soll nicht nur als Arbeitsressource die chinesische Produktivität steigern, sondern zunehmend auch selbst die Nachfrage chinesischer Güter ankurbeln. So setzt der 2021 veröffentlichte vierzehnte Fünf-Jahres-Plan auf eine deutlich stärkere Ausrichtung der chinesischen Wirtschaft auf den eigenen Binnenmarkt.[11]

Nichts treibt die Wirtschaft dabei so sehr wie die Nachfrage nach Immobilien – kein Wunder angesichts des Bevölkerungswachstums vergangener Jahrzehnte. Von der gesamten chinesischen Wirtschaftsleistung entfällt fast ein Viertel auf den Bau- und Immobiliensektor.[12] China baut wie kein zweites Land, die Hälfte des weltweit hergestellten Zements wird im Reich der Mitte verbraucht.[13] Landesweit entstehen nicht nur neue Häuser, Straßenzüge und Stadtviertel. Ganze Städte werden aus dem Boden gestampft.

In den vergangenen zwei Jahrzehnten legten die Chinesen den Großteil ihres Vermögens, nämlich 70 Prozent, in Immobilien an.[14] In den USA beträgt dieser Anteil 35 Prozent. Und China plant scheinbar weiter auf Zuwachs. Ganze 65 Millionen leere Wohnungen warten auf junge Familien.[15] Die gesamte Bevölkerung Deutschlands würde in ihnen Platz finden.

Doch wie lange hält diese Nachfrage nach Immobilien noch an? Offiziell wächst die chinesische Bevölkerung zwar noch,[16] aber die

Zahl der Neugeborenen nimmt bereits seit Jahrzehnten ab. Und mit 1,3 Geburten pro Frau ist es nur eine Frage der Zeit, bis auch in China die Behörden einen Bevölkerungsrückgang vermelden werden. Manche Experten gehen sogar davon aus, dass Chinas Bevölkerung längst schrumpft.[17] Und eine Trendwende ist nicht in Sicht.

Wer soll in die leeren Wohnungen einziehen, wenn die Bevölkerung schrumpft? Wer baut in Zukunft noch Häuser, wenn immer weniger Menschen da sind, die sie kaufen sollen? Und was passiert erst, wenn die Zahl der chinesischen Konsumenten abnimmt? China, dessen Bevölkerung lange schneller wuchs als die jedes anderen Landes der Erde, muss sich schnellstens auf eine neue Realität einstellen.

Nun mag man einwenden, Südkorea und China seien Sonderfälle, man müsse doch nur nach Indien schauen. Um eine halbe Milliarde Menschen ist das Land seit 1990 gewachsen, damals lag die Zahl der durchschnittlichen Geburten bei vier Kindern pro Frau.[18] Und rund um das Jahr 2022 wird Indien vermutlich China als größtes Land der Erde abgelöst haben.

Mit gerade einmal 28 Jahren liegt das Durchschnittsalter weit unter dem in China mit 38 oder Südkorea mit 44 Jahren. Doch auch in Indien nimmt die Geburtenrate drastisch ab. Ende 2021 vermeldete das indische Gesundheitsministerium, dass mit durchschnittlich genau zwei Kindern pro Frau das Land erstmals den Wert unterschritten hat, der langfristig zum Erhalt der Bevölkerungszahl nötig wäre.[19] Und damit ist schon heute absehbar, dass die indische Bevölkerung in etwa 25 Jahren anfängt zu schrumpfen.[20]

Wie in vielen anderen Ländern rätseln auch in Indien die Experten schon heute über die Ursachen der sinkenden Geburtenraten. Manche machen staatliche Programme zur Geburtenkontrolle verantwortlich, andere den veränderten Lebensstil junger Menschen. Aber die indischen Statistiken verraten noch mehr: So steigt die Zahl der Mädchen, die eine Schule besuchen, stark an.[21] Und wie wir später sehen werden, ist es genau dieser Zugang zu Bildung, der junge Frauen veranlasst, weniger Kinder zu bekommen.

Südkorea, China und Indien – sie sind nur drei Beispiele für die vielen Länder, die jetzt oder in naher Zukunft anfangen werden zu schrumpfen. Sie scheinen weit weg zu sein, und in jedem Land scheint es spezifische Gründe für die sinkenden Geburtenraten zu geben. Doch sie folgen einem weltweiten Trend. Und keines der drei Länder ist dabei ein Trendsetter.

Immer weniger Europäer

Denn die Trendsetter, das sind neben den Nordamerikanern wir Europäer. Die Länder Europas unterschritten schon vor 50 Jahren das kritische Niveau von 2,1 Geburten pro Frau: Deutschland bereits 1970, Großbritannien 1973, Frankreich und Italien 1976, Spanien 1981. Und mit dem Fall des Eisernen Vorhangs folgten auch die größten Länder des ehemaligen Ostblocks: Polen (genau wie Russland) 1989 und Rumänien 1990. Wenn die Entwicklungen in Asien Sie also überraschen, dann sollten Sie bedenken, dass wir China, Südkorea und Indien bereits mehrere Jahrzehnte voraus sind.

Nirgendwo werden so wenige Kinder geboren wie in Europa. Hier gibt es kein einziges Land, das noch aus eigener Kraft seine Bevölkerung stabil halten kann. Spitzenreiter bei den Geburten ist Frankreich mit 1,9 Kindern pro Frau, in Großbritannien sind es 1,7, in Deutschland 1,5 Kinder. Am unteren Ende: Spanien und die kinderliebenden Italiener mit zuletzt nur 1,2 Kindern pro Frau.[22]

Und mit teils deutlich über 40 Jahren sind die Bevölkerungen hier schon älter als in den meisten asiatischen Ländern. Damit steht eines fest: Die Bevölkerung Europas wird bald anfangen zu schrumpfen. Ungarn schrumpft bereits seit vier, Rumänien seit drei Jahrzehnten. Portugal und Griechenland seit mehr als zehn, Italien seit sechs Jahren. Fast unbemerkt von der Öffentlichkeit stagnierte im Jahr 2020 das Wachstum der deutschen Bevölkerung. Und viele weitere Länder auf der ganzen Welt werden bald folgen.

Der Bevölkerungsrückgang – insbesondere in Europa und Asien – wird ohne Beispiel in der Geschichte sein. Statt Arbeitslosigkeit werden wir bald Arbeiterlosigkeit erleben. Denn der wichtigste Treibstoff des Wachstums der vergangenen Jahrhunderte geht uns aus: der

Mensch. In Deutschland wird die Erwerbsbevölkerung bis zum Ende dieses Jahrhunderts um ein Drittel zurückgehen, in Italien, Spanien und Griechenland sogar um mehr als die Hälfte. Polen, Portugal und Rumänien werden voraussichtlich sogar zwei Drittel ihrer Arbeitskräfte verlieren. In absoluten Zahlen erleidet China jedoch den größten Verlust. Hier wird die Erwerbsbevölkerung um über 60 Prozent schrumpfen – von heute 950 Millionen auf nur noch 360 Millionen.[23]

Die USA, Kanada und Großbritannien werden dem Trend trotzen – Einwanderung sei Dank. Doch im Rest der Welt stoßen Unternehmen und ganze Volkswirtschaften schon bald an ihre Wachstumsgrenzen. Weil keine Menschen mehr da sind, die arbeiten. Weil Absatzmärkte kleiner werden. Weil Sozial- und Rentensysteme auf eine nie dagewesene Belastungsprobe gestellt werden. Wenn uns Menschen in Europa eine Sache Angst machen sollte, dann sind es die Auswirkungen des Bevölkerungsrückgangs!

Entschärfte Bombe

Noch allerdings grassiert vielerorts die Angst vor der Überbevölkerung. Sie treibt Organisationen wie Population Matters an, für eine stärkere Geburtenkontrolle zu werben. Vielleicht liegt es daran, dass uns die Erzählung der immer weiter wachsenden Weltbevölkerung intuitiv logisch erscheint. Es ist noch nicht lange her, da war die Sorge nicht ganz unbegründet.

Ende der 1960er-Jahre, als 3,5 Milliarden Menschen den Planeten bevölkerten, bekam jede Frau im globalen Durchschnitt fünf Kinder.[24] Nach Einschätzung der Ernährungs- und Landwirtschaftsorganisation der Vereinten Nationen litten fast 1 Milliarde Menschen damals unter Unterernährung – das entsprach einem Drittel der Weltbevölkerung.[25] Paul Ehrlich von der Stanford University landete 1968 mit seinem in viele Sprachen übersetzten, 2 Millionen Mal verkauften Buch *The Population Bomb* einen globalen Bestseller.[26] Im Kern stand eine düstere Prophezeiung: Angesichts des immerwährenden Bevölkerungswachstums werde schon bald eine fürchterliche

Hungersnot den Planeten heimsuchen, an der Hunderte Millionen Menschen sterben würden.

Bis heute ist diese Prophezeiung nicht eingetreten. Im Gegenteil: in den letzten 50 Jahren hat sich weltweit die durchschnittliche Zahl der neugeborenen Kinder pro Frau auf 2,4 halbiert. Und obwohl bald 8 Milliarden Menschen den Planeten bevölkern, hat sich die Zahl der unter Hunger leidenden Menschen auf rund 10 Prozent der Weltbevölkerung reduziert.[27]

Die Bombe scheint entschärft zu sein. Und nichts deutet darauf hin, dass sich dieser Trend nicht fortsetzen wird. Doch in unserem Bewusstsein hält sich hartnäckig die Angst vor der Bevölkerungsbombe. Als vor Kurzem fünfzig Nobelpreisträger nach der größten Bedrohung für die Menschheit befragt wurden, nannte mehr als ein Drittel von ihnen die Überbevölkerung des Planeten.[28]

Um keine Missverständnisse aufkommen zu lassen: Natürlich stellt die Überbevölkerung eine gigantische Herausforderung für das ökologische Gleichgewicht unseres Planeten dar. Es steht außer Frage, dass ein Ende des Bevölkerungswachstums der einzige Weg ist, den Planeten vor dem Klimakollaps zu bewahren. Was die meisten Menschen und auch renommierte Wissenschaftler jedoch übersehen: Es wird keine »Population Bomb« geben, sondern einen »Population Drop«.

Es dauert nicht mehr lange, bis die Weltbevölkerung zu schrumpfen beginnt. Zuerst in Europa, dann in Asien und Lateinamerika. Und vermutlich erlebt auch Afrika bald im Zeitraffer den Wandel, der Europa und Nordamerika aus der Armutsfalle befreit und in Richtung einer alternden Gesellschaft geführt hat. Das ist der Preis des Fortschritts, der mit der »Spinning Jenny« seinen Anfang nahm. Wie auf einer Perlenkette aufgezogen folgen alle Länder demselben Muster. Zunächst explodieren die Bevölkerungszahlen durch eine steigende Lebenserwartung, doch schon bald sinken die Geburtenraten – bis unter das Maß, das zum Erhalt der Bevölkerung notwendig wäre. Der »Population Drop« ist eingeleitet.

VON DER »POPULATION BOMB« ZUM »POPULATION DROP«

Bereits 1929 entwickelte der US-Wissenschaftler Warren Thompson ein Modell, mit dem die Entwicklung der Weltbevölkerung in vier Phasen erklärt werden kann.[29] Das sogenannte »Demographic Transition Model« beschreibt die grundlegenden Zusammenhänge, die zunächst zur Explosion der Bevölkerungszahlen und später zu ihrem Schrumpfen führen.

Jedes Land der Erde durchläuft dabei dieselben vier Phasen. Phase 1 entspricht der vorindustriellen Zeit. Gefangen in der malthusischen Armutsfalle werden hohe Geburtenzahlen durch eine hohe Mortalität nahezu ausgeglichen, die Bevölkerung wächst kaum. In Phase 2 setzt der Fortschritt ein, die Mortalität sinkt, die Bevölkerung beginnt rasant zu wachsen. In Phase 3 fangen die Geburtenraten an zu sinken, die Bevölkerung altert, das Bevölkerungswachstum wird gebremst. In Phase 4 geht schließlich die Zahl der Neugeborenen so stark zurück, dass die Bevölkerung anfängt zu schrumpfen.

Phase 1: Der Kampf ums Überleben

Als der erste römische Kaiser Augustus im Jahr 14 nach Christus in der kleinen süditalienischen Stadt Nola starb, herrschte er über geschätzt 54 Millionen Einwohner[30] rund um das Mittelmeer und bis hinauf ins waldreiche Germanien. Das entsprach gut einem Viertel der damaligen Weltbevölkerung von ungefähr 188 Millionen Menschen.[31] In den folgenden 1000 Jahren wuchs die Menschheit auf gerade einmal 300 Millionen. Und es dauerte bis zum Jahr 1700, bis rund 600 Millionen Menschen auf der Erde lebten.

Was nach einem starken Wachstum klingt, entspricht über den langen Zeitraum hinweg lediglich Zuwächsen von 0,07 Prozent pro Jahr. Wäre die Bevölkerung in diesen homöopathischen Schritten weitergewachsen, gäbe es heute 750 Millionen Erdenbürger und nicht 7,9 Milliarden. London, Paris oder Peking wären mittelgroße Städte geblieben, und Paul Ehrlich hätte mit seinem Buch keinen Bestseller gelandet. Wie im ersten Kapitel gezeigt, war das Gros der Menschen über diese lange Zeit hinweg in Phase 1, der Armutsfalle, gefangen. Die Lebenserwartung betrug gut 30 Jahre – und diese 30 Jahre waren überall auf der Welt hart und entbehrungsreich.

In harten Zeiten war und ist Nachwuchs eine Lebensversicherung für das Alter und vor allem eine hochwillkommene Arbeitskraft. Bis ins Mittelalter hinein war es völlig normal, dass Kinder ab ihrem siebten Geburtstag – sollten sie ihn überhaupt erreichen – ihren Lebensunterhalt selbst verdienen mussten.[32] Solange die Nachkommen nach wenigen Jahren bereits einen Beitrag zum dürftigen Familieneinkommen leisten, ist Kinderreichtum von Vorteil. Noch Napoleon soll auf die Frage, welche Frau er am meisten liebe, geantwortet haben: »Diejenige, welche die meisten Kinder zeugt.«[33]

Tatsächlich bekamen Frauen in Europa vor Beginn der industriellen Revolution durchschnittlich mehr als fünf Kinder, in Frankreich und Belgien gar sechs.[34] In Asien lag die Geburtenrate bis weit in die zweite Hälfte des 20. Jahrhunderts auf diesem Niveau. In China, Indien oder Südkorea bekamen Frauen bis in die 1960er-Jahre im Schnitt rund sechs Kinder.[35]

Dabei darf man einen grausamen Zusammenhang niemals vergessen: Über weite Strecken der Menschheitsgeschichte hinweg ging eine hohe Geburten- mit einer hohen Sterberate einher. Ob im alten Griechenland, im alten Rom, im mittelalterlichen Japan, im England des 15. Jahrhunderts oder in Deutschland im 18. Jahrhundert: Knapp ein Viertel der Kinder starb, bevor sie ihren ersten Geburtstag erleben konnten.[36] Oft, weil ihre unterernährten Mütter sie nicht oder nur zu kurz stillen konnten.[37] Und selbst wenn die Kinder den fünften Geburtstag überlebten, hieß das nicht, dass sie auch das

Erwachsenenalter erreichten. Knapp die Hälfte aller Kinder starb vor dem fünfzehnten Geburtstag.[38] Häufige Todesursachen waren Durchfall oder Infektion mit Krankheiten durch mangelnde Hygiene.

All diese Statistiken vermögen kaum das Leid auszudrücken, das den Alltag von Familien über Jahrtausende prägte. Jede Familie, jeder Vater, jede Mutter verlor zwei bis drei Kinder. Einen Eindruck davon vermitteln mittelalterliche Gräber: Erhaltene Grabsteine zeigen, dass mehr als die Hälfte der Bestatteten unter 13 Jahren alt war.[39] Doch diese Zeiten sind Geschichte. Überall auf der Welt.

Heute gibt es kein einziges Land auf der Erde mehr, das sich in Phase 1 befindet. Dank ausreichender Ernährung, medizinischen Fortschritts und günstigeren Hygienebedingungen hat sich die Situation selbst in den ärmsten Regionen der Welt deutlich verbessert. In Ländern wie Nigeria, Somalia und Tschad überleben heute fast neun von zehn Kindern ihren fünften Geburtstag.[40]

Das bedeutet leider nicht, dass die Armut besiegt ist. In Nigeria oder im Tschad leben immer noch mehr als ein Drittel der Menschen in Armut, in Somalia und in der Demokratischen Republik Kongo sind es sogar mehr als zwei Drittel.[41] Die Erfolgsquote beim Kampf ums Überleben liegt jedoch in all diesen Ländern bereits deutlich höher als in Europa zu Beginn der industriellen Revolution. Und die Wahrscheinlichkeit, dass ein Kind hier vor dem fünften Geburtstag stirbt, ist dreimal niedriger als etwa in Deutschland Ende des 19. Jahrhunderts. Das bedeutet: Sogar die ärmsten Länder haben Phase 1 hinter sich gelassen, in der aufgrund einer hohen Geburten- und Sterberate sowie einer insgesamt niedrigen Lebenserwartung die Bevölkerung stagniert, und befinden sich in Phase 2.

Phase 2: Wachsende Bevölkerung dank rückläufiger Sterblichkeit

In Phase 2 beginnt die Bevölkerung zu wachsen, erst unmerklich und dann immer schneller. In einer Kettenreaktion zündet in dieser Phase die »Population Bomb«. Wer nach den Gründen sucht, darf aber nicht in die Geburtskliniken schauen, sondern muss wieder auf die Friedhöfe gehen.

Denn mit zunehmendem Fortschritt sinkt zunächst die Mortalität und allen voran die Kindersterblichkeit. Die Bevölkerungsexplosion wird gezündet. Für diese Entwicklung gibt es eine einfache Erklärung: den mit der Industrialisierung einsetzenden Fortschritt und mit ihm den wachsenden Wohlstand, der gerade zu Beginn des Übergangs von Phase 1 zu Phase 2 einen besseren Zugang zu ausreichender und abwechslungsreicher Nahrung bedeutet. Dazu kommen zwei weitere Gründe: eine verbesserte Hygiene und der medizinische Fortschritt. Alle drei Gründe sind vielfach historisch belegt und erklären bis heute die sinkende Mortalität auf allen Kontinenten.

Alle entwickelten Volkswirtschaften wie Deutschland, Großbritannien oder die USA sind einmal durch diese Phase 2 gegangen. Während etwa in Großbritannien vor Beginn der industriellen Revolution jedes dritte Kind seinen fünften Geburtstag nicht erlebte, traf dieses Schicksal 1950 nicht einmal mehr jedes zwanzigste Kind.[42] Kurze Zeit später sank die Kindersterblichkeit auch in anderen Ländern, etwa Schweden, Frankreich, Kanada oder die USA. In Deutschland, dem Spätzünder der industriellen Revolution, begann die Sterblichkeitsrate erst 100 Jahre später, nämlich Anfang des 19. Jahrhunderts zu sinken. Heute liegt sie bei weniger als 0,4 Prozent. Mit anderen Worten: In 170 Jahren hat sich hierzulande die Wahrscheinlichkeit, dass ein Kind vor seinem fünften Geburtstag stirbt, um ungefähr das Hundertfache reduziert.

Sieg über den Hunger

Eine wichtige Ursache für die sinkende Mortalität ist die Grundversorgung der Bevölkerung mit Lebensmitteln. Noch um 1800 bestand die Hauptnahrung der Europäer aus Getreide aller Art, vor allem Brot, sowie Wasser. Milchprodukte und Eier kamen nur selten auf den Tisch. Obst und Gemüse sowie Fleisch und Fisch waren

Luxus.[43] Schätzungsweise ein Drittel der Menschen litt ständig unter Unterernährung.[44]

Doch mit der Industrialisierung arbeitete sich Europa langsam aus der Phase der Lebensmittelknappheit heraus. Pflug- und Mähmaschinen sowie künstlicher Dünger führten zu einer Vervielfachung der Ernteerträge. In Deutschland verdoppelte sich die Weizen- und Roggenernte von 1850 bis 1900, die Kartoffelernte vervierfachte sich sogar.[45] Und das auf gleichbleibender Fläche.

Dank der Eisenbahn konnten Lebensmittel nun über weite Strecken transportiert werden und so die Bevölkerung im ganzen Land versorgen. In Deutschland, den USA oder Frankreich wurden bis Ende des 19. Jahrhunderts so viele Schienen verlegt, dass es jeweils einmal um den Erdball gereicht hätte.[46] Und mit der Erfindung von Ozeandampfer, Eisenbahn und Telegraf begann der Import von Lebensmitteln aus den USA. Die unverbrauchten Böden im Mittleren Westen wurden zur Kornkammer der Welt.

In vielen Ländern war vermutlich das erste Mal in der Geschichte der Menschheit die kontinuierliche Versorgung der Bevölkerung mit Lebensmitteln sichergestellt. Brauchte es 1800 vier Bauern, um einen Nicht-Bauern mitzuversorgen, konnte 1900 ein Bauer vier Menschen versorgen.[47] Dazu wurde die Ernährung abwechslungsreicher. Von nun an kamen auch proteinhaltige Lebensmittel auf den Tisch: Milch und Käse, Fleisch und Fisch, dazu auch Gemüse und Obst.

Hygiene und medizinischer Fortschritt retten Leben

Neben der verbesserten Ernährung begünstigen noch zwei weitere Faktoren das Absinken der Mortalität: eine bessere Hygiene und eine bessere medizinische Versorgung. Bis ins 19. Jahrhundert hinein war Hygiene selbst in Krankenhäusern ein Fremdwort und wurde als Zeitverschwendung angesehen. Ungewaschenes Operationsbesteck war an der Tagesordnung, ebenso das Abtupfen offener Wunden unterschiedlicher Personen mit ein und demselben Schwamm.

Das Wissen um Desinfektion und die Sterilisation von Instrumenten sowie der Einsatz von sauberem und damit in vielen Teilen der Welt abgekochtem Wasser retten bis heute jeden Tag aufs Neue weltweit Leben. So ist in Subsahara-Afrika der Anteil der Todesfälle, die auf unhygienische Sanitäranlagen oder unsauberes Trinkwasser zurückgehen, allein seit 1990 um mehr als ein Drittel gesunken.[48]

Ein weiterer Treiber steigender Lebenserwartung ist die verbesserte medizinische Versorgung. Auch hier begann im 19. Jahrhundert in Europa eine Entwicklung, die heute das Leben von Menschen rund um den Globus verbessert. Am Anfang standen so einfache Dinge wie das Stethoskop, das René Laënnec 1816 erfand.[49] Ein unverzichtbares Instrument, denn bis heute ist eine Vielzahl der Todesfälle von Kindern auf Atemwegserkrankungen zurückzuführen.[50]

Nach und nach lernten die Europäer, auch Seuchen wie etwa der Cholera Herr zu werden. Anschließend kamen die ersten Antibiotika wie Penicillin auf den Markt, und wenige Jahre später gelang auch die Immunisierung gegen Diphtherie. Heute erreicht die medizinische Versorgung immer mehr Menschen in der Welt, und selbst in Afrika sinkt von Jahr zu Jahr die Anzahl der Kindstode durch die weltweit häufigsten Infektionskrankheiten wie Atemwegsinfektionen, Durchfallerkrankungen, Malaria, Masern und Aids.[51]

Eine Milliarde mehr Menschen in 125 Jahren

Der Fortschritt der Industrialisierung und mit ihm eine bessere Ernährung, simple Hygienemaßnahmen sowie der medizinische Fortschritt bereiteten den Übergang von Phase 1 zu Phase 2 des »Demographic Transition Model«. So auch zu Beginn der Industrialisierung. Adam Smith notierte bereits im Jahr 1776: »Das entscheidendste Merkmal für den Wohlstand eines Landes ist die Zunahme seiner Einwohnerzahl.«[52] Überlebten bis dahin oft nur zwei oder drei Kinder, wuchsen die Familien nun auf einmal stärker an, es wurde voll am Tisch!

Der Anteil der Kinder, die vor ihrem fünften Geburtstag starben, sank in Großbritannien, Frankreich oder den USA von 33 Prozent im Jahr 1800 auf unter 25 Prozent bis 1900 und auf rund 13 Prozent bis 1925.[53] In Deutschland setzte die Entwicklung etwas später ein, erreichte aber bis 1925 ähnliche Werte. Lag die durchschnittliche Lebenserwartung bis 1800 bei rund 30 Jahren, stieg sie bis Ende des Jahrhunderts auf 45 Jahre.[54] Doch obwohl nun deutlich mehr Kinder das Erwachsenenalter erreichten, bekamen Frauen bis 1870 durchschnittlich mehr als fünf Kinder.[55] Die Folge: Die Bevölkerung explodierte allerorts.

In einem guten Jahrhundert wuchs die Menschheit so stark wie in den vielen Jahrtausenden zuvor. Die Weltbevölkerung verdoppelte sich in den 125 Jahren zwischen 1800 und 1925 von 1 auf 2 Milliarden.[56] Ein Wimpernschlag angesichts der Hunderttausende von Jahren, die es dauerte, bis die globale Bevölkerung 1 Milliarde um das Jahr 1800 zählte. Die Vereinigten Staaten wuchsen – auch bedingt durch Zuwanderung aus Europa – im gleichen Zeitraum von 5 Millionen um das Zwanzigfache auf über 100 Millionen Einwohner. In Großbritannien vervierfachte sich die Bevölkerung auf 47 Millionen. Und auch in Deutschland verdreifachte sie sich auf gut 64 Millionen.[57]

Ein rasant steigendes Bevölkerungswachstum charakterisiert bis heute weltweit die Phase 2 der Demografie. Eine Phase, die vielen Menschen Sorge bereitet. Dabei ist sie ein Zeichen des einsetzenden Aufschwungs, der verbesserten Versorgung mit Lebensmitteln, der verbesserten medizinischen Versorgung. Daten der Ernährungs- und Landwirtschaftsorganisation der Vereinten Nationen zeigen, dass es einen klaren Zusammenhang zwischen einer steigenden Pro-Kopf-Produktivität und dem Pro-Kopf-Kalorienverbrauch gibt.[58]

Heute sind es vor allem die afrikanischen Länder südlich der Sahara mit über 1 Milliarde Einwohner, die sich in dieser zweiten Phase befinden. Die Geburtenrate liegt im Schnitt bei fast fünf Kindern pro Frau, doch die Sterblichkeit sinkt rasant.[59] In der Folge wächst die Bevölkerung südlich der Sahara aktuell mit fast 3 Prozent pro Jahr.[60] Würde dieses Tempo anhalten, hätte die Region in weniger als 50 Jahren 4 Milliarden Einwohner. Doch keine Angst: Phase 2 ist nur eine Übergangsphase. Denn ihr folgt das spannendste Phänomen des »Demographic Transition Model«: das Absinken der Geburtenrate in Phase 3.

Phase 3: Die Geburtenraten sinken

Während alle Beobachter noch auf die steigenden Bevölkerungszahlen blicken, beginnt nahezu unbemerkt eine gegenläufige Entwicklung – die Zahl der Geburten geht zurück. In Europa geschah dies bereits kurz nach Beginn der Industrialisierung. Frankreich war in Sachen Familienplanung aus nicht vollständig geklärten Gründen ein Vorreiter.[61] Die anderen industrialisierten Nationen folgten. In den USA sank die Geburtenrate schon ab Anfang des 19. Jahrhunderts, in Deutschland und England ab ungefähr 1890 und in Italien ab den 1910er-Jahren.

Zunächst tappte die Wissenschaft im Dunkeln angesichts dieses Phänomens, manch einer meinte gar, der Geburtenrückgang sei ein Zeichen der Degeneration des Menschen.[62] Ökonomen ahnten jedoch bereits frühzeitig, dass es einen Zusammenhang zwischen dem wachsenden Wohlstand auf der einen und der sinkenden Fertilität auf der anderen Seite geben müsse. So entschieden sich beispielsweise in der Schweiz zuerst die wohlhabenden Bevölkerungsschichten, weniger Kinder zu bekommen.[63] Ähnliches ließ sich auch in Frankreich beobachten.[64] Der französische Nationalökonom Ange Goudar erklärte schon 1756: »Je begüterter einer ist, desto stärker ist auch sein Drang, seine Nachkommenschaft zu begrenzen.«[65]

In Deutschland fiel der Verdacht schnell auf eine zweite mögliche Ursache für die sinkende Fertilität: die rasch wachsende, wohlhabende Stadtbevölkerung. Tatsächlich zogen im Zuge der Industrialisierung immer mehr Menschen vom Land in die Städte und verdingten sich als Handwerker, Arbeiter oder Dienstleister. Während 1800 nur 5 Prozent der Deutschen in Städten lebten, waren es 1900 rund ein Drittel. Anfang der 1920er-Jahre lebte sogar die Hälfte der Deutschen in Städten.[66] Und dort bekamen sie weniger Kinder.[67]

Der Einfluss der Urbanisierung

Heute lebt die Mehrzahl der Menschen weltweit in Städten.[68] Zu Beginn der industriellen Revolution sah das noch völlig anders aus. Damals lebten 93 Prozent der Menschen weltweit auf dem Land.[69] Kein Wunder, wenn man bedenkt, dass die Landwirtschaft für die meisten die Existenzgrundlage bildete. Nur wenige konnten sich von ihrer Scholle fortbewegen und als Handwerker, Händler oder in einer anderen Beschäftigung in einer Stadt leben.

Mit dem Aufkommen der Fabriken änderte sich das von Grund auf. Große Produktionsbetriebe rechneten sich nur, wenn in der näheren Umgebung genügend Arbeitskräfte wohnten – der öffentliche Nahverkehr, das Fahrrad oder gar das Auto waren noch nicht erfunden. Der Zuzug von Arbeitssuchenden schuf wiederum Möglichkeiten für Händler, Handwerker, Schankwirte und Dienstleister – das Stadtleben erwachte. Die Urbanisierung erfasste ganze Regionen. So entstand in Deutschland rund um Kohle und Stahl das Ruhrgebiet.

Explosionsartig verlief die Entwicklung in der Hauptstadt Berlin. Von der gescheiterten Reichseinigung 1848 bis zur Gründung des Deutschen Reichs hatte sich ihre Einwohnerzahl auf 826.000 bereits verdoppelt. Und der Zuzug hielt an. Im Jahr 1907 stammten nur vier von zehn Berlinern aus der Stadt selbst, die Mehrheit waren Zugezogene.[70]

In den USA gab es im Jahr 1870 nur zwei Städte mit mehr als 500.000 Einwohnern, im Jahr 1900 waren es bereits sechs.[71] Drei davon – New York, Chicago und Philadelphia – zählten mehr als 1 Million Einwohner. Doch bis ins 20. Jahrhundert hinein hatte das

Leben in der Stadt für Neuankömmlinge und Eingesessene eine gravierende Schattenseite: Sie mussten in New York wie in Berlin in Mietskasernen und Baracken auf engstem Raum zusammenleben.

Wer so beengt lebt, setzt alles daran, die Zahl seiner Kinder gering zu halten. So sank beispielsweise in Berlin in der kurzen Zeit zwischen 1880 und 1900 die Zahl der Drittgeburten um fast die Hälfte.[72] Zwei Kinder wurden zur neuen Norm. Die Lage in anderen Städten sah damals wie heute nicht anders aus. Aufgrund des begrenzten Raums und der hohen Preise für Wohnen überlegen sich Menschen sehr genau, ob und wie viele Kinder sie bekommen möchten. Zumal der Nachwuchs anders als auf dem Land nicht so dringend als Arbeitskraft benötigt wird. Dazu kommt ein vermehrter Wunsch nach Selbstverwirklichung sowie, ganz pragmatisch, ein einfacherer Zugang zu Verhütungsmitteln.[73]

Sie werden vielleicht einwenden: Kann das stimmen? Berlin ist doch die Kinderhauptstadt, Drei (Kinder) das neue Zwei (Kinder)! Und in Prenzlauer Berg sind doch längst die »Kinder an der Macht«.[74] Ich störe diese Illusion ungern mit Fakten. Aber die Geburtenrate in Berlin liegt aktuell bei weniger als 1,4 Kindern pro Frau.[75]

Urbane Räume werden das Bild unserer Welt in den kommenden Jahrzehnten noch stärker prägen als heute schon. Seit 2010 leben weltweit erstmals mehr Menschen in Städten als auf dem Land.[76] In Westeuropa und den USA leben schon längst mehr als vier von fünf Menschen in einer Stadt. Und bis Mitte dieses Jahrhunderts werden weltweit zwei Drittel aller Menschen in urbanen Räumen leben.

Wer mit Bildern von wuchernden Millionenmetropolen in tropischen und subtropischen Ländern Ängste vor einer unaufhaltsamen Bevölkerungsexplosion schürt, liegt völlig falsch. Kinderreichtum mag auf dem Land ein Segen sein, in der Stadt erschwert er das Leben der Eltern. Seoul, Peking und Schanghai sind ein Zeugnis dafür. Und selbst in den Millionenmetropolen Afrikas liegen die Geburtenraten deutlich unter dem jeweiligen Landesdurchschnitt, etwa in Lagos mit 3,4 Geburten pro Frau[77] (Nigeria: 5,3) oder in Addis Abeba mit nur 1,7 Kindern pro Frau[78] (Äthiopien: 4,1).

Mehr Bildung für weniger Kinder

Neben der Urbanisierung gibt es noch einen zweiten Treiber niedriger Geburtenraten: die Bildung. Noch im Jahr 1800 arbeiteten in Deutschland zwei Drittel der Menschen in der Landwirtschaft. Da wurden Kinder möglichst früh als zusätzliche Arbeitskräfte für die zumeist einfachen Tätigkeiten gebraucht. Dafür mussten sie weder lesen noch schreiben können. Kein Wunder, dass die Mehrzahl der Kinder in Europa und Nordamerika nicht einmal die Grundschule besuchte.[79]

Doch schon 100 Jahre später war die Zahl der in der Landwirtschaft beschäftigten Menschen auf 38 Prozent gesunken.[80] Neue Berufe in der Industrie, aber auch im schnell wachsenden Dienstleistungssektor schufen neue, meist anspruchsvollere Beschäftigungsmöglichkeiten. Und damit lohnten sich auf einmal Investitionen in die Bildung. Viele Länder führten nach und nach eine Schulpflicht ein und setzten so die Bildung per Gesetz durch. Schon 1900 gingen in den USA und Großbritannien praktisch alle Kinder zur Schule.[81] Die gleiche Entwicklung vollzog sich auch in Japan. In Deutschland dauerte es wesentlich länger mit der Bildung. Erst mit den Humboldt'schen Bildungsreformen und der Einführung der allgemeinen Schulpflicht in der Weimarer Republik 1919 stieg auch hierzulande der Anteil nach und nach auf nahezu 100 Prozent.[82]

Zeitgleich wurde die Kinderarbeit nach und nach verboten. Zuerst in Großbritannien, später in Preußen und Frankreich.[83] Bis zum Ende des Jahrhunderts war Kinderarbeit dann in ganz Europa weitgehend verboten. In den USA dauerte es noch bis 1938, bevor der »Fair Labor Standards Act« die Beschäftigung von Kindern begrenzte und bestimmte Tätigkeiten offiziell verbot.[84]

Rein ökonomisch betrachtet erhöhten sich mit dem Schulbesuch jedoch die Kosten für den Nachwuchs. Wenn ein Kind nicht mit sieben oder acht Jahren zur Arbeit geschickt werden kann, sondern am Schulunterricht teilnehmen muss, werden Kinder zur langfristigen Investition in die Zukunft. Viele Eltern entschieden sich daher, weniger Kinder zu bekommen, dafür aber mehr Zeit und Geld in deren Ausbildung zu stecken. In Großbritannien begann der Abfall der Geburtenraten genau mit der Einführung des »Elementary Education Act« von 1870. Und als in Deutschland der Anteil der Kinder in den Grundschulen von 56 Prozent im Jahr 1900 auf 92 Prozent im Jahr 1915 stieg, fiel im gleichen Zeitraum die Geburtenrate von 5 auf 3.

Heute besucht die Mehrzahl aller Kinder, Mädchen wie Jungen, auf allen Kontinenten ganz selbstverständlich zumindest für einige Jahre eine Schule. Im bevölkerungs- und lange auch kinderreichsten Land, China, herrscht seit Mitte der 1980er-Jahre eine Schulpflicht. 95 Prozent der Kinder gehen dort mindestens neun Jahre zu Schule.[85] Indien schrieb 2009 das Recht von Kindern in die Verfassung, im Alter von sechs bis 14 Jahren eine Schule zu besuchen.[86] Selbst in Ländern mit niedrigen Einkommen besuchen heute 60 Prozent der Mädchen eine Grundschule, bei Jungen liegt der Anteil noch höher.[87]

Und damit konzentrieren sich Eltern zunehmend darauf, weniger Kindern mit einer besseren Bildung einen besseren Start in ihr Leben zu ermöglichen. Gleichzeitig macht die Aussicht auf einen besseren Lebensstandard Bildung extrem wertvoll – und das zu frühe Bekommen von Kindern zur Last. Und genau das trägt zu den rückläufigen Geburtenraten in weiten Teilen der Welt bei.

Gebildete Frauen steuern Familienplanung anders

Bessere Bildung wirkt aber auch noch auf eine zweite Art und Weise auf die Geburtenraten. Denn sie schafft neue berufliche Perspektiven für Mädchen und junge Frauen und legt die Grundlage für ein unabhängiges Leben. Bis zur Industrialisierung waren Frauen von der Bildung noch weitestgehend ausgeschlossen. Oft waren sie ein Leben lang abhängig – zunächst von der eigenen Familie, später vom Ehemann. Doch die schnell wachsende Wirtschaft dies- und jenseits des Atlantiks brauchte bald mehr Arbeitskräfte, als Männer verfügbar waren. Zeitgleich setzen sich die Frauenbewegungen des 19. Jahrhunderts für gleiches Recht für Mädchen und Frauen ein.

In den USA prägten bald »New Women« das Bild der Großstädte – junge, zumeist unverheiratete und ökonomisch unabhängige Frauen.[88] Neue Berufe in den damals entstehenden Büros und Kaufhäusern machten es möglich. Heute prägen »New Women« nicht nur in Europa und Amerika, sondern auch in den asiatischen und selbst in den afrikanischen Metropolen die Wirtschaft. Und es werden immer mehr Länder, in denen Frauen gleichberechtigt Zugang zu Bildung und Jobs erhalten.

Die veränderte Rolle der Frau geht rund um den Globus mit einer veränderten Familienplanung einher. Dabei lässt sich ein klarer Zusammenhang erkennen: Je höher der Bildungsgrad der Frau, desto geringer die Anzahl ihrer Kinder.[89] Das gilt in den USA und Europa genauso wie im Rest der Welt. Als im kolonialisierten Algerien 1950 kaum ein Mädchen die Chance hatte, eine Schule zu besuchen, bekam eine Frau im Durchschnitt 7,3 Kinder. Im Jahr 2010 besuchten Mädchen dort im Schnitt für sieben Jahre eine Schule, die Zahl der Geburten sank auf 2,9 Kinder pro Frau. In Brasilien ist die Geburtenrate sogar auf 1,8 gefallen. Und als in China im gleichen Zeitraum die Schuldauer von Mädchen von durchschnittlich nur einem Jahr auf achteinhalb Jahre gestiegen war, sank die Geburtenrate von 6,7 auf 1,6.

Die Bildung von Mädchen ist bis heute einer der wichtigsten Treiber zur Senkung der Geburtenraten – selbst in den ärmsten Ländern der Welt. So bekommen im Tschad Frauen bis heute im Durchschnitt über sechs Kinder, aber bei dem 1 Prozent mit einer höheren Schulbildung sind es weniger als drei. In Angola bekommen Frauen im Schnitt ebenfalls über sechs Kinder, die 5 Prozent mit höherer Schulbildung im Schnitt wenig mehr als zwei.[90] Bildung ist der zentrale Schlüssel dafür, dass junge Frauen eine Chance auf ein selbstbestimmtes Leben durch eigene Erwerbstätigkeit erhalten. Und halten sie diesen Schlüssel erst einmal in der Hand, entscheiden sich die meisten von ihnen dafür, weniger Kinder zu bekommen.

Es sind diese drei Faktoren, die bis heute die Geburtenrate in jedem Land bestimmen: der Wohlstand und die damit einhergehende Urbanisierung, Bildung und die Gleichberechtigung von Mädchen und Frauen. Alle drei Faktoren sind eng miteinander verwoben. Der Fortschritt sorgt dafür, dass Industriebetriebe und Dienstleistungsunternehmen entstehen. Sie treiben die Urbanisierung voran, denn nur die Landwirtschaft setzt ein zerstreutes Leben auf dem Land voraus. Gleichzeitig schaffen neue Industrien neue Berufe, die einer besseren Bildung bedürfen. Und diese Bildung schafft neue Chancen – für Jungen wie für Mädchen. Nein, es braucht keinen Mut, um Menschen dafür zu gewinnen, weniger Kinder zu bekommen. Es braucht Fortschritt, Bildung und eine Gleichberechtigung von Mädchen und Frauen.

Phase 4: Auf dem Weg zu einer schrumpfenden Bevölkerung

Jetzt, wo wir die Werkzeuge für die Entschärfung der »Population Bomb« verstanden haben, fangen wir an, uns mit Phase 4 zu beschäftigen: der schrumpfenden Bevölkerung, dem »Population Drop«. Für viele mag es paradox wirken, dass derzeit trotz sinkender Geburtenraten die Weltbevölkerung nach wie vor wächst. Die viel zitierte Demografiefalle scheint nicht zuschnappen zu wollen. Mit 7,9 Milliarden Menschen leben heute mehr Personen auf diesem Planeten als je zuvor.

Bei der Betrachtung der aktuellen Entwicklung gerät jedoch schnell aus dem Blickfeld, dass die heutigen Geburten eine Folge des Bevölkerungswachstums vergangener Tage sind. Die Frauen, die heute Kinder bekommen, sind vor 20 bis 30 Jahren geboren worden, als die Fertilitätsraten noch deutlich höher lagen als heute. Doch obwohl heute rund 2 Milliarden mehr Menschen auf dem Planeten wohnen als noch vor 25 Jahren, werden kaum noch mehr Kinder geboren.[91]

Aus globaler Perspektive ist der Rückgang der Weltbevölkerung längst eingeleitet. 1950 wurden weltweit noch im Durchschnitt fünf Kinder pro Frau geboren, 1976 waren es vier und 1993 erstmals weniger als drei. Die wirtschaftlich am weitesten entwickelten Regionen haben die Grenze von zwei Kindern pro Frau längst unterschritten. In der Europäischen Union liegt die durchschnittliche Geburtenrate nur noch bei 1,5, in Nordamerika bei 1,7 und in Asien bei 1,9. Je größer der Wohlstand, desto geringer die Fertilität.

Der »Point of no return« ist überschritten. Vermutlich war das Jahr 2017 mit 140 Millionen neuen Erdenbürgern bereits das babyreichste Jahr in der gesamten Menschheitsgeschichte. Europa kann sich an sein babyreichstes Jahr kaum noch erinnern: 1957 erblickten hier mehr als 12 Millionen Menschen das Licht der Welt, aktuell sind es noch 7,5 Millionen pro Jahr. Südamerika erreichte den Höhepunkt 1988, zeitgleich mit dem bevölkerungsreichsten Kontinent Asien. Seitdem sank die Zahl der Babys dort von 87 auf nunmehr 73 Millionen pro Jahr.

Bleibt Afrika. Bei einer Fertilitätsrate von aktuell 4,3 kommen zwischen Kairo und Kapstadt mehr als 36 Millionen Babys auf die Welt – und tatsächlich steigt diese Zahl von Jahr zu Jahr weiter an. Aber auch hier nimmt die Kindersterblichkeit bereits ab, Wohlstand, Urbanisierung und Bildung nehmen zu.[92] Es ist also nur eine Frage der Zeit, bis auch diese Region in Phase 3 und damit in die Phase sinkender Geburtenrate eintritt.

BLICK IN DIE ZUKUNFT: WIE SICH DIE WELTBEVÖLKERUNG ENTWICKELT

Drei Bevölkerungsprognosen

Wagen wir jetzt den Blick nach vorn. Wie entwickelt sich die Weltbevölkerung in den kommenden Jahren? Es gibt drei fundierte Modelle zur Prognose der Weltbevölkerung. Die Population Division of the Department of Economic and Social Affairs of the United Nations Secretariat beschäftigt sich damit seit den 1950er-Jahren. Ihr aktuelles Szenario prognostiziert, dass die Menschheit bis zum Ende dieses Jahrhunderts noch einmal um mehr als 3 Milliarden auf fast 11 Milliarden wächst.[93] Getrieben wird das Wachstum fast ausschließlich durch eine einzige Region: Afrika. Laut UN-Prognose soll der Kontinent bis zum Jahr 2100 von 1,3 Milliarden auf 4,3 Milliarden Menschen anwachsen und Asien als größten Kontinent der Erde ablösen.

Das Modell ist mit einigen Einschränkungen behaftet. Es beruht unter anderem auf statistischen Vorhersagewerten der Geburtenraten. Wissenschaftlich ist daran zunächst nichts auszusetzen. Die Modelle lagen in der Vergangenheit recht nah an der tatsächlichen Entwicklung. Das Problem ist nur: das Rechnen mit Wahrscheinlichkeiten orientiert sich an Vergangenheitswerten und kommt daher zu teilweise fragwürdigen Prognosen.

So sagen die Modelle vorher, dass die Geburtenraten sich weltweit auf einem Mittelwert von 1,9 einpendeln. Implizit bedeutet das aber auch, dass die Geburtenraten bis zum Jahr 2100 in ganzen

63 Ländern wieder zum Teil erheblich ansteigen. Besonders auffallend ist Südkorea, wo die Geburtenraten von 0,9 auf 1,7 steigen sollen. Aber auch Spanien, Italien, Griechenland oder China landen alle wieder bei Werten von rund 1,7 Kindern. Für Deutschland wird eine Rate von 1,74 Kindern prognostiziert – ein Wert, der seit den frühen 1970er-Jahren nicht mehr erreicht wurde.

Noch ein zweiter Aspekt fällt auf: Wir beobachten, dass sich weltweit die Abnahme der Geburtenraten immer mehr beschleunigt. In den USA dauerte es ab 1845 noch 80 Jahre, bevor die durchschnittliche Zahl der Kinder von sechs auf drei fiel. Dagegen reichten in Brasilien 26 Jahre nach 1962 aus, in Südkorea ab 1961 lediglich 18 Jahre und in Algerien ab 1985 sogar nur zwölf Jahre. Dazu hat die Corona-Pandemie das Abnehmen der Geburtenraten noch einmal zusätzlich beschleunigt. Es ist daher anzunehmen, dass das UN-Modell die Auswirkungen des weltweit steigenden Wohlstands und weiterer Faktoren auf die Geburtenrate unterschätzt, insbesondere in Afrika. Hier geht das UN-Modell davon aus, dass bis 2100 nur rund ein Drittel der Länder südlich der Sahara unter die wichtige Marke von 2,1 Kindern pro Frau fallen wird.

Neben der UN beschäftigt sich auch das renommierte Wittgenstein Centre for Demography and Global Human Capital der Universität Wien mit der Vorhersage der Weltbevölkerung. Die Prognosen beruhen vor allem auf Expertenurteilen von 200 Forschern, die Geburtenraten für die einzelnen Länder vorhersagen. Das auf dieser Basis entstandene Modell geht von 9,3 Milliarden Menschen im Jahr 2100 aus, da die Geburtenrate in Afrika aufgrund der verbesserten Teilhabe an Bildung ihrer Einschätzung nach rascher sinken wird.[94]

Vor Kurzem wurde eine dritte Prognose veröffentlicht. Sie stammt von einer von Bill und Melinda Gates geförderten Forschungsgruppe an der Washington State University in Seattle um Professor Christopher Murray.[95] Über 5000 Forscher aus 152 Ländern haben an ihr mitgewirkt.[96] Laut dieser Prognose erreicht die Weltbevölkerung schon um das Jahr 2064 ihren Höhepunkt mit 9,7 Milliarden Menschen. Von da an schrumpft sie – bis Ende des Jahrhunderts auf 8,8 Milliarden.

Die Studie berücksichtigt eine ganze Vielzahl von Faktoren, darunter den Einfluss von Bildung, den Zugang zu Verhütungsmitteln und ihren Einfluss auf Fertilität und Mortalität. Aufgrund einer anderen Vorhersagemethode der Geburtenraten[97] kommt das Modell anders als das UN-Modell zu dem Ergebnis, dass die Geburtenraten in Ländern mit heute schon niedrigen Werten niedrig bleiben. Dazu berücksichtigt das Modell auch die Effekte von Migration für jedes einzelne Land. Es scheint, dass dieses Modell die Bevölkerungsentwicklungen rund um den Globus am präzisesten vorhersagen kann.

Zu wenige Kinder rund um den Globus

Die Konsequenzen sind unvorstellbar: Gemäß dieser Prognose wird bis Ende des Jahrhunderts die Fertilität in 183 von 195 Ländern unter das Reproduktionsniveau von 2,1 Kindern gesunken sein. Das heißt: In all diesen Ländern wird die Bevölkerung über kurz oder lang schrumpfen. Und in ganzen 145 Ländern werden mehr Rentner und Kinder leben als Menschen im arbeitsfähigen Alter.

In entwickelten Ländern in Europa, Amerika und Asien pendelt sich die Geburtenrate um den niedrigen Wert von 1,4 ein. Mehr als 20 dieser Länder werden dabei mehr als die Hälfte ihrer Bevölkerung verlieren, weitere 34 bis zu mehr als ein Viertel. In all diesen Ländern wird es dann mehr über 80-Jährige geben als unter 15-Jährige. Einzige Ausnahme: die Länder, die schon heute aktiv um Migration werben, allen voran die USA, aber auch Großbritannien, Kanada und Australien.

Besonders hart wird der Bevölkerungsrückgang China treffen. Das 1,4-Milliarden-Menschen-Land verliert in den kommenden Jahrzehnten die Hälfte seiner Einwohner. Die Zahl der Erwerbsfähigen trifft es noch schlimmer: Sie sinkt um über 60 Prozent von fast 1 Milliarde auf 357 Millionen Chinesinnen und Chinesen! Mit anderen Worten: Am Ende dieses Jahrhunderts verfügt China nur noch über gut ein Drittel seines heutigen Erwerbspotenzials. Ein

Faktor, der Chinas Einfluss in der Welt vermutlich enorm reduzieren wird.

Zumal das Land kaum von Migration profitiert. Die Ambitionen Xi Jinpings, China zur mächtigsten Wirtschaftsnation der Erde zu machen, werden angesichts dieser Entwicklung dauerhaft praktisch unmöglich. Kein Wunder, dass das sonst so vorausschauende Land mit seiner Drei-Kind-Politik gegensteuern möchte. Doch die Erfolgsaussichten sind gering. Denn bislang hat es praktisch kein Land geschafft, dauerhaft den Trend der sinkenden Fertilität umzukehren.

Auf China kommt allerdings noch ein weiteres Problem zu: Während die Erwerbsbevölkerung um zwei Drittel sinkt, wächst die Zahl der Menschen über 65 Jahre, schon in den nächsten 40 Jahren von heute 200 Millionen auf 400 Millionen. Kommen heute knapp fünf Erwerbsfähige auf einen Rentner, sind es dann nur noch 1,5. Mit Zeitverzug trifft der Rückgang auch das zweitbevölkerungsreichste Land der Erde. Indien wird Mitte des Jahrhunderts mit 1,6 Milliarden Menschen das vermutlich bevölkerungsreichste Land aller Zeiten sein. Doch von da an wird es ebenfalls anfangen zu schrumpfen – zunächst langsam, dann immer schneller, um mehr als eine halbe Milliarde Menschen auf weniger als 1,1 Milliarden bis zum Jahr 2100. Und wie in China kommen dann statt 8,4 nur noch 1,6 Erwerbsfähige auf einen Rentner.

Ähnlich sieht es in Europa aus. Ohne nennenswerte Zuwanderung werden die südeuropäischen Staaten Italien, Spanien, Portugal oder Griechenland die Hälfte ihrer Bevölkerung verlieren. In Italien hat diese Entwicklung längst begonnen. Allein 2020 hat das Land fast 400.000 Einwohner verloren – das entspricht der Bevölkerung von Florenz.

Kürzlich hat die italienische Regierung daher ein 5 Milliarden Euro schweres Familiengesetz ausgearbeitet, das eine Reihe von Maßnahmen zur Unterstützung von Familien wie ein monatliches Kindergeld vorsieht.[98] Und die spanische Regierung hat 2017 erstmals den Posten des »Regierungsbeauftragten für demografische Herausforderungen« geschaffen.[99]

Ob diese Maßnahmen Wirkung zeigen, bleibt abzuwarten. Versuche, die Geburtenrate durch wirtschaftliche Anreize und bezahlte Elternzeit für Mütter und Väter anzukurbeln, scheiterten schon zuvor in Ländern wie Schweden, Singapur, Südkorea, Japan und Taiwan.[100] Man mag sich kaum ausmalen, welche Effekte der Bevölkerungsrückgang auf die ohnehin schon angeschlagenen Staatshaushalte haben wird. In Italien oder Spanien werden schon Mitte des Jahrhunderts nur noch 1,3 Erwerbsfähige einen Rentner versorgen müssen. Heute sind es jeweils noch doppelt so viele. Es ist kaum vorstellbar, dass die Staatshaushalte der beiden Länder das ohne fremde Hilfe überleben werden.

Das gleiche Schicksal droht Ländern in Ost- und Südosteuropa: Die beiden größten Nationen Polen und Rumänien verlieren bis zum Ende dieses Jahrhunderts jeweils 60 Prozent ihrer Einwohner. Ganze Landstriche werden veröden, wenn die Annahmen der Prognose zutreffen und aus diesen Ländern weiterhin weit mehr Menschen aus- als einwandern. Beide Länder versuchen längst, entgegenzusteuern. Seit 2015 hat die Regierung in Polen eine Reihe von kostspieligen Maßnahmen zur Steigerung der Geburtenraten ergriffen, unter anderem das 2016 gestartete Programm »500Plus«.[101] Entgegen den Beteuerungen von Regierungssprechern hatten diese bislang aber kaum Auswirkungen auf die Geburtenraten. Zu Beginn des Jahres 2022 wird daher ein weiteres Kindergeldprogramm eingeführt. Im Rahmen des sogenannten »elterlichen Betreuungskapitals« haben Eltern ab dem zweiten Kind Anspruch auf 12.000 Zloty (2.610 Euro) monatlich ab dem zweiten Kind in den ersten drei Jahren.

Und Deutschland? Das Land wird bis Ende des Jahrhunderts ein Drittel seiner Erwerbsbevölkerung verlieren. Von aktuell noch rund 50 Millionen Erwerbsfähigen bleiben 2100 noch 34 Millionen übrig. Und diese 34 Millionen müssen dann für 21 Millionen Rentner und gut 10 Millionen Kinder und Jugendliche sorgen. Das ist eine positive Prognose. Denn sie setzt voraus, dass Deutschland attraktiv bleibt für Migranten. Heute kommen diese zu einem nicht unerheblichen Teil aus Osteuropa. Doch früher oder später wird der Zuzug aus den zunehmend kinderlosen Ländern versiegen.

Welchen Einfluss die Migration in Zukunft hat, zeigen auch die Beispiele der vier derzeit beliebtesten Einwanderungsländer: Australien, Großbritannien, Kanada und die USA. Auch sie leiden unter geringen Geburtenraten. Aber ihnen gelingt es, Menschen aus aller Welt anzuziehen und so die Einwohnerzahl zu stabilisieren. So wandern aktuell rund 1 Million Menschen pro Jahr in die USA ein.[102] Wenn dieser Zustrom anhält, verfügen die USA im Jahr 2100 über 335 Millionen Einwohner – das sind sogar ein paar Millionen mehr als heute. Auch für Großbritannien, Kanada und Australien sagen die Forscher eine wachsende Bevölkerung voraus – einer vorausschauenden, aktiven Migrationspolitik sei Dank.

Natürlich beschäftigen sich die US-Forscher auch mit der Entwicklung in Afrika. Ihr Basismodell geht anders als die UN davon aus, dass die Bevölkerungszahl dort bis 2100 nur auf 3,5 Milliarden Menschen ansteigt. Der Hauptgrund liegt in der Beobachtung, dass die Geburtenraten im Zeitverlauf immer schneller sinken. Der größte Unbekannte: Nigeria. Das bevölkerungsreichste Land Afrikas mit heute gut 200 Millionen Einwohnern hat die höchsten Geburtenraten weltweit und wird schon in zehn Jahren auf 300 Millionen und bis 2040 auf 400 Millionen Menschen anwachsen. Und bis zum Ende des Jahrhunderts könnte Nigeria mit knapp 800 Millionen Einwohnern das zweitbevölkerungsreichste Land der Erde sein – noch vor China!

Die Forscher um Professor Christopher Murray zeigen jedoch auch, welche Konsequenzen es hätte, wenn die nachhaltigen Entwicklungsziele der Vereinten Nationen[103] schneller erreicht werden, wenn also der Bildungsgrad schneller steigt, die Armut schneller beseitigt wird und mehr in Innovationen und Infrastruktur investiert wird. Dann wächst die Bevölkerung in Nigeria nur halb so schnell, und zwar auf nur gut 400 Millionen Menschen bis 2100. Der Anstieg der Bevölkerung in ganz Afrika könnte auf 1,9 Milliarden Menschen begrenzt werden, wenn Wohlstand und Bildung sich noch schneller entwickeln als gemeinhin erwartet.

Bevölkerungsrückgang ist ein Fakt

In der Tagespolitik ist leider kaum Platz für langfristige Trends und die Ableitung von Maßnahmen. Doch die Zukunft ist näher, als viele denken – und sie ist vergleichsweise präzise vorherzusehen. In vielen Ländern, allen voran Zentral- und Osteuropa, geht schon heute die Bevölkerungszahl zurück. Länder wie Deutschland, Italien und Spanien beginnen gerade zu folgen. Und auch das einwohnerreichste Land der Erde – China – wird vermutlich schon bald den ersten Bevölkerungsrückgang vermelden müssen. Die Folgen der niedrigen Geburtenraten sind dabei kaum abzuschätzen.

Der Bevölkerungsrückgang ist also kein Thema für Futuristen, sondern Fakt. Und doch findet er nur wenig Beachtung. Wenn er überhaupt Interesse erweckt, dann meist im Zusammenhang mit der Überalterung der Gesellschaft. Schon vor fast 20 Jahren versuchte der Journalist und *FAZ*-Mitherausgeber Frank Schirrmacher, mit dem *Methusalem-Komplott* die Republik aufzurütteln. Doch die Diskussionen blieben auf die Folgen einer wachsenden Zahl älterer Menschen für die Sozialsysteme beschränkt.

Vielleicht ist es wie mit der Fabel vom Hirtenjungen und dem Wolf: Wir haben zu oft »Ein Wolf!« gerufen, doch es kam keiner. Wir sprechen seit der Jahrtausendwende vom demografischen Wandel, und trotzdem wuchs die Bevölkerung weiter, und die Sozialbeiträge blieben stabil. Nach meiner Ansicht verhindern nach wie vor zwei Irrtümer eine ehrliche Debatte. Zum einen wird übersehen, dass die Überalterung nur ein Symptom für ein viel größeres Problem ist: die schrumpfende Gesellschaft. Zum anderen wird die Dimension des Problems verkannt. Nicht nur Deutschland ist betroffen, sondern die gesamte industrialisierte Welt. Der Wolf ist längst da. Und er kommt im Rudel.

Noch einmal sei betont, dass eine rückläufige Zahl von Erdbewohnern eine gute Nachricht für den geplagten Globus ist. Aber der Mensch ist eben nicht nur ein Emittent. Er ist ökonomisch betrachtet vor allem auch Steuerzahler und Erwerbstätiger. Und noch weiß keiner, wie unter den aktuellen Rahmenbedingungen eine immer kleinere Zahl arbeitender Menschen eine immer größere Zahl von Rentnern finanzieren soll. Ganz zu schweigen von Antworten auf die Frage, wie wir mit der schon heute grassierenden Arbeiterlosigkeit umgehen.

Arbeiterlosigkeit wird das Thema im 21. Jahrhundert sein. Über mehr als 200 Jahre hinweg galt es als unumstößliches Gesetz, dass es genügend und zum Teil sogar zu viele Arbeitskräfte gibt. Je wohlhabender Staaten wurden, desto mehr engagierten sie sich im Kampf gegen Arbeitslosigkeit. Eine ähnlich große Tatkraft braucht es nun bei der Bekämpfung der Arbeiterlosigkeit. Doch davon ist bislang wenig, ja beinahe nichts zu spüren.

Japan verliert in nur einem Jahr eine Großstadt

Das Beispiel Japan zeigt, was uns in den kommenden Jahren bevorsteht: 2021 kamen in dem Land mit seinen noch mehr als 125 Millionen Einwohnern nur noch gut 840.000 Kinder zur Welt – so wenige wie seit den 1870er-Jahren nicht mehr.[104] Im selben Zeitraum starben mehr als 1,45 Millionen Menschen. In nur einem Jahr verlor Japan also mehr als eine halbe Million Einwohner – etwa so viele Menschen, wie in Düsseldorf oder Leipzig leben.

Eine Hoffnung der Japaner im Kampf gegen den Bevölkerungsrückgang: Roboter. Als Arbeitskräfte, aber auch als alltäglicher Begleiter des Menschen. »Roboter retten Japan«, lautete vor einigen Jahren ein Buchtitel, »Leben mit Robotern« ein anderer.[105] Die Zeit drängt, mittlerweile sind fast 30 Prozent der Menschen in Japan älter als 65 Jahre.[106] Ganze Landstriche veröden. Unternehmen finden keine Mitarbeiter, kinderlose Unternehmer keinen Nachfolger. In Japan lassen sich die Konsequenzen der Arbeiterlosigkeit bereits gut erkennen.

Seit Jahren versucht die japanische Regierung, Japaner zu mehr Geburten zu ermutigen. 2016 verkündete der damalige japanische Premierminister Shinzō Abe das Ziel, die Geburtenrate von damals

1,4 auf 1,8 Kindern pro Frau erhöhen.[107] Versprochen wurden eine bessere Work-Life-Balance und Kinderbetreuung sowie Anreize für Heiratswillige. Es kam sogar zu staatlich organisierten Speed-Dating-Partys. Das Ergebnis: Die Geburtenrate fiel weiter – auf 1,3 Geburten pro Frau.[108]

Offenkundig ist es praktisch unmöglich, Menschen dazu zu bewegen, sich für mehr Kinder zu entscheiden. Das Gros der oft gut gemeinten staatlichen Maßnahmen verpufft. In einer Analyse kam die OECD schon 2011 zu dem Schluss, dass politische Maßnahmen zur Steigerung der Geburtenrate nur wenig Aussicht auf Erfolg haben.[109] Eine Studie für den Deutschen Bundestag kam 2015 zu ähnlichen Erkenntnissen.[110] Wenn wir uns also mit der Zukunft beschäftigen, sollten wir mit einem auf keinen Fall rechnen: steigenden Geburtenraten.

Arbeiterlosigkeit statt Arbeitslosigkeit

Die deutsche Bevölkerung und – für die Wirtschaft noch gravierender – die erwerbstätige Bevölkerung wird schrumpfen. Noch gibt es mit 45 Millionen hierzulande so viele Erwerbstätige wie noch nie.[111] Doch ein Blick auf Fertilitäts- und Mortalitätsraten und Durchschnittsalter macht deutlich, dass selbst bei steigender Zuwanderung die Zahl der hier lebenden Menschen unweigerlich zurückgehen wird. Der viel diskutierte Fachkräftemangel wird dadurch zum Flächenbrand. Die »Arbeiterlosigkeit« wird anstelle der »Arbeitslosigkeit« die Schlagzeilen bestimmen.

Bis zum Ende dieses Jahrhunderts werden ein Drittel weniger Menschen in Deutschland arbeiten.[112] Wo heute drei Menschen in einem Restaurant bedienen, stehen bald nur noch zwei. Jeder dritte Zug hat keinen Schaffner und keinen Lokführer mehr. In Büros wird jeder dritte Stuhl leer bleiben. Für Deutschland eine völlig neue Herausforderung.

Schon heute haben mehr als die Hälfte der Unternehmen in Deutschland offene Stellen, für die es keine passenden Bewerber gibt.[113] Mehr als vier von zehn Firmen lehnen Aufträge ab, weil sie mit der Arbeit nicht hinterherkommen.[114] Kein Wunder, dass die Mehrheit der Unternehmer das Fehlen von ausreichend Personal längst als größte Herausforderung für die deutsche Wirtschaft erkannt hat.[115] Denn während Unternehmen weiterwachsen wollen, stagniert die wichtigste Ressource: Der Mensch wird knapp. Nach der jüngsten Berechnung des Statistischen Bundesamtes sinkt die Zahl der Erwerbsfähigen bereits bis 2035 um rund 5 Millionen.[116] Damit bleiben 5 Millionen Arbeitsplätze ohne Arbeitskraft.

Schon heute dauert es durchschnittlich mehr als vier Monate, eine offene Stelle zu besetzen, bei Ärzten oder Pflegekräften, bei IT-Fachkräften und selbst bei LKW-Fahrern dauert es mittlerweile häufig noch länger. Doch die Dauer der Stellenbesetzung ist bald das geringste Problem. Eine renommierte Feinkostfiliale in Hamburg musste kürzlich komplett schließen: »Ohne genügend geeignete Fachkräfte«, hieß es da im Aushang, »können wir mit unserem umfassenden Feinkostangebot nicht angemessen für Sie da sein.«[117]

Man mag einwenden, dass die Menschheit ein paar Tage auch ohne Feinkost auskommt. Doch es trifft ebenso Apotheken, Restaurants und Kioske. Schon bald werden die ersten Postfilialen, Arztpraxen oder Bankfilialen geschlossen bleiben. Unlängst warnte der Präsident der Bundesärztekammer vor dem Kollaps des Gesundheitswesens.[118] Und wenn die Erwerbsbevölkerung ab 2025 anfängt, schneller zu schrumpfen, werden wir immer häufiger erleben, dass Bänder stillstehen und ganze Unternehmen ihren Betrieb nicht mehr aufrechterhalten können. Spätestens dann werden wir feststellen, dass der demografische Wandel nicht nur eine Alterung der Gesellschaft bedeutet, sondern auch deren Schrumpfen.

Der Bevölkerungsrückgang wird sich noch viel weiter auswirken. 1970 war jeder zehnte Bundesbürger im Rentenalter, auf fünf Personen im erwerbsfähigen Alter kam ein Rentner. Heute sind es 22 Prozent, bis 2040 wird sogar ein Drittel der Menschen in Deutschland über 65 Jahre alt sein. Auf je zwei Erwerbsfähige kommt dann ein Rentner.[119] Die Konsequenz: ein massives Finanzierungsproblem.

Schon heute muss die eigentlich umlagefinanzierte Rente mit mehr als einem Viertel des Bundeshaushalts bezuschusst werden. Der wissenschaftliche Beirat beim Bundeswirtschaftsministerium kam 2021 zu dem Schluss, dass dem Bund bald »schockartig steigende Finanzierungsprobleme«[120] drohen. Die Prognose sieht allein für das Jahr 2045 eine Finanzierungslücke in Höhe von 83 Milliarden Euro, wenn wie befürchtet weniger Menschen Rentenbeiträge zahlen und mehr Menschen Rente beziehen.[121] Fast die Hälfte des Bundeshaushalts flösse dann in die Rentenversicherung.[122] Aus Sicht des Beiratsvorsitzenden Professor Klaus Schmidt ist klar: »Das würde den Bundeshaushalt sprengen und wäre auch mit massiven Steuererhöhungen nicht finanzierbar.«[123]

Eine ähnlich gigantische Lücke droht auch im Gesundheitswesen, denn mit der Alterung einer Gesellschaft steigen dessen Kosten. Heute verschlingt das deutsche Gesundheitssystem mit über 400 Milliarden Euro[124] bereits 10 Prozent der gesamten Wirtschaftsleistung.[125] Nach Berechnungen der Boston Consulting Group steigen diese Kosten ohne radikale Einsparungen bis 2040 auf 700 Milliarden Euro. Das entspräche dann fast 20 Prozent der heutigen Wirtschaftsleistung.

Um solche Schreckensszenarien zu verhindern, braucht es eine Schocktherapie. Deutschland stehen dabei genau wie anderen Industriestaaten zwei Wege aus der Arbeiterlosigkeit offen: Wir können mehr arbeiten. Oder wir können produktiver arbeiten. Der Ruf nach mehr Arbeit ist kaum durch eine Wiedereinführung der Samstagsarbeit oder der 48-Stunden-Woche zu lösen. Sondern dadurch, dass mehr Menschen arbeiten. Dadurch, dass mehr Frauen gleichberechtigt arbeiten. Durch eine Erhöhung des Renteneintrittsalters. Und durch intelligente Zuwanderungspolitik. Genau dies machen Einwanderungsländer wie die USA, Kanada und Australien seit Jahrzehnten. Mit Erfolg – ihre Erwerbsbevölkerungszahlen sind stabil. Doch es gibt noch einen zweiten Weg aus der Arbeiterlosigkeit: eine höhere Produktivität.

SCHWINDENDE PRODUKTIVITÄT: DIE VERKANNTE GEFAHR FÜR UNSEREN WOHLSTAND

Der Traum vom produktiven Roboter

In den vergangenen 150 Jahren stieg die Produktivität im Durchschnitt um rund 2 Prozent pro Jahr.[126] Wäre dies auch künftig der Fall, würde sie sich alle 35 Jahre verdoppeln. Jeder Vater, jede Mutter könnte damit auch weiterhin mit Fug und Recht behaupten, dass es dem eigenen Nachwuchs einmal besser gehen wird. Und zwar gleich doppelt so gut.

Das sollte doch eigentlich machbar sein. Erleben wir nicht gerade die vierte industrielle Revolution? Wo wir auch hinschauen, übernehmen Maschinen und Algorithmen einen Teil unserer Arbeit und machen jeden Einzelnen von uns damit theoretisch ein Stück weit produktiver, so wie es einst die »Spinning Jenny« von James Hargreaves machte und wie es an den Fließbändern in den Ford-Fabriken bei der Produktion des Model T geschah.

Vorboten der Roboterisierung von Arbeit finden sich inzwischen auch an ungewöhnlichen Orten. Für Schlagzeilen sorgten im Herbst 2021 Gastronomen, die Speisen und Getränke von Robotern an den Tisch bringen ließen. Am Anfang mag es noch etwas befremdlich sein, wenn eine Maschine, die entfernt an R2-D2 erinnert, vor dem Restauranttisch hält und die Gäste auffordert, die Tabletts mit ihrem Schnitzel oder Veggieburger zu entnehmen. Genauso gewöhnungsbedürftig erscheint es noch, sich in einer Schlange vor einer Bar anzustellen, mithilfe eines Tablets seinen Lieblingsdrink zusammenzustellen und dann zuzuschauen, wie ein Roboter ihn erst mixt und dann in einen Becher gießt, ohne einen Tropfen zu verschütten.

Genau das erleben Passagiere bereits auf einem US-Kreuzfahrt-schiff.[127] Aber vermutlich gewöhnen wir uns an Roboter in unserer Freizeit genauso wie einst an den Gang zum Geldautomaten.

Der technische Fortschritt ist ohne Frage beeindruckend. Das Smartphone in unserer Jackentasche verfügt über eine millionenfach größere Rechenkapazität als die Computer der ersten Mondrakete Apollo 11. Und die ließen den Menschen immerhin 380.000 Kilometer durch das All fliegen, auf dem Mond landen und zurückfliegen. Tausende von Flugingenieuren kontrollierten damals den Flug mithilfe von IBM-System/360-Model-75s-Mainframe-Computern, jeder Einzelne kostete mehrere Millionen US-Dollar. Selbst ein Taschenrechner hat heute mehr Rechenleistung als diese Computeranlagen von der Größe eines Automobils.[128]

In der Industrie sind die Möglichkeiten des Internet of Things das große Thema. Es werden Millionen Sensoren verbaut und vernetzt, um Maschinen zu steuern und Reparaturarbeiten zu antizipieren. Autonomes Fahren wäre ohne vernetzte Sensoren und hochleistungsfähige Rechner an Bord überhaupt nicht denkbar.

Über die gesamte Industrialisierung hinweg war der zunehmende Einsatz von Technik mit der Vorstellung verbunden, so die Produktivität entscheidend steigern zu können. Und in der Tat haben die Dampfmaschine und ähnliche Basisinnovationen enorme Schübe ausgelöst. 1930 prophezeite John Maynard Keynes, ein Vordenker der modernen Ökonomie, dass die Menschen aufgrund weiterer Produktivitätsfortschritte im Jahr 2030 nur noch 15 Stunden die Woche arbeiten müssten.[129] Tatsächlich hat der Fortschritt dazu geführt, dass wir in der Vergangenheit immer weniger arbeiten mussten. Doch aus Keynes' Prophezeiung wird wohl leider nichts. Denn wir werden kaum noch produktiver.

Bittere Realität: Die Produktivität stagniert

Von 2011 bis 2021 stieg die Produktivität je Erwerbstätigen in Deutschland nur noch um durchschnittlich 0,2 Prozent pro Jahr.[130] Seit 2017 herrscht sogar Stillstand, die Produktivität stagniert. Im Zeitalter der Automatisierung und Digitalisierung werden wir nicht mehr produktiver. Was für ein Gegensatz zu den Sturm- und Drangjahren des Wirtschaftswunders! Damals stieg die Produktivität um 5 Prozent pro Jahr. Rein rechnerisch verdoppelte sie sich damit alle 15 Jahre.[131]

Bei 0,2 Prozent Produktivitätswachstum pro Jahr braucht es dagegen 370 Jahre, bis sich der Wohlstand verdoppelt. Und angesichts der sinkenden Zahl der Erwerbstätigen besteht bei diesem Schneckentempo die Gefahr, dass die Wirtschaft bald gar nicht mehr wächst.

Der Wandel von 5 Prozent mehr Produktivität pro Jahr in den 1960er-Jahren auf 0 Prozent zu Beginn der 2020er-Jahre vollzog sich schleichend. Bereits in der zweiten Hälfte der 1970er-Jahre lag diese entscheidende Kennzahl für unseren Wohlstand nur noch bei rund 3 Prozent pro Jahr, Anfang dieses Jahrhunderts bereits unter der 1-Prozent-Grenze. Und damit ist Deutschland nicht allein.

Im Euroraum stieg seit der Jahrhundertwende die Produktivität je Erwerbstätigen nur um 0,6 Prozent pro Jahr.[132] Und dieses Mini-Wachstum beruht im Wesentlichen auf der Aufholjagd der mittel- und osteuropäischen Länder. Im alten Kerneuropa gibt es zum Teil seit Jahren keinen Fortschritt mehr. In Italien oder Griechenland ist die Produktivität sogar rückläufig. Doch dies scheint kaum jemanden so richtig zu interessieren.

Im Gegensatz zur Produktivität wird über Konjunkturindikatoren wie die Arbeitslosenquote breit berichtet. Das Nachrichtenmagazin *Spiegel* nannte sie einmal »die wichtigste Zahl Deutschlands«.[133] Die Arbeitslosenzahlen werden gehütet wie ein Staatsgeheimnis. Bis kurz vor ihrer Veröffentlichung am Monatsende kennt sie nicht einmal der Bundeskanzler. Dabei verliert diese Zahl in Zeiten der Arbeiterlosigkeit immer mehr an Bedeutung.

Ganz anders verhält es sich mit der Produktivität. Ihr Wachstum ist der entscheidende Gradmesser für den Fortschritt und damit den Wohlstand von morgen. Sie sagt, ob wir den wachsenden Anteil älterer Menschen finanzieren und selber höhere Gehälter verdienen können. Sie zeigt auf, ob es unseren Kindern tatsächlich besser gehen wird als uns und ob Deutschland im internationalen Vergleich wettbewerbsfähig bleibt. Aber ob der Bundeskanzler diese Zahl genauso wie die Arbeitslosenquote parat hat?

Dabei gilt der bereits im ersten Teil zitierte Leitsatz des US-Nobelpreisträgers Paul Krugman: »Productivity isn't everything, but in the long run it is almost everything.« Langsam dämmert das auch Entscheidern auf dem Kontinent. Zwar empfahl der Europäische Rat den EU-Mitgliedsstaaten immerhin bereits 2016, nationale Ausschüsse für Produktivität einzurichten, und in Deutschland übernahm diese Aufgabe der Sachverständigenrat, der zu dieser Thematik auch ausführlich Stellung bezieht.[134] Doch dies kann erst der Anfang sein. Schlagzeilen machen die Erkenntnisse des Rates jedenfalls noch nicht.

Rätseln über das Produktivitätsparadoxon

Ganz anders die Situation in den USA und in Großbritannien. Schon 1987 stellte der ebenfalls mit einem Nobelpreis dekorierte Robert Solow fest: »Sie können das Computerzeitalter überall sehen, außer in der Produktivitätsstatistik.«[135] Der US-Wissenschaftler prägte bereits damals den Begriff »Produktivitätsparadoxon« – ein Thema, das bis heute Tausende Ökonomen beschäftigt und in Zeiten stagnierender Produktivität bei fortschreitender Digitalisierung und Automatisierung aktueller ist denn je. Schon damals gab es einen Widerspruch zwischen dem rasanten technischen Fortschritt und der Wirtschaftsentwicklung.

In den 1970er-Jahren hatte der Computer seinen Durchbruch erlebt. 1971 begann Intel, erstmals einen Mikroprozessor in Serie zu produzieren. 1976 stellten Steve Jobs und Steve Wozniak mit dem Apple 1 den ersten Personal Computer vor. Der legendäre Walkman folgte 1979. Doch während sich die Rechenkapazität in den 1970er- und 1980er-Jahren um das Hundertfache erhöhte, verlangsamte sich das Wachstum der Produktivität von über 3 Prozent in den

1960er-Jahren auf gut 1 Prozent in den beiden nachfolgenden Dekaden. Auch das Bruttoinlandsprodukt wuchs deutlich langsamer als in der Nachkriegszeit.[136] Und der Trend in Richtung geringerer Produktivitätszuwächse hält bis heute an.

Der Ökonom Robert J. Gordon, laut Bloomberg einer der 50 einflussreichsten Menschen der Welt,[137] stellte angesichts dieser Fakten vor zehn Jahren eine fundamentale Frage: »Is U.S. economic growth over?«[138] Er wies darauf hin, dass es mit Ausnahme der 250 Jahre seit Beginn der industriellen Revolution in der Geschichte der Menschheit niemals ein nennenswertes Wirtschaftswachstum gegeben habe, und fragte, ob wir vielleicht das Ende einer historischen Ausnahmeperiode erleben.

Seiner Überzeugung nach war bereits die zweite industrielle Revolution mit dem Aufkommen der Elektrizität und der Motorisierung zum Ende des 19. Jahrhunderts die wichtigste Phase. Ihre Auswirkungen seien bis in die 1970er-Jahre spürbar gewesen. Dagegen habe die dritte industrielle Revolution mit Computer und Internet die Produktivität und letztendlich den Wohlstand nur begrenzt beeinflusst. Das elektrische Licht und das eigene Auto veränderten das Leben von Millionen Menschen fundamentaler als der Zugang zu digitalen Unterhaltungsangeboten und Ähnlichem.

Gordons These klingt düster. Und erleben wir es nicht anders? Mein Leben hat sich in den vergangenen Jahren vor allem dank Smartphone und dem mittlerweile möglichen Grad der Vernetzung durchaus verändert. Aber Fakt ist, dass sich diese Veränderung nicht in den Produktivitätsstatistiken niederschlägt. Das gilt in Deutschland genauso wie in fast allen anderen Industrienationen.

Die Diskussion um die Entwicklung der Arbeitsproduktivität ist deswegen so wichtig, weil sie zu einem großen Teil das wirtschaftliche Wachstum und den Wohlstand eines Landes erklärt.[139] Sprich: Ohne eine höhere Produktivität stagniert der Wohlstand. Und damit droht der Traum zu platzen, dass es unseren Kindern einmal besser gehen wird als uns. Stattdessen brechen Verteilungskonflikte auf: zwischen Arbeitenden und Rentnern, zwischen Alteingesessenen und Zugezogenen, zwischen Immobilienbesitzern und

Mietern. Und dieses Horrorszenario trifft nicht nur Deutschland, sondern alle großen Industriestaaten. Wo man auch hinschaut, in die EU, nach Großbritannien, Japan oder in die USA: All diese Länder kämpfen mit einer schwindenden Produktivität.

Bleibt die große Rätselfrage: Warum gibt es so wenig Produktivitätswachstum in einer Zeit, in der neue Technologien zunehmend unseren Alltag bestimmen? Das Cockpit unseres Autos erinnert immer stärker an einen Computerbildschirm, unser Alltag ist ohne Smartphones nicht mehr denkbar, und daheim ersetzen digitale Dienste wie Spotify oder Apple Music ganze Bibliotheken und CD-Sammlungen. All das ist doch Fortschritt.

Oder machen wir uns etwas vor? Überschätzen wir den Fortschritt, nur weil wir selbst immer mehr am Smartphone hängen? Einer der einflussreichsten Köpfe des Silicon Valley, Peter Thiel, sagte einmal: »We wanted flying cars, instead we got 140 characters.«[140] Im Ernst: Warum haben all diese Technologien einen so geringen Einfluss auf die Produktivität? In Wissenschaft und Wirtschaft werden zahlreiche Ursachen diskutiert, die wichtigsten stelle ich nachfolgend überblickartig vor.

Eine schlechte Nachricht vorweg: Es gibt weder die eine Ursache noch die eine Lösungsmöglichkeit. Aber wie Kapitel 3 zeigen wird, gibt es eine Reihe guter Ideen, um des Problems Schritt für Schritt Herr zu werden.

Dem Produktivitätsparadoxon auf der Spur

Mögliche Ursache: falsche Messung

Wenn ich das Produktivitätsparadoxon anspreche, höre ich folgenden Einwand am häufigsten: Vielleicht messen wir einfach nur das Falsche! Früher haben wir viel Geld für ein Zeitungsabo gezahlt, heute lesen wir Nachrichten kostenlos im Internet. Statt vieler CDs haben wir ein Spotify-Abo – für die ganze Familie. In der Tat bereitet es Statistikern auf der ganzen Welt Kopfzerbrechen, die

Wertschöpfung und den Wohlstandsgewinn der oft kostenlosen digitalen Dienste richtig zu erfassen.

Wir sollten uns allerdings vor Augen führen, dass die gesamte Informations- und Kommunikationsbranche in den letzten 30 Jahren nie wesentlich mehr als 5 Prozent zum Bruttoinlandsprodukt beigetragen hat.[141] Der Effekt der falschen Erfassung digitaler Dienste dürfte also überschaubar sein. Auch das Statistische Bundesamt kommt zu dem Ergebnis, dass Messprobleme das Sinken der Produktivität nicht erklären.[142] Es wäre auch zu schön gewesen, ließe sich dieses fundamentale Problem mit Messfehlern erklären.

Schnelle Erfinder, langsame Anwendung

Vielleicht unterschätzen wir die Zeiträume, bevor neue Technologien ihre volle Wirkung entfalten. Von der Erfindung des Internets 1969 dauerte es 34 Jahre, bis die Hälfte der deutschen Haushalte einen Internetanschluss hatte.[143] Ähnlich langsam vollzieht sich gerade der Umstieg vom Verbrennungsmotor zur Elektromobilität.[144]

Tatsächlich braucht es auch in der Industrie oft Jahrzehnte, bevor sich Organisationen auf neue Technologien einstellen und die Menschen vor Ort mit ihnen umgehen können. Allerdings sind Internet, Roboter und Algorithmen alles andere als neue Erfindungen. Die Möglichkeit zur Automatisierung der Industrie, zur Digitalisierung von Dienstleistungen besteht schon lange. Warum wird sie nicht überall genutzt, wo es möglich ist, etwa in der Verwaltung oder im Gesundheitswesen?

Die Krux mit den unproduktiven Dienstleistern

Ein gängiger Erklärungsansatz konzentriert sich auf den wachsenden Anteil des Dienstleistungssektors. Noch 1950 arbeitete gerade einmal ein Drittel der Deutschen bei Banken, im Handel, in der

Gastronomie oder der öffentlichen Hand, die meisten Menschen waren hingegen in der Landwirtschaft oder der Industrie beschäftigt.[145] Heute macht die Mehrheit der Deutschen sich nicht mehr schmutzig. Drei Viertel der Deutschen sind im Dienstleistungssektor beschäftigt, nur noch ein Viertel im produzierenden Gewerbe. Eigentlich gut, denn am Anfang dieser Entwicklung war der Dienstleistungsbereich noch produktiver. Lange Zeit wurde der Wohlstand somit auch dadurch getrieben, dass Arbeitsplätze aus der Landwirtschaft oder der Industrie in den Dienstleistungssektor gewandert sind.

Problem: Der Dienstleistungssektor wird – anders als die Industrie – nicht produktiver.[146] Längst hat die Industrie die meisten Dienstleistungsunternehmen in Punkto Produktivität überholt – Robotern und moderner Produktionstechnik sei Dank. Im Dienstleistungssektor hingegen scheinen Digitalisierung und Automatisierung den Menschen nicht produktiver zu machen. Die Computer kommen, aber die Büros bleiben voll. Das gleiche gilt auch für den öffentlichen Dienst. Hier arbeiten keine Roboter, häufig funktioniert noch nicht einmal die digitale Kommunikation. Die zunehmende Bedeutung des Dienstleistungssektors und seine Produktivitätsschwäche sind also in der Tat wichtige Gründe für die schwindende Produktivität. Wir werden uns in Kapitel 3 daher noch näher damit beschäftigen.

Wir werden immer älter

Es gibt noch eine These: Da die Bevölkerung im Durchschnitt immer älter wird, gibt es zu wenig Nachwuchskräfte, die den Fortschritt vorantreiben. Alternde Gesellschaften wie die unsrige sind einfach weniger innovativ und damit auf Dauer auch weniger produktiv. Albert Einstein hatte seine bahnbrechendsten Ideen inklusive der speziellen Relativitätstheorie mit 26 Jahren. Isaac Newton sagte über sich selbst, er hätte seine erfinderischsten Zeiten mit 23 Jahren gehabt.[147] Steve Jobs gründete Apple mit 21 Jahren, Bill Gates Microsoft mit 19 Jahren. Bleiben Innovation und Fortschritt also einfach aus, wenn eine Gesellschaft älter wird?

Ganz so einfach ist dies jedoch nicht. Denn solche Betrachtungen lassen die Bedeutung von Berufserfahrung unberücksichtigt. Im Alter kompensieren wir zurückgehende physische und kognitive Leistungsfähigkeit mit Erfahrung.[148] Selbst danach können wir hochproduktiv bleiben, wenn wir uns rechtzeitig mit neuen Entwicklungen vertraut machen. Nach Einschätzung der Max-Planck-Gesellschaft erreichen Menschen den Höhepunkt ihrer Produktivität im Alter von 50 bis 65 Jahren und können dieses Niveau danach bis zum 65. Lebensjahr halten.[149] Offenkundig greift es zu kurz, mit Blick auf die Demografiefalle gleich auch noch die Produktivitätsfalle erklären zu wollen.

Zu wenige Experten für den Fortschritt

Auf eine andere Art dämpft die alternde Gesellschaft dann aber doch die Produktivität: Es fehlen einfach die nötigen Arbeitskräfte, um Innovationen voranzubringen! Der Fachkräftemangel plagt Deutschland wie viele andere Länder seit Jahren. 2020 erklärte bereits jedes dritte sogenannte innovationsaktive Unternehmen, dass es aufgrund von fehlenden Fachkräften Projekte nicht durchführen könne. Gut 15 Jahre zuvor waren es erst 10 Prozent.[150]

Und es trifft genau die Branchen, die im Zeitalter der Automatisierung und Digitalisierung das Innovationsgeschehen vorantreiben müssten: zum Beispiel Maschinenbauer, Elektronikhersteller oder die gesamte IT-Branche. Lange Zeit galt vor allem der Mangel an Ingenieuren als Innovationsbremse. Doch mittlerweile ist klar, dass das Fehlen gut ausgebildeter Fachkräfte im dualen System genauso problematisch ist. Denn sie sorgen letztendlich für den Einbau und den Betrieb neuer Technologien vor Ort. Bleibt festzuhalten: Solange es jüngere und ältere Talente mehr in den unproduktiveren Dienstleistungssektor als in digitale oder technische Berufe zieht, liegt ein Deckel auf der Produktivität.

Niedrige Löhne hemmen Produktivität

Für einen Ökonomen ist es nur schwer nachvollziehbar, warum es so viele gerade jüngere Menschen in zum Teil schlecht bezahlte Servicejobs zieht. Natürlich sind hier die Einstiegsbarrieren niedriger, aber dafür eben auch die Verdienstmöglichkeiten. Vordenker wollen sich mit dieser Entwicklung nicht mehr zufriedengeben und fordern höhere Mindestlöhne. Die Hoffnung: Bei höheren Löhnen rechnen sich manche Dienstleistungsjobs nicht mehr, die Stelleninhaber wechseln in andere Branchen, werden dort produktiver und leisten so einen Beitrag zu einer gesamtwirtschaftlichen steigenden Produktivität.

Genau das passierte im Übrigen nach Einführung des Mindestlohns in Deutschland. Entgegen ursprünglicher Befürchtungen führte er nicht zu einer höheren Arbeitslosigkeit, sondern zu einer Zunahme produktiver Jobs.[151] Ein Blick in die Historie verdeutlicht diesen Zusammenhang. So war zu Beginn der industriellen Revolution in Großbritannien Kohle vergleichsweise billig und Arbeit eher teuer, in Frankreich war es genau umgekehrt. Die Folge: Britische Unternehmer setzten viel früher auf neue Technologien, um ihre Effizienz zu steigern, und trieben so den Fortschritt an.[152] Im dritten Kapitel werden wir daher unter anderem auch der Frage nachgehen, wie Mindestlöhne hierzulande die Produktivität ankurbeln können.

Zu wenig Geld für den Fortschritt

Andere Skeptiker verweisen darauf, dass wir einfach zu wenig in den Fortschritt investieren. Eigentlich muss sich Deutschland im internationalen Vergleich nicht verstecken, wenn es um Aufwendungen für Forschung und Entwicklung geht. Wir investieren mittlerweile wie Japan und die Schweiz mehr als 3 Prozent unseres Bruttoinlandsprodukts in Forschung und Entwicklung und lassen damit Länder wie die USA und Großbritannien hinter uns.[153] Nur Israel und Südkorea stecken noch wesentlich mehr Geld in Forschung.

Und auch wenn man sich nur auf die staatlichen Ausgaben beschränkt, liegt Deutschland in der Spitzengruppe.

Allerdings gibt es hierzulande ein anderes Problem: Es fehlt an Wagniskapital für die Unternehmen selbst, vor allem für junge, hochinnovative Technologieunternehmen mit der Aussicht auf hohe Renditen, aber auch mit dem Risiko eines Totalverlusts. Jeder ihrer Gründer steht nach einer ersten Finanzierung durch Familie oder Freunde vor der Frage, wie er sein Unternehmen finanzieren soll. Denn auf die anfänglichen Erfolge folgt zumeist eine kapitalintensive Wachstumsphase, in der nicht selten zwei- oder sogar dreistellige Millionenbeträge benötigt werden.

Diese finanzieren in den angelsächsischen Ländern bereits seit Jahrzehnten Venture-Capital-Fonds. Sie haben viele Silicon-Valley-Größen erfolgreich gemacht und mischen mittlerweile auch im europäischen Gründermarkt mit. Deutschland zählt hier zu den Nachzüglern, aber es holt auf.[154] Das Jahr 2021 war mit 17 Milliarden Venture Capital ein Rekordjahr.[155] Das ist allerdings immer noch nur die Hälfte dessen, was Unternehmen in Großbritannien einsammeln, und ein Bruchteil der 330 Milliarden US-Dollar, die 2021 in US-Unternehmen geflossen sind.[156] Zu wenig. Und angesichts steigender Zinsen und geopolitischer Risiken droht 2021 ein Ausnahmejahr zu bleiben.

Mehr junge Unternehmen braucht das Land

»Weil es zu wenig Gründer gibt«, antwortet die nächste Gruppe von Ursachenforschern auf die Frage nach dem Produktivitätsparadoxon. Und in der Tat kennt der viel beachtete Gründungsmonitor der KfW seit der Jahrtausendwende tendenziell nur eine Richtung: Es geht abwärts![157] Die Gründerquote, sprich der Anteil der Neuunternehmer an der Erwerbsbevölkerung, krebst an der 1-Prozent-Marke herum. Nur noch 29 Prozent der unter 30-Jährigen in diesem Land können sich überhaupt eine Selbstständigkeit vorstellen. Vor Corona lag der Wert noch 10 Prozentpunkte höher.[158] Und in Zeiten der

Arbeiterlosigkeit dürfte der Wunsch, auf eigenen Beinen zu stehen, noch weiter zurückgehen. Denn je größer die Zahl offener Stellen, desto geringer die Gründerquote. Arbeiterlosigkeit dämpft Gründerlust und damit letztendlich die Produktivität.

Wo Gründer fehlen, sinkt der Druck auf etablierte Unternehmen, sich zu modernisieren und so Effizienz und Produktivität zu steigern. Ökonomen verweisen auf die vor allem in den USA zunehmende Marktmacht einzelner Unternehmen.[159] Auch aus Konsumentensicht hat ein wachsender Marktanteil großer Player eine unangenehme Konsequenz: Die Preise steigen tendenziell, der Wettbewerb um Innovationen fällt hingegen aus. Das gilt insbesondere, wenn die staatliche Wettbewerbsaufsicht wie in den USA eher zurückhaltend agiert.

Vielleicht ein Grund, warum China seit Beginn der 2020er-Jahre vehement Oligopole und Monopole bekämpft. Mit zahlreichen Auflagen geht die Regierung gegen die eigene 4 Billionen US-Dollar schwere Technologiebranche vor. Ein Ziel: Die Vorzeigebranche soll durch mehr Wettbewerb ihre Innovationskraft steigern, wovon letztendlich die Verbraucher und die Produktivität profitieren.[160]

Bestandsverwaltung statt Innovation

Die Debatte um die möglichen Ursachen schwindender Produktivität läuft seit Jahrzehnten. Einen einzigen Grund für den lahmenden Fortschritt gibt es nicht. Vielmehr ist es das Zusammenspiel einer Reihe von Faktoren: ein hoher Dienstleistungsanteil, eine schleppende Digitalisierung und Automatisierung, ein riesiger Niedriglohnsektor, eine immer geringer werdende Gründungsaktivität. Dazu kommt eine Vielzahl tradierter Unternehmen ohne nennenswerten Fortschritt.

Der Umgang mit der Corona-Pandemie könnte dazu beitragen, dass der letzte Punkt künftig noch stärker ins Gewicht fällt. Denn die umfangreichen staatlichen Hilfen haben zahlreiche schwach aufgestellte Betriebe am Leben gehalten. Schon vorher hatten die über Jahre äußerst niedrigen Zinsen die fortwährende Existenz solcher »Zombiefirmen« gesichert. Warum ist das so problematisch? Vor allem, weil bei den Zombies Zehntausende Menschen beschäftigt sind, die bei anderen Arbeitgebern produktiver eingesetzt werden könnten. Und mit den staatlichen Unterstützungsmaßnahmen während der Pandemie wurden gerade auch diese Zombies am Leben gehalten.

Das Aussetzen der Insolvenzantragspflicht, Beihilfen und die Kurzarbeit sorgten dafür, dass noch weniger Menschen als sonst ihren Arbeitsplatz wechselten. Natürlich trugen diese Maßnahmen entscheidend dazu bei, dass Deutschland anders als die USA von Massenarbeitslosigkeit verschont blieb und Millionen Menschen ohne Existenzsorgen leben konnten. Aber dieses Vorgehen hat eine Kehrseite.

Warum wir schöpferische Zerstörung brauchen

Die Kehrseite der staatlichen Hilfen im Zuge der Corona-Pandemie könnte unser Land noch über Jahre hinweg belasten. Wir haben eine Wirtschaftsstruktur am Leben gehalten, die zum Teil nicht mehr erhaltenswert war. Oder etwas theoretischer formuliert: Wir haben den für das Funktionieren unseres Wirtschaftssystems so unerlässlichen Prozess der schöpferischen Zerstörung aufgehalten. Diesen Begriff prägte der österreichische Ökonom Joseph Schumpeter in den 1940er-Jahren.[161] Danach baut jede ökonomische Entwicklung auf diesem Prozess auf. Eine Neukombination von Produktionsfaktoren – und damit auch von Arbeitskräften – verdrängt alte Strukturen und zerstört sie letztendlich. Diese Zerstörung schafft Raum für Neues und ist der Motor des Fortschritts. Klingt hart, bescherte uns aber über 250 Jahre hinweg einen zuvor unvorstellbaren Wohlstand. Sie hat dafür gesorgt, dass wir heute keinen Pflug mehr durch die Erde ziehen, sondern Maschinen und Computer bedienen.

Wer diesen Prozess der schöpferischen Zerstörung auf- oder sogar anhält, gefährdet die Fundamente unseres Wirtschaftssystems. So gerechtfertigt aus sozialen Gründen die umfassenden Hilfen in der Pandemie waren, so wichtig ist es, sie möglichst rasch zurückzuführen. Am Ende muss der Wettbewerb entscheiden, welche Unternehmen unter den veränderten Rahmenbedingungen dauerhaft prosperieren können und welche besser aus dem Markt ausscheiden. Je mehr Raum wir dem Neuen, dem Innovativen geben, desto größer unsere Chancen, auch künftig in einem Land mit steigender Produktivität zu leben.

Halten wir fest: Es gibt nicht die eine Lösung für das Produktivitätsparadoxon. Es existiert eine ganze Reihe erkennbarer Hindernisse und damit auch eine Menge guter Ideen, wie sich diese überwinden lassen. Diese Chancen gilt es zu nutzen. Mit ihnen lässt sich der technologische Fortschritt fördern und Raum schaffen für mehr Innovationen. Denn das sind die entscheidenden Beiträge für eine steigende Produktivität im 21. Jahrhundert. Und die brauchen wir.

ES BRAUCHT EINEN NEW DEAL

Es braucht einen Plan, wie wir den Wohlstand retten, einen New Deal. Denn wir kämpfen an zwei Fronten gleichzeitig. Auf der einen Seite wird das knapp, was Unternehmen und Volkswirtschaften so lange wachsen ließ: der Mensch. Und dann stagniert auch noch der Fortschritt. Eine toxische Mischung für das Wachstum der Wirtschaft, für unseren Wohlstand. Doch noch können wir handeln. Wir können neue Konzepte erarbeiten, um die Arbeiterlosigkeit zu bekämpfen.

Erstens können wir da ansetzen, wo niedrige Geburtenraten für einen Rückgang der Erwerbsbevölkerung sorgen: beim Menschen beziehungsweise bei der Frage, wie wir das Erwerbspotenzial voll ausschöpfen. In Zeiten der Arbeiterlosigkeit ist kein Platz mehr für die Benachteiligung von Frauen, für Diskriminierung, für Chancenungleichheit. Wir können sie uns schlicht nicht leisten, denn in Zukunft wird es auf jeden ankommen.

Genauso müssen wir uns mit der Frage auseinandersetzen, ob wirklich für jeden mit 65 Schluss mit Arbeiten sein soll. Warum nicht länger arbeiten, wenn es Job und Gesundheit zulassen? Das größte Potenzial liegt vielleicht jenseits unserer Landesgrenzen: in der Zuwanderung. Die Chancen stehen gut, dass Deutschland ein echtes Einwanderungsland wird. Für viele Menschen im Ausland ist Deutschland schon heute eines der beliebtesten Zielländer. Doch für das Anwerben und die Integration von Hunderttausenden von Einwanderern tun wir viel zu wenig. Das muss sich ändern.

Zweitens brauchen wir einen vollen Fokus auf Produktivität. Wenn weniger arbeitende Menschen in Deutschland nicht nur unser Renten- und Sozialsystem stemmen, sondern auch die dringend benötigten Investitionen und Bildung, Innovation und Infrastruktur finanzieren sollen, dann braucht es einen Produktivitätsbooster.

Automatisierung und Digitalisierung versprechen riesige Produktivitätssprünge, wenn sie einfache, repetitive Tätigkeiten durch Roboter und Algorithmen ersetzen.

Doch wie sollen sie gelingen, wenn jedes fünfte Kind in Deutschland nicht einmal auf Grundschulniveau lesen kann? Bildung ist der Schlüssel, um Menschen fit zu machen für den Arbeitsmarkt der Zukunft. Ein Arbeitsmarkt, der noch immer viel zu verkrustet und auf die Erhaltung des Status quo ausgerichtet ist, nicht auf die Zukunft. Ein Arbeitsmarkt, in dem immer noch viel zu viele Menschen im Niedriglohnsektor beschäftigt sind. Viel zu viele für den Anspruch, ein Hochtechnologieland zu sein.

Um der Arbeiterlosigkeit zu entkommen, braucht es ein Upgrade auf Produktivität, ein Upgrade auf Arbeit, sodass wir auch mit weniger Menschen mehr schaffen. Durch Verzicht kann dies nicht gelingen, sondern durch Fortschritt. Was ist unsere Interpretation des »American Dream«, was bringt uns das nächste Wirtschaftswunder? Was ist unsere Vision für die Zukunft?

In jeder Herausforderung liegt eine Chance. Und vielleicht liegt in dem sich abzeichnenden Rückgang der Erwerbsbevölkerung sogar eine besonders große. Die Chance für einen New Deal, für ein neues Denken über Arbeit, über Bildung, über Integration. Dafür braucht es neue Ideen. Im nächsten Kapitel möchte ich daher Denkanstöße geben und über das sprechen, was nicht rundläuft in diesem Land – und wie wir es besser machen können. Die Vorschläge sollen zum Umdenken anregen, Debatten auslösen, aber auch Mut zur Veränderung, Mut zum Aufbruch machen.

TEIL 3

WIE WIR DEN WOHLSTAND RETTEN

GESUCHT: QUALIFIZIERTE EINWANDERER

Vor einiger Zeit lernte ich eine faszinierende deutsche Frau kennen. Sie wurde vor 36 Jahren als Kind zweier Naturwissenschaftler in Khartum, Sudan geboren. Ihre Mutter arbeitete ab 2010 bei einem damals noch unbekannten Biotechunternehmen namens Moderna in den USA. Dort war sie später mit ihrem Forschungsteam maßgeblich an der Entwicklung eines der ersten Impfstoffe gegen das Covid-19-Virus beteiligt.

Und auch ihre Tochter, der ich nun gegenüberstand, hatte bereits viel erreicht: Sie war unter anderem für die Chefredaktion der *WELT* tätig sowie Vize-Chefredakteurin der Deutschen Presseagentur dpa und ist aktuell Geschäftsführerin von FreeTech, der Kaderschmiede des Axel-Springer-Konzerns für angehende Journalistinnen und Journalisten und den Tech-Nachwuchs. Was für eine Familie! Die Frau, die mir gegenüberstand: Niddal Salah-Eldin.

Die Lebensgeschichte ihrer Familie ist beeindruckend. Niddals Eltern wuchsen in bescheidenen Verhältnissen im Sudan auf, doch sie hatten einen Traum: Ihre Kinder sollten ein anderes Leben führen. Niddals Mutter, Dr. Sayda Elbashir, besuchte als eines der ersten Mädchen eine höhere Schule – das öffnete ihr die Türen zu einer neuen Welt. Mithilfe eines Stipendiums absolvierte sie ein Tiermedizinstudium an der University of Khartum und ging dank weiterer Stipendien zunächst an die Universität Kopenhagen und die Universität in Göttingen, später an das Max-Planck-Institut für biophysikalische Chemie.

Dort entwickelte sie gemeinsam mit ihrem Team ein neues Verfahren, um Informationen aus Genen zu isolieren, und ließ es patentieren.[1] Dieses Verfahren ist die Grundlage der heutigen mRNA-

Impfstoffentwicklung. Dr. Sayda Elbashir hält zahlreiche Patente und ist eine der führenden Wissenschaftlerinnen der mRNA-Forschung.

Wenn wir an den Sudan denken, kommen uns vermutlich als Erstes Bilder vom Bürgerkrieg in den Sinn, von Hunger und Armut. Tatsächlich liegt das Durchschnittseinkommen unter 1.000 US-Dollar, ein Fünftel der Bevölkerung verdient weniger als 2 Dollar pro Tag.[2] Wenn wir an Migration aus Afrika denken, sehen wir völlig überladene Schlauchboote und elende Zeltlager. Und wir führen hitzige Diskussionen über die Frage, wie viele Flüchtlinge aus Afrika oder andere Krisenregionen der Welt wir aufzunehmen bereit sind. Doch diese Debatten verhindern vor allem eines: die Beantwortung der Frage, wie wir durch qualifizierte Migration unseren Wohlstand erhalten können. Was wir nicht sehen, sind Menschen wie Niddal oder Sayda.

Werfen wir daher zunächst einen Blick auf die Fakten. Laut aktuellem Migrationsbericht der Vereinten Nationen gibt es derzeit rund 281 Millionen Migranten, also Menschen, die nicht in ihrem Heimatland leben.[3] Das sind rund 3,6 Prozent der Weltbevölkerung – Tendenz steigend. Vor 50 Jahren waren es nur 2,3 Prozent. Auf den ersten Blick erscheint diese Zahl hoch und ein Indiz für eine unsicherere Welt zu sein. Wenn ich Menschen frage, wie hoch wohl der Anteil an Flüchtlingen an diesen 281 Millionen Migranten ist, nennen die meisten etwas zwischen 70 und 90 Prozent. Die Realität sieht jedoch völlig anders aus.

Nur ein kleiner Teil der Migranten, nämlich weniger als 10 Prozent beziehungsweise 20,7 Millionen Menschen, ist aufgrund von Krieg, Vertreibung, Hunger oder Umweltkatastrophen in andere Länder geflüchtet.[4] Mehr als die Hälfte dieser Flüchtlinge stammt aus drei Ländern: Syrien, Afghanistan und dem Südsudan (noch nicht berücksichtigt sind ukrainische Flüchtlinge). Und nur ein kleiner Teil der Flüchtlinge schafft es überhaupt, in ein wohlhabendes Land zu fliehen. Von den 20,7 Millionen Flüchtlingen befinden sich derzeit nur 7,7 Millionen in einem Land der G20, der 19 wichtigsten Industrie- und Schwellenländer und der Europäischen Union.[5]

Mit anderen Worten: Die 20 größten Volkswirtschaften, in denen zwei Drittel aller Menschen leben und in denen 85 Prozent der weltweiten Wirtschaftsleistung erbracht werden[6], beherbergen derzeit nur ein gutes Drittel aller weltweit Geflüchteten. Knapp die Hälfte davon entfällt wiederum auf ein einziges G20-Land, die Türkei. Dies müssen wir uns bewusst machen – auch wenn es natürlich außer Frage steht, dass die Ursachen der Fluchtbewegungen schrecklich sind und die Aufnahme und Versorgung von Flüchtlingen eine große Herausforderung für die Weltgemeinschaft darstellt.

Die meisten Menschen migrieren, um zu arbeiten

Die meisten Menschen verlassen ihr Land aus ganz anderen Gründen – nämlich aus wirtschaftlichen. Sie stammen vor allem aus Ländern, die schon heute ein mittleres Einkommensniveau haben, aus Indien, Mexiko, China oder Russland.[7] Vier von fünf Migranten sind Menschen im arbeitsfähigen Alter zwischen 20 und 64 Jahren.[8] Und es zieht sie zum überwiegenden Teil in Länder, die bessere Erwerbschancen bieten: nach Nordamerika, nach Europa und zunehmend auch in entwickelte asiatische Länder. Inder verlassen ihr Land vor allem, um in Saudi-Arabien oder den Vereinigten Arabischen Emiraten zu arbeiten. Fast alle mexikanischen Migranten zieht es in die USA, und auch für chinesische Migranten sind die USA das Hauptziel.

Kaum eine Region in der Welt profitiert so sehr von Erwerbsmigration wie Nordamerika. Über 58 Millionen Migranten leben in den USA und Kanada. Sie stammen vor allem aus Lateinamerika und Asien und haben dafür gesorgt, dass beide Länder im vergangenen Jahrzehnt enorm gewachsen sind. Doch während die USA und Kanada gezielt um qualifizierte Fachkräfte werben, spielt diese Erwerbsmigration in der deutschen und europäischen Diskussion kaum eine Rolle. Unsere Diskussion beschränkt sich im

Wesentlichen auf die Fluchtmigration, anstatt gleichzeitig die Potenziale der Erwerbsmigration zu erkennen.

Vielleicht liegt es daran, dass es Geschichten wie die von Niddal und ihrer Familie in Deutschland noch viel zu selten gibt – dabei hängt unser künftiger Wohlstand in hohem Maße von der Frage ab, wie viele Menschen aus dem Ausland sich entscheiden, hier zu arbeiten. Der Ruf nach gesteuerter Zuwanderung von Talenten ertönt entsprechend immer lauter.

Im Sommer 2021 wies der Chef der Bundesagentur für Arbeit, Detlef Scheele, darauf hin, dass Deutschland künftig rund 400.000 Zuwanderer pro Jahr brauche.[9] Im September desselben Jahres stellte das Statistische Bundesamt sogar einen aktuell notwendigen Wanderungsüberschuss von 480.000 Menschen pro Jahr fest, um die Erwerbsbevölkerung stabil zu halten.[10] Ich halte beide Zahlen für zu gering. Mitte der 2030er-Jahre, wenn die meisten Babyboomer aus dem Arbeitsmarkt ausscheiden, werden wir sogar eine Nettozuwanderung von 700.000 Menschen benötigen – 2021 lag sie bei gerade einmal rund 300.000 Menschen.[11]

Wir werden jedoch nicht die Einzigen sein, die um qualifizierte Zuwanderer buhlen. Ganz Europa wird im 21. Jahrhundert auf Arbeitsmigranten angewiesen sein – und perspektivisch auch die Schwellen- und Industrieländer Asiens. All diese Länder sind auf Millionen Menschen angewiesen, die bereit sind, ihre Heimat zu verlassen und in einer neuen Umgebung eine neue Existenz aufzubauen.

Herausfordernder noch: All diese Länder benötigen qualifizierte Kräfte, die sie ohne große Anlaufzeit in den Arbeitsprozess integrieren können. Damit entbrennt ein Kampf um Talente mit Sprach- und Berufskenntnissen, wie ihn die Welt noch nie gesehen hat. Nur zieht es qualifizierte Kräfte vor allem in die klassischen Einwanderungsländer USA, Kanada und Australien. Wie kann Deutschland, wie kann Europa in diesem Wettbewerb aufholen und langfristig bestehen? Wir haben zwei Optionen: den Wettbewerb um qualifizierte Migration mit Nordamerika aufnehmen oder das Schrumpfen unseres Landes und unseres Kontinents hinnehmen.

Die USA profitieren von unternehmerischen Migranten

Ein Land startet in diesen Wettbewerb mit einem gewaltigen Vorsprung, das Traumziel von Generationen von Einwanderern: die USA. Derzeit leben in dem Land über 50 Millionen Migranten, sprich Menschen, deren Eltern in einem anderen Land geboren wurden.[12] Die Einwanderung qualifizierter Fachkräfte ist ein fester Bestandteil der Wachstumsstrategie der USA, denen es vermutlich nicht ungelegen kommt, dass Europa dies nicht erkennt.

Schätzungen gehen davon aus, dass mehr als die Hälfte des Bevölkerungswachstums der letzten 50 Jahre auf Migration zurückzuführen ist. Diese Zahlen gleichen denen zu Beginn des 20. Jahrhunderts, als Heerscharen von Europäern ihr Glück in der Neuen Welt suchten.[13] Wenn auch in Zukunft eine solche Zuwanderung gelingt, werden die USA zu den wenigen Industriestaaten auf diesem Erdball zählen, die nicht mit einer schrumpfenden Bevölkerung kämpfen müssen.

Mehr noch: Wie schon in der Vergangenheit werden Zuwanderer entscheidende Beiträge zum Wohlstand zwischen New York und San Francisco leisten. Traditionell zog es immer wieder Gründer mit guten Ideen und noch mehr Wagemut in das Land der unbegrenzten Möglichkeiten. Von daher darf es nicht wundern, dass fast die Hälfte der 500 größten US-Unternehmen von Migranten oder deren Kindern gegründet wurden.[14] Das Spektrum reicht von den Tech-Giganten Apple und Google über die Großhandelskette Costco bis hin zur Jeansmarke Levi's, deren Geschichte im 19. Jahrhundert mit der Idee eines Letten und dem Stoff eines Deutschen, Levi Strauss, begann. Sie fertigten Nietenhosen und begründeten damit eine Weltmarke.

Die Gründerlust zwischen Atlantik und Pazifik ist bis heute ungebrochen. Zuletzt wurde jedes zweite Start-up mit einer Bewertung von mehr als 1 Milliarde US-Dollar von einem Einwanderer gegründet,[15] darunter so spektakuläre Newcomer wie der Raumfahrtpionier SpaceX. Sein Gründer Elon Musk stammt aus Südafrika und baute in seiner neuen Heimat mit Tesla und PayPal bereits zwei Milliardenkonzerne auf.

Neben den britisch-kanadischen Gründern des Instant-Messaging-Dienstes Slack, den irischen Gründern des Online-Bezahldienstes Stripe und den bulgarisch-indischen Erfindern der Handelsplattform Robinhood findet sich auf der Liste ausländischer Unternehmer mit Peter Thiel auch ein Deutscher.[16] Der Serial Entrepreneur und Finanzier mit Sitz im Silicon Valley stand zuletzt Pate bei der Gründung des Softwareunternehmens Palantir. Wie Musk war er zuvor Teil des Gründerteams von PayPal und zudem der erste externe Kapitalgeber von Facebook.

Diesen Gründergeist habe ich hautnah erlebt. Wir bei StepStone haben in den vergangenen zehn Jahren mehrere Unternehmen in den USA gekauft, darunter Good & Co. aus San Francisco. Das Unternehmen hat einen einzigartigen Algorithmus entwickelt, um Persönlichkeiten von Menschen zu erfassen und Vorhersagen über gut funktionierende Teams zu treffen.

Gegründet wurde Good & Co. 2013 von Samar Birwadker. Samar wuchs in Mumbai in Indien auf, seine Mutter lebt bis heute dort. Vor rund 20 Jahren wanderte er in die USA aus; mit gerade einmal 500 geliehenen US-Dollar im Portemonnaie wollte er den amerikanischen Traum leben. Um ein Studium zu finanzieren, fuhr er tagsüber Taxi, nachts arbeitete er an der Rezeption eines schäbigen Motels. Später heuerte er in einer Werbeagentur an, beriet große Unternehmen wie Microsoft, Yahoo oder Adobe, gründete schließlich Good & Co. und verkaufte das Unternehmen an uns.

Bei einem Abendessen an den Piers von San Francisco habe ich Samar einmal gefragt, was ihm in all den Nächten im Motel durch den Kopf ging. Ob er nie Zweifel gehabt habe, dass er in den USA Fuß fassen würde. Seine Antwort: nicht einen Moment. »Es waren doch gerade Einwanderer und ihr Unternehmergeist, die aus einstigen Kolonien das mächtigste Land der Welt geschaffen haben«, sagte er. Und mit der richtigen Entschlossenheit habe bis heute jeder die Chance, für sich und seine Familie hier ein besseres Leben aufzubauen. Worte, die den Gründungsmythos der USA beschreiben. Worte, die ich in Europa so noch nie gehört habe.

Man würde den Einfluss der Migranten auf den Wohlstand in den USA jedoch sträflich unterschätzen, wenn man nur auf die Gründerszene schaut. In Wahrheit wiederholt sich dort jeden Tag aufs Neue die Geschichte vom Tellerwäscher – wenn schon nicht zum Millionär – so doch zumindest zur Mittelschichtsfamilie, und das innerhalb einer Generation. Dies belegt eindrucksvoll eine aktuelle US-Studie, die die Lebensläufe von Millionen Eltern und ihren Kindern verfolgte. Das Fazit: Die Kinder von Einwanderern fast jeder Nationalität schafften mindestens so oft einen sozialen Aufstieg wie Altersgenossen aus eingesessenen Familien.[17] Der »American Dream« lebt.

Solche Erfolgsgeschichten prägen andere klassische Einwanderungsländer, allen voran zwei Länder mit großer Fläche und kleiner Bevölkerung: Australien und Kanada. Beide verdanken ihren Aufstieg zu wohlhabenden Industriestaaten auch dem Zustrom tatkräftiger Migranten. Heute liegt deren Anteil in Australien bei 30 Prozent und in Kanada bei 21 Prozent. Und weil auch in Zukunft mit einem hohen Zustrom an qualifizierter Einwanderung zu rechnen ist, werden beide Länder trotz niedriger Fertilitätsraten weiterwachsen.

Asiens Grenzen sind noch verschlossen

Im Gegensatz dazu schotten sich die großen Wirtschaftsmächte Asiens wie China, Japan oder Südkorea ab. Sie werden in den kommenden 80 Jahren vermutlich die Hälfte ihrer Bevölkerung verlieren – und trotzdem findet bis heute keine nennenswerte Migration in diese Länder statt. So liegt der Anteil der Migranten in Japan lediglich bei 2 Prozent, in Indien bei 0,3 Prozent[18] und in China sogar nur bei 0,1 Prozent.[19] Dafür gibt es Gründe: In kaum einem Teil der Welt sind Kulturen so verschlossen gegenüber Einwanderern. Es ist zum Beispiel für Ausländer praktisch unmöglich, die chinesische Staatsbürgerschaft zu erhalten.

Chinas Antwort auf das Schrumpfen der eigenen Bevölkerung ist nicht Migration. Im Fokus stehen vielmehr die Millionen von Chinesen, die im Ausland arbeiten. So appellierte Xi Jingping 2014 an seine Landsleute: »Die vielen Millionen Überseechinesen in aller Welt sind alle Mitglieder der chinesischen Familie. Nach bester chinesischer Tradition vergessen [...] sie nie ihr Heimatland, ihre Herkunft oder das Blut der chinesischen Nation, das in ihren Adern fließt.«[20]

Vor einigen Jahren wurde ich eingeladen, vor einer Gruppe chinesischer Bürgermeister aus der Region Shandong einen Vortrag über die Gewinnung internationaler Fachkräfte zu halten. Ich war etwas verwundert, warum die Gruppe extra nach Frankfurt gereist kam, um über dieses Thema zu sprechen. Mein Vortrag wurde simultan übersetzt, und ich war mir nicht sicher, ob sich irgendjemand für das interessierte, was ich zu sagen hatte. Zum Dank erhielt ich einen Band auf Seidenpapier gedruckter Konfuzius-Weisheiten, der bis heute in meinem Bücherregal steht.

Kurze Zeit später bekam ich erneut eine Anfrage. Wir sollten die chinesische Regierung mithilfe von Online-Werbekampagnen dabei unterstützen, im Ausland lebende Chinesen dafür zu gewinnen, nach China zurückzukehren. Da wurde mir klar: China holt seine Fachkräfte, die jahrelang im Ausland gearbeitet hatten, zurück ins Land.

Das Potenzial dieser Kampagnen ist jedoch überschaubar, gerade einmal knapp 10 Millionen Chinesen leben im Ausland.[21] Vernachlässigbar angesichts des Bevölkerungsrückgangs um 700 Millionen bis zum Ende dieses Jahrhunderts. Die chinesische Regierung geht daher noch einen Schritt weiter: In jüngster Zeit beobachten wir, dass es für internationale Firmen immer schwieriger wird, chinesische Fachkräfte abzuwerben. Wer in China rekrutiert, braucht eine chinesische Mobilnummer und muss sich mithilfe einer Gesichtserkennung ausweisen. So wird es praktisch unmöglich, aus dem Ausland chinesische Fachkräfte anzusprechen.

Angesichts der drohenden Schrumpfung setzt die kommende Wirtschaftsmacht Nummer eins scheinbar alles daran, Menschen im Land zu halten. Passend dazu lese ich in meinem Konfuzius-Buch, das ich von den chinesischen Bürgermeistern erhalten habe: »Eine gute Regierung funktioniert, wenn die, die nah sind, glücklich gemacht werden und die, die fern sind, angezogen werden.«

Große Skepsis gegenüber Migration in Europa

Europa steht vor ähnlichen Herausforderungen. Doch bis heute ist Migration in vielen Ländern ein Reizthema, mit dem einzelne Parteien Stimmung machen. Dafür steht der Rechtspopulist Matteo Salvini in Italien genauso wie Marine Le Pen in Frankreich. Auch in Dänemark und Österreich nutzen Politiker die Furcht vor einer überbordenden Migration – und das unabhängig von der Verortung im klassischen Links-Rechts-Spektrum oder ihrer Herkunft.

So wählte im Sommer 2021 der dänische Ausländer- und Integrationsminister Mattias Tesfaye deutliche Worte: »Wir verwenden so viele Ressourcen auf Menschen, die überhaupt keinen Schutz brauchen. Das ist völlig verrückt. Und anschließend schieben wir sie ab – wenn wir Glück haben. Denn bis dahin sind sie in einem Ausreisezentrum einquartiert, wo sie uns im Jahr 40.000 Euro pro Person kosten.«[22] Tesfaye ist Sozialdemokrat und hat einen äthiopischen Vater.

Die Folge solch aufgeheizter Debatten: Teile der Bevölkerung lehnen die aus volkswirtschaftlicher Sicht so dringend erforderliche Erwerbsmigration ab oder sehen sie zumindest sehr kritisch. Auf die Frage, ob ein wachsender Anteil Menschen verschiedener Herkunft, Ethnien und Nationalitäten das Leben im eigenen Land verbessern würde, antworten mindestens 85 Prozent der US-Amerikaner, Briten und Kanadier mit »Ja«. In den großen europäischen Ländern bewegte sich die Zustimmungsrate bei 71 Prozent in Deutschland über 64 Prozent in Italien bis 45 Prozent in Griechenland.[23] Im Umkehrschluss heißt das: Fast ein Drittel der Bevölkerung erkennt hierzulande die Vorteile von Erwerbsmigration nicht und vermengt die Problematik des richtigen Umgangs mit Flüchtlingen mit der Frage, wer in Zukunft freie Stellen im eigenen Land besetzen kann.

Politik und Unternehmen stehen damit vor einer gewaltigen kommunikativen Herausforderung. Es geht darum, um Verständnis für mehr Zuwanderung von Fachkräften zu werben und zugleich gemeinsam mit der Staatengemeinschaft eine Strategie für einen menschenwürdigen Umgang mit Flüchtlingen zu finden. Angesichts der Bilder verzweifelter Menschen, die über die Grenzen nach Europa drängen, hat sich jedoch in vielen Köpfen der Eindruck festgesetzt, dass es beim Migrationsthema einzig um Flüchtlinge gehe. Dieser Eindruck ist falsch. Doch solange wir humanitäre Migration und Erwerbsmigration nicht differenziert sehen, werden wir keine Einigkeit in Bezug auf den Umgang damit finden.

Vielleicht helfen ein paar Fakten: In Deutschland leben heute rund 13,6 Millionen Migranten (auch hier sind Flüchtlinge aus der Ukraine noch nicht eingerechnet). Davon stammen 37 Prozent aus einem der anderen 26 EU-Mitgliedsstaaten, weitere 27 Prozent aus anderen europäischen Ländern.[24] Das heißt: Fast 9 Millionen oder zwei Drittel der Migranten in Deutschland sind Europäer. Zählen wir die Menschen dazu, die in Deutschland geboren wurden, deren Eltern aber aus dem Ausland stammen, sind es sogar fast 14 Millionen Menschen mit europäischem Migrationshintergrund.

Start für Migranten in Europa schwerer

Europa und Deutschland haben aber nicht nur bei der Einstellung gegenüber Migranten Nachholbedarf, auch bei der Integration holpert es. Ein Vergleich der Arbeitslosenzahl von Inländern und Migranten verdeutlicht dies. In Einwanderungsländern wie den USA, Australien und Kanada, die bei Neuankömmlingen auf deren Chancen am Arbeitsmarkt achten, liegen die Zahlen bis auf einen Prozentpunkt nah beieinander. In Deutschland ist die Arbeitslosenquote von Migranten 3 Prozentpunkte höher, in Frankreich waren es 5 und in Schweden gar 14 Prozentpunkte.[25] Auch in Sachen gleicher Bezahlung hinkt Europa hinterher. So liegen die

Löhne für Migranten in den EU-Staaten rund 9 Prozent unter denen der Einheimischen.[26]

Natürlich lässt sich ein solcher Wert zu einem guten Teil durch die jeweiligen Jobs erklären. Viele Migranten übernehmen schlecht bezahlte Aushilfsarbeiten. Aber genau hier liegt ein entscheidendes Problem: Anstatt gezielt Fachkräfte anzuwerben, überlässt Europa vieles dem Zufall und kämpft dann mit den Folgen des Zuzugs von Menschen mit einer unzureichenden oder gar fehlenden Ausbildung.

Und anstatt zumindest alles daranzusetzen, diese Menschen möglichst schnell möglichst gut zu qualifizieren und zu integrieren, bleiben viele über Jahre ohne feste Perspektive und schlagen sich mit Niedriglohnjobs durch. Zudem ist es für Menschen, die mit hoher Qualifikation zu uns kommen, zum Teil sehr knifflig bis unmöglich, ausländische Abschlüsse anerkennen zu lassen. Aus qualifizierten Zuwanderern werden vermeintlich unqualifizierte Hilfsarbeiter. Darauf weist auch die OECD in einer Analyse hin.[27]

Bisherige Vorstöße wie zuletzt das Fachkräfteeinwanderungsgesetz ändern an der verfahrenen Situation nur wenig. Noch ist es ein echter Kraftakt, Migranten eine dauerhafte Perspektive mit einem festen Arbeitsplatz zu bieten, ganz zu schweigen davon, ihre Familie nachkommen zu lassen. Wie so häufig bei diesem Thema zeigt ein Blick in das Einwanderungsland USA, dass es auch anders geht. Seit 1965 zielt die Migrationspolitik dort vor allem auf die Einwanderung qualifizierter Fachkräfte sowie auf die Zusammenführung von Familien.

Das hat einen humanitären, aber vor allem auch einen wirtschaftlichen Effekt. Menschen setzen traditionell alles daran, ihren Kindern ein besseres Leben zu ermöglichen. Und sie sind ganz anders motiviert, wenn sie ihre Frau beziehungsweise ihren Mann und ihre Kinder jeden Tag um sich haben, anstatt zweimal pro Woche per Skype zu telefonieren.

Drei Erfolgsfaktoren für eine erfolgreiche Migrationspolitik

Trotz der guten Startvoraussetzungen der Vereinigten Staaten, Kanadas, Australiens und Großbritanniens hat Deutschland gute Chancen, im Rennen um internationale Talente nicht abgehängt zu werden. Mehr noch: Deutschland hat das Potenzial, zum Traumziel für qualifizierte Fachkräfte zu werden. Zusammen mit der Boston Consulting Group befragten wir 208.000 erwerbsfähige Menschen in 190 Ländern zu ihrer Bereitschaft, im Ausland zu arbeiten.

Die Ergebnisse dieser »Global Talent Survey« überraschen zunächst nicht: Die beliebtesten Zielländer für auswanderungswillige Menschen weltweit sind Kanada, die USA und Australien. Kein Wunder: Alle drei Länder sind durch Migration entstanden, zudem wird hier Englisch gesprochen, das erleichtert die Integration. Zu unserer Überraschung folgt auf dem vierten Platz jedoch ein Land, in dem nicht Englisch gesprochen wird: Deutschland! Damit ist Deutschland das mit Abstand attraktivste Ziel für Arbeitsmigranten in der nicht-englischsprachigen Welt – ein Pfund, mit dem sich wuchern lässt.

Um aber im globalen Wettbewerb zu bestehen und den Bevölkerungsschwund zu bekämpfen, müssen wir aktiv um Erwerbsmigration werben, die Startchancen für Migranten verbessern und bestehende Barrieren abbauen. Drei Erfolgsfaktoren entscheiden dabei über den künftigen Erfolg im Werben um Talente: eine aktive Ansprache geeigneter Kandidaten, eine gezielte Steuerung der Migration selbst sowie eine entschlossene Integration.

Erfolgsfaktor 1: Aktives Werben um Erwerbsmigranten

Das reiche Europa zog lange vor allem Europäer aus ärmeren Regionen an, zuletzt zogen nach dem Mauerfall Millionen Osteuropäer gen Westen. Der Wunsch nach einem Job im Westen ist heute noch ausgeprägt. Auch das zeigt eine Auswertung unserer Global

Talent Survey. Unter den zehn Ländern, in denen Menschen anteilig am ehesten nach Deutschland auswandern würden, sind mit Ungarn, Rumänien, Polen und Litauen gleich vier osteuropäische EU-Staaten.

Wir müssen uns aber eines klarmachen: In genau diesen Ländern wird die Bevölkerung früher als in vielen anderen Regionen Europas zu schrumpfen beginnen. Gerade die bevölkerungsreichen Länder Polen und Rumänien werden voraussichtlich bis zum Ende des Jahrhunderts mehr als die Hälfte der Bevölkerung verlieren.[28] Zudem werden in Zukunft auch andere europäische Staaten um Polen und Rumänen buhlen.

Bereits Ende der 2010er-Jahre konnten wir beobachten, dass die Zahl der polnischen Einwanderer deutlich sank. Mittlerweile ziehen genauso viele Polen zurück in ihre Heimat, wie einwandern.[29] Unterm Strich bedeutet das eine Nettozuwanderung von null. Mehr noch: Länder wie Polen oder Rumänien starten längst gezielte Kampagnen, um ausgewanderte Landsleute zur Rückkehr in die Heimat zu bewegen.[30] Die Luft wird dünn.

Da wirkt es fast wie ein Hoffnungsschimmer, dass Deutschland auch in der wachsenden Türkei weiterhin ein beliebtes Zielland ist. Fast jeder fünfte erwerbsfähige Türke kann sich dem Global Talent Survey zufolge ein Leben in Deutschland vorstellen. Und auch außerhalb Europas gibt es einige Länder, in denen Menschen durchaus bereit wären, nach Deutschland zu migrieren. In den Schwellenländern Brasilien, Indien und Nigeria kann sich jeweils ein knappes Fünftel der Befragten ein Arbeitsleben in Deutschland vorstellen.

Es wäre jedoch leichtfertig anzunehmen, dass die Fachkräfte aus diesen Ländern auch tatsächlich nach Deutschland migrieren, wenn sie gebraucht werden. Brasilianer werden eher in die USA gehen als nach Europa, Inder werden sich eher im Vereinigten Königreich niederlassen. Und Afrikaner zieht es heute vor allem nach Frankreich und Spanien – abzüglich der Auswanderer sind zuletzt gerade einmal 17.000 Menschen aus Afrika in Deutschland geblieben.[31]

Damit aus Interessenten tatsächlich Einwanderer werden, reicht es im 21. Jahrhundert nicht mehr aus, Migration einfach nur zuzulassen. Um Migration muss geworben werden. So wie Kanada bereits vor über 100 Jahren mit Zeitungsannoncen in den USA und Großbritannien um Einwanderer warb,[32] wird auch Deutschland ausländische Fachkräfte zukünftig aktiv ansprechen müssen. Und zwar zielgenau, angepasst an das jeweilige Land, in dem viele Menschen mit einer ersten Ausbildung bereit für einen Umzug sind.

Seit Jahren gelingt dies mit zumindest eingeschränktem Erfolg im Bereich der medizinischen Berufe. Doch das ist angesichts der Herausforderungen in einer schrumpfenden Gesellschaft viel zu wenig. Gerade einmal gut 50.000 Menschen kamen zuletzt pro Jahr netto aus nicht-europäischen Staaten, um hier zu arbeiten.[33] Es braucht mehr, um zukünftig in ausreichender Zahl potenzielle Einwanderer anzusprechen.

Deutschland wirbt im Ausland um so vieles: Es gibt eine Zentralstelle für Investoren in Deutschland, die bundeseigene Germany Trade & Invest, und ein Netz von Außenhandelskammern. Es ist höchste Zeit, eine ähnliche Infrastruktur für Erwerbsmigranten zu schaffen und mit entsprechenden Etats auszustatten. Deutschland hat vor Kurzem immerhin eine Website gelauncht (»Make it in Germany«), genau wie Schweden oder Neuseeland. Das ist ein erster Schritt. Aber es wird nicht reichen im internationalen Wettbewerb.

Kanada spricht schon längst Einwanderungswillige aktiv über Plattformen und Social-Media-Kanäle an. Boris Johnsons »Build-Back-Better«-Plan setzt gezielt auf die proaktive Ansprache von ausländischen Fachkräften und die Unterstützung der heimischen Unternehmen bei der internationalen Rekrutierung.[34]

Zudem wird das Werben um Migranten im Ausland nicht ohne ein Werben um Migration im Inland auskommen. Zu viele Menschen in Europa und Deutschland stehen Migration ablehnend gegenüber. Es braucht ein neues Narrativ für die Notwendigkeit einer zunehmenden Erwerbsmigration, die Chancen der Einwanderung. Wenn wir an den Sudan denken, sollten wir an die Geschichte von Niddal denken, wenn wir an Indien denken, an die Geschichte von

Samar. Erfolgsgeschichten wie diese gibt es schon heute tausend-fach, sie kennt nur keiner.

Ohne eine positive Einstellung zur Erwerbsmigration werden wir es nicht schaffen, Hunderttausende von Ausländern pro Jahr zu integrieren. Ohne aktive Integration von Migranten in Unternehmen, von Familien in die Gemeinschaft wird Deutschland nicht aufschließen zu den beliebtesten Einwanderungsländern USA, Australien oder Kanada.

Erfolgsfaktor 2: Migration erfolgreich steuern

Nachdem Sayda Elbashir vor 20 Jahren das Verfahren zur Isolation von Geninformationen am Göttinger Max-Planck-Institut entwickelt hatte, buhlten viele Forschungseinrichtungen und Unternehmen um die erfolgreiche Wissenschaftlerin. Und trotz zahlreicher Angebote aus Deutschland zog es sie, genau wie die meisten anderen Wissenschaftler ihrer Forschungsgruppe, in die USA. Das Land lockte sie nicht nur mit einem hervorragenden Job, sondern auch mit Risikokapital für die Forschung – und mit einer Greencard. Ein unschlagbares Angebot. Und eines von vielen Beispielen dafür, dass die USA nicht nur ein attraktives Einwanderungsland sind, sondern Einwanderung aktiv fördern.

Um die riesigen Lücken am Arbeitsmarkt effizient zu schließen, braucht es eine zielgerichtete Steuerung von Migration. Es braucht eine Strategie, wie durch Migration der Bedarf an Fachkräften gedeckt werden kann. Denn schon heute ist vorhersehbar, dass in vielen Berufen ein eklatanter Fachkräftemangel entsteht, in der Medizin und Pflege, im Handwerk, in der IT, in der Bildung.

Dabei hat Deutschland wie viele andere EU-Staaten seit Langem kein Erkenntnis-, sondern ein Umsetzungsproblem. Es fehlen der große Wurf und eine Strategie für Erwerbsmigranten. Stattdessen werden punktuell Pilotversuche gestartet und ad hoc Lücken am Arbeitsmarkt mit Zuwanderern gestopft. Daran hat auch das 2020 in Kraft getretene Fachkräfteeinwanderungsgesetz wenig geändert.

Nur rund 25.000 Menschen sind im ersten Halbjahr 2021 unter diesem Gesetz nach Deutschland eingewandert.[35] Zu bürokratisch sind die Prozesse.

Vor allem die notwendige Anerkennung ausländischer Abschlüsse stellt ein großes Problem dar. Rund 1500 Anerkennungsstellen gibt es in Deutschland. Diese prüfen, ob ein ausländischer Berufsabschluss gleichwertig mit einem deutschen Abschluss ist – nicht leicht gerade angesichts der Einzigartigkeit des deutschen dualen Ausbildungssystems. Das Ergebnis: Pro Jahr werden bundesweit lediglich 45.000 ausländische Abschlüsse als vollständig oder eingeschränkt gleichwertig zu deutschen Qualifikationen anerkannt, zu zwei Dritteln handelte es sich hierbei um medizinische Berufe.[36]

Stattdessen lassen wir es zu, dass Ingenieure auf Baustellen arbeiten und andere Akademiker Hilfsjobs übernehmen. Eine Verschwendung von Talenten. Ergebnis: Nur 39 Prozent der Einwanderer aus einem Nicht-EU-Land mit einem akademischen Abschluss arbeiten in einem hochqualifizierten Beruf, 30 Prozent sind überqualifiziert für ihren Job, ein Drittel ist überhaupt nicht beschäftigt.[37] Zum Vergleich: In Großbritannien haben 57 Prozent der hochqualifizierten Einwanderer einen hochqualifizierten Arbeitsplatz. Kein Wunder, dass bei der Frage nach den Berufsperspektiven Deutschland bei hochqualifizierten Menschen aus dem Ausland auf einem der letzten Plätze landet.

Ich habe mit vielen Geschäftsführern und Chefärzten aus Kliniken gesprochen, die händeringend Pflegepersonal suchen und frustriert über die aktuelle Einwanderungspraxis sind. Von Bundesland zu Bundesland unterscheiden sich die Verfahren der Anerkennung ausländischer Abschlüsse, gemein ist ihnen nur die lange Dauer und ihre Intransparenz. Dazu kommt: Auch in der Pflege müssen ausländische Abschlüsse den deutschen gleichwertig sein, was häufig trotz Studium zu einem sogenannten Defizitbescheid führt. Pflegekräfte müssen dann nachgeschult werden.

Oft vergehen so Monate, und nicht selten entscheiden sich einwanderungswillige Pfleger in der Zwischenzeit, in einem anderen

Land zu arbeiten. Und das, obwohl unser Gesundheitssystem kaum noch ohne ausländische Fachkräfte funktionieren würde: Jede achte Pflegekraft und jeder siebte Arzt stammt aus dem Ausland.[38]

Ein Beispiel für ein effizientes Einwanderungssystem bietet Kanada. Das Einwandererland verfügt über eine lange Tradition der Steuerung von Zuwanderung und passt sein System immer wieder an die aktuellen Erfordernisse an. Zuletzt geschah dies 2015 mit der Einführung des Express-Entry-Systems. Es handelt sich um ein Online-Bewerbungsverfahren für eine Einwanderung nach Kanada.

Dem Express-Entry-System liegt ein transparentes Punktesystem zugrunde, das Faktoren wie Alter, Schulbildung, Qualifikation und Sprachkenntnisse berücksichtigt. Punkteträchtig sind beispielsweise Kenntnisse der Landessprachen Englisch und Französisch, eine gesuchte Qualifikation sowie ein junges Alter – ab dem 30. Geburtstag gibt es in dieser Kategorie Punktabzüge. Zudem berücksichtigen die Kanadier auch Themen wie Anpassungsfähigkeit und Berufserfahrung.

Jeder Bewerber gelangt nach Abschluss des Verfahrens mit einer Punktzahl in einen Pool potenzieller Einwanderer. Je nach Bedarf werden in einem zweiten Schritt die passenden Kandidaten zu einer offiziellen Bewerbung (»Invitation to Apply«) eingeladen, bei der sie dann auch die offiziellen Nachweise einreichen. Das System richtet sich von Beginn an nicht nur an Einzelpersonen, sondern an ganze Familien. So erlaubt das Einwanderungssystem explizit den Nachzug von Familienmitgliedern.

Neben der Transparenz sind die Einheitlichkeit sowie die Flexibilität die entscheidenden Vorteile solcher Punktesysteme. Wenn in einer oder mehreren Branchen die Nachfrage wächst, lässt sich die Mindestpunktzahl schnell senken, sodass mehr Menschen mit passenden Qualifikationen einwandern. Interessanterweise hat die Süssmuth-Kommission bereits kurz nach der Jahrtausendwende ein solches Punktesystem gefordert. Was erneut eines zeigt: In Sachen Migration hat Deutschland weniger ein Erkenntnis-, sondern ein Umsetzungsproblem.

Eine kluge Migrationspolitik beginnt aber nicht erst an der Grenze. Sie startet vielmehr in den Heimatländern potenzieller Zuwanderer. Auch hier gibt es vielversprechende Ansätze, aber noch keine einheitliche globale Strategie. So betreiben wir rund um die Welt Kulturinstitute, um die eigene Sprache zu verbreiten – zuständig ist das Auswärtige Amt.

Wir fördern Partnerschaften mit Hochschulen sowie Austauschprogramme für Dozenten und Studierende – zuständig sind das Bildungsministerium und die Kulturministerien der Länder. Wir engagieren uns auch bei der betrieblichen Ausbildung – hier liegt die Hoheit beim Entwicklungshilfeministerium. Eine einheitliche Strategie kann noch weiter gehen. Denn was spricht eigentlich gegen EU-Universitäten in großen Metropolen Afrikas und Asiens oder ein flächendeckendes Angebot von Lehrwerkstätten? Digitale Lernplattformen erlauben einen wesentlich leichteren Export von Bildung. Auf diese Weise ließen sich zukünftige Fachkräfte schon im Ausland ausbilden.

Natürlich dürfen solche Institutionen und Angebote nicht zu einem »Brain Drain« im Herkunftsland führen. Sie sind vielmehr ein Angebot an motivierte Talente, sich zu qualifizieren und dann zu entscheiden, wie sie ihr Leben gestalten wollen. Und es wäre doch großartig, wenn es mit den Absolventen solcher Einrichtungen gelänge, den Wohlstand in diesen Ländern weiter zu verbessern oder das Wissen um neue Technologien zu verbreitern. Gleichzeitig würden junge Menschen eine Perspektive erhalten, legal nach Europa zu migrieren.

Erfolgsfaktor 3: Konsequente Integration

Eine strategisch angelegte Migrationspolitik beginnt bereits in den Heimatländern künftiger Einwanderer und endet noch lange nicht am Tage ihres Umzugs. Von einer erfolgreichen Migration lässt sich erst dann sprechen, wenn die Kinder der Einwanderer vollwertige Mitglieder unserer Gesellschaft werden. In den klassischen

Einwandererländern Australien, Kanada und den USA gelingt dies seit Längerem. Die Schulleistungen von Migranten unterscheiden sich nicht groß von denen Ortsansässiger.

Ganz anders die Situation in Europa: In Deutschland liegt die Wahrscheinlichkeit für ein Kind mit Migrationshintergrund, eine Hauptschule zu besuchen, mehr als fünfmal so hoch wie bei einem deutschen. Auf der anderen Seite ist die Wahrscheinlichkeit eines Gymnasiumbesuchs nur halb so hoch.[39]

Für Europa und insbesondere für Deutschland heißt die Konsequenz: Wenn wir es mit dem Thema Erwerbsmigration ernst meinen, dann müssen wir alles daransetzen, nicht nur diesen Menschen, sondern vor allem auch ihren Kindern den bestmöglichen Start in diesem Land zu ermöglichen. Dazu gehören vielfältige Angebote – vom Spracherwerb über die Ganztagsschule bis hin zu Begleitern im Umgang mit Behörden – genauso wie ein klarer Forderungskatalog. So sind in der Schweiz Sprach- und Integrationskurse samt Tests verpflichtend, selbst wenn ein Migrant schon einen Job hat. Die Integration von Migranten in die Mitte der Gesellschaft ist ein zentraler Baustein für ihren Erfolg.

In Kanada ist das längst nicht mehr alleinige Aufgabe des Staates, sondern auch der Bürgergesellschaft. Als das Land während der Syrien-Krise fast 50.000 Flüchtlinge aufnahm, wurde die Hälfte davon im Rahmen des »Private Sponsorship of Refugees«-Programms durch private Sponsoren gefördert.[40] Diese Sponsoren übernehmen nicht nur die Kosten für erste Möbel und Kleidung oder laufende monatliche Kosten, sondern stehen den Flüchtlingen auch sozial und emotional bei. Die Bereitschaft, sich zu engagieren, ist so hoch, dass für die kommenden Jahre sogar erwartet wird, dass die Mehrzahl der nach Kanada einreisenden Flüchtlinge durch private Sponsoren unterstützt wird.[41]

Was bei humanitärer Migration funktioniert, sollte erst recht bei der Erwerbsmigration funktionieren. Vor einigen Jahren habe ich mich an einem späten Freitagnachmittag mit einem der Gründer von Trivago in deren Büro in Düsseldorf getroffen. Kurz vor dem Wochenende war das Büro voll, nur gearbeitet hat kaum noch einer.

Dennoch strebte scheinbar niemand nach Hause, sondern man wollte gemeinsam feiern.

Bei Trivago arbeiten Menschen aus über 80 Nationen, viele sind gerade erst nach Deutschland gezogen. Die Kollegen sind das erste soziale Netzwerk, von dem sie mit offenen Armen aufgenommen werden. Neuankömmlinge bekommen »Welcome Partner« – Kollegen, die bei den ersten Schritten im neuen Land unterstützen. Dazu bietet das Unternehmen Deutschkurse an und hilft bei den ersten Behördengängen. Vorteil für Trivago: Das Unternehmen spricht Digitaltalente aus ganz Europa an und verschafft sich so einen Wettbewerbsvorteil im Kampf um die besten Talente.

Eine neue Ära der Migration muss beginnen

Deutschlands heutiger Wohlstand wäre ohne Migration nicht denkbar. Ohne eine vorausschauende Politik, ohne die Anwerbeabkommen mit der Türkei, mit Italien, Spanien oder Griechenland wäre das deutsche Wirtschaftswunder nicht möglich gewesen. Die USA oder Kanada würden ohne Einwanderer in ihrer heutigen Form überhaupt nicht existieren.

Wenn wir uns die Entwicklung der erfolgreichsten Industrienationen ansehen, können wir zu keinem anderen Schluss kommen, als dass ein aktives Werben um Talente zu den wesentlichen Erfolgsfaktoren des Wirtschaftswachstums zählt. Es ist absurd anzunehmen, dass wir in Zeiten schrumpfender Bevölkerungszahlen ohne Einwanderung eine Chance haben, unseren Wohlstand zu erhalten. Die Forderung nach weniger Einwanderung ist nichts anderes als Sabotage des Wachstums.

Wenn Deutschland die Arbeiterlosigkeit verhindern und neue Wachstumskräfte freisetzen will, braucht es die tatkräftige Unterstützung von einer halben Million Einwanderern pro Jahr. Es wird daher höchste Zeit, die Voraussetzung für eine gezielte und gesteuerte Zuwanderung zu schaffen. Was die USA, Kanada und

Australien seit Langem und seit Neuestem auch Großbritannien praktizieren, können wir auch.

Vielleicht ist nun wirklich die Zeit für ein Migrationsministerium gekommen. Ein Ministerium, das Migration nicht verwaltet, sondern das um qualifizierte Einwanderung im In- und Ausland wirbt. Das ein neues Einwanderungsrecht schafft, welches anhand eines Punktesystems geeigneten Bewerbern den Weg nach Deutschland vereinfacht. Und das sich um die nachhaltige Integration von Migranten und deren Familien kümmert – nicht allein, sondern mithilfe von Unternehmen und der Bürgergesellschaft.

Wir werden in diesem Werben um qualifizierte Zuwanderung nicht allein sein. Global hat schon längst der Wettbewerb um Migration begonnen. Und die Länder, aus denen traditionell viele Menschen nach Deutschland eingewandert sind, werden angesichts sinkender Bevölkerungszahlen alles dafür tun, die Menschen im Land zu halten oder zurückzuholen.

Es braucht daher ein neues Narrativ, das erklärt, warum es sich lohnt, nach Deutschland zu kommen. Vielleicht braucht es so etwas wie den »American Dream«, einen »German Traum«. Eine Vision, dass es jeder in diesem Land schaffen kann. Dass jedem die Türen offenstehen, für gute Bildung, für Arbeit, vielleicht für die Gründung eines eigenen Unternehmens. Eine Vision für die Mitwirkung an einer besseren Zukunft. Doch was ist eigentlich unsere Vision von der Zukunft?

INVESTITION IN INNOVATION: ZUKUNFT GESTALTEN STATT VERGANGENHEIT VERWALTEN

Wohin wollen wir als Land? Welche Industrien werden zukünftig Produktivität, Wirtschaftswachstum und damit unseren Wohlstand treiben? Kurzum: Was für eine Vision haben wir von der Zukunft dieses Landes? Angesichts stagnierender Produktivität und einer schrumpfenden Erwerbsbevölkerung stellt sich diese Frage heute mehr denn je.

Ein Fünftel der Menschen im Niedriglohnsektor zu beschäftigen[42] kann keine Vision sein, lebensverlängernde Maßnahmen für ausgediente Geschäftsmodelle ebenso wenig. Marode Infrastrukturen, egal ob kaputte Straßen, überlastete Stromnetze oder schleppender Breitbandausbau, zeugen nicht von einem Staat, der ein Ziel hat, sondern von einem Staat, der den Status quo verwaltet – und das mit einem Rekordhaushalt von 1,8 Billionen Euro, mehr als die Hälfte des Bruttoinlandsprodukts.[43]

Eine Zukunftsvision zu entwickeln und umzusetzen ist keine alleinige Aufgabe des Staates. In einer freien Marktwirtschaft sind es vor allem die Unternehmen, die Innovationen entwickeln und den Fortschritt vorantreiben, neue Geschäftsfelder entstehen lassen und Arbeitsplätze schaffen. Visionen entstehen überall, jeden Tag, getrieben durch kreative Unternehmer, neugierige Wissenschaftler und motivierte Mitarbeiter.

Der freie Wettbewerb verbietet den Stillstand. Ohne Produktivitätszuwächse verlieren Unternehmen schnell den Anschluss – gerade in einer globalisierten Welt mit weltweitem Wettbewerb. Die englische Automobilindustrie kann ein Lied davon singen, genauso wie der amerikanische »Rust Belt«. Seit der Industrialisierung befindet sich die Welt in einem permanenten Prozess der schöpferischen Zerstörung, der Ablösung alter durch neue Ideen, der Verdrängung von veralteten Geschäftsmodellen durch neue, innovative.

Innovationen sind der wichtigste Treiber für Produktivität.[44] Überall dort, wo weniger in Innovation investiert wird, wo weniger gegründet wird, schwächelt auch die Produktivität.[45] Dem Staat kommt die Rolle zu, die notwendigen Rahmenbedingungen zu schaffen: durch den Bau von Infrastruktur, Straßen, Energieversorgung, Datennetzen, durch Erhaltung freien Wettbewerbs, durch Rechtssicherheit, durch Bildung. Manchmal braucht es mehr Staat, manchmal weniger.

Der »Big Bang« und das damit verbundene Erstarken des Finanzplatzes London waren vor allem das Ergebnis des Rückzugs des Staates unter Margaret Thatcher, der Abschaffung von Kontrollen und Überwachung zur Öffnung für ausländische Banken. Allen Unkenrufen zum Trotz ist London bis heute das unangefochtene Finanzzentrum Europas, auch wenn bei der Deregulierung ohne Zweifel über das Ziel hinausgeschossen wurde.

Doch der Staat kann mehr. Er fördert die Forschung, er treibt Innovationen, und manchmal schafft er völlig neue Branchen. Das iPhone wäre ohne staatlich finanzierte Forschungsprojekte wohl kaum erfunden worden. Die Wissenschaftlerin Mariana Mazzucato hat in ihrem Buch *The Entrepreneurial State* anschaulich zusammengetragen, dass es das Apple-Smartphone ohne das Zutun des Staates gar nicht geben könnte.[46] Das Internet, GPS, der Touchscreen und sogar die Spracherkennungssoftware Siri – sie alle sind aus staatlichen Forschungsprojekten der USA hervorgegangen.

Der erste Moonshot

Als John F. Kennedy am 25. Mai 1961 vor dem amerikanischen Kongress das Ziel ausrief, bis zum Ende des Jahrzehnts einen Menschen auf dem Mond landen zu lassen, gab er den Startschuss für das wahrscheinlich gigantischste Forschungsprojekt der Weltgeschichte.[47]

Die USA handelten nicht aus einer Position der Stärke, sie waren kein Vorreiter. Das Land verfügte praktisch über keinerlei Erfahrung damit, eine bemannte Rakete ins All zu schicken, geschweige denn, sie auf dem Mond landen und sicher wieder zurück zur Erde fliegen zu lassen.

Doch die Vereinigten Staaten standen unter Schock. Schon 1957 hatten die Russen den ersten Satelliten Sputnik in die Erdumlaufbahn befördert, im April 1961 startete Juri Gagarin zu seinem ersten Allflug. Dazu kam die gescheiterte Invasion in der kubanischen Schweinebucht. Für die USA ging es also um nichts weniger als die technologische Vormachtstellung in der Welt.

Entsprechend hoch waren die Kosten. Während der 14-jährigen Laufzeit der Apollo-Mission arbeiteten bis zu 400.000 Amerikaner für das Projekt, mehr als 20.000 Unternehmen und Hunderte Hochschulen – allen voran das Massachusetts Institute of Technology (MIT) in Boston.[48] Im Spitzenjahr 1966 investierten die USA 2,2 Prozent des gesamten Bundeshaushalts beziehungsweise fast ein halbes Prozent des gesamten Bruttoinlandsprodukts in die Mondmission.[49]

Würde Deutschland heute ein solches Programm stemmen, wären das rund 15 Milliarden Euro pro Jahr. Zum Vergleich: Der gesamte Bundeshaushalt für Bildung und Forschung beträgt etwa 20 Milliarden Euro. Gigantische Summen, um insgesamt zwölf Astronauten auf dem Mond landen zu lassen.

Hat sich der Aufwand gelohnt? Sicherlich nicht, wenn man den Wert an einigen Kilogramm Mondstaub und ein paar schönen Aufnahmen von der Erde bemisst. Doch die Apollo-Mission hat unzählige Innovationen hervorgebracht, welche in den folgenden Jahrzehnten eine Vielzahl neuer Industrien entstehen ließ. Egal ob feuerfeste Kleidung, dämpfende Sohlen für Sportschuhe, Solarzellen oder gefriergetrocknete Nahrung – sie alle sind das Ergebnis der Forschungsarbeiten der NASA-Ingenieure.[50]

Noch bahnbrechender war die elektronische »Fly-by-Wire«-Steuerung der Raumschiffe, die in den meisten Autos und Flugzeugen zum Einsatz kommt, oder die Erfindung neuer Materialien zum Feuerschutz, die auch heute noch in Kleidung, in Gebäude-isolierungen, Magnetresonanztomographen oder Teilchenbeschleu-nigern zu finden sind.[51] Ganz zu schweigen von den Hunderttausen-den gut ausgebildeter Menschen, die im Laufe der Apollo-Mission neue Fähigkeiten als Ingenieure und Computerexperten erworben haben und damit den folgenden Jahrzehnten den Fortschritt der USA in diesen Bereichen vorangetrieben haben.

Visionäre Zukunftsprojekte werden seitdem häufig als »Moon-shots« bezeichnet, in Anlehnung an die Errungenschaften des Apollo-Programms. Dabei darf nicht vergessen werden, was es ausgelöst hatte: ein Schock – und ein ambitioniertes Ziel.

Welch einen gewaltigen Innovationsschub Schocks bis heute aus-lösen können, zeigt auch die Corona-Pandemie. Auf der Suche nach Impfstoffen förderte die deutsche Bundesregierung in der zwei-ten Jahreshälfte 2020 eine Reihe von Forschungsvorhaben mit ins-gesamt 741 Millionen Euro. Die Hälfte davon entfiel auf das Main-zer Unternehmen BioNTech[52], das im ersten Halbjahr gerade mal einen Umsatz von 69 Millionen Euro bei einem Verlust von mehr als 140 Millionen Euro machte.[53] Zum Zeitpunkt der Förderung war das Unternehmen schon längst dabei, einen aussichtsreichen Kan-didaten zu entwickeln, insgesamt mehr als 1 Milliarde investierte das Unternehmen in die Entwicklung des Impfstoffes Comirnaty.[54] Wenig später wurde Comirnaty zugelassen, Milliarden Impfdosen seitdem produziert, Millionen Menschenleben gerettet.

Die 375 Millionen Euro waren gut angelegt. Auch aus ökonomi-scher Sicht: ein Vielfaches dieses Betrags fließt nun in die Staats-kasse zurück. Dank des Covid-19-Impfstoffs erwirtschafteten die Mainzer 2021 einen Gewinn von 10 Milliarden Euro – bei einem Umsatz von 19 Milliarden Euro.[55] Eine unvergleichliche Rendite, im Übrigen auch für den Steuerzahler. Im Mainzer Rathaus herrscht Hochstimmung. BioNTech zahlte 2021 Gewerbesteuer in zehnstel-liger Höhe. Der Überschuss im Mainzer Haushalt betrug dadurch mehr als 1 Milliarde Euro. Die Zeiten klammer Kassen sind erst ein-mal vorbei, der Schuldenberg spätestens 2023 abgetragen. Die Stadt kann sich entschulden und in die Zukunft investieren.[56]

Vielleicht noch beeindruckender: Ohne BioNTech wäre das Bruttoinlandsprodukt des gesamten Landes im Jahr 2021 statt um 2,7 Prozent nur um 2,2 Prozent gewachsen. BioNTech trug damit ein Fünftel zum Wirtschaftswachstum in Deutschland bei.[57] Aus dem Stand ist eines der weltweit erfolgreichsten Pharmaunternehmen der Welt entstanden. Und damit die Chance, dass sich ein neues Ökosystem von Pharmatechnologieunternehmen in Deutschland ansiedelt, neue Arbeitsplätze schafft und zukünftiges Wachstum treibt.

Wo ist der nächste Moonshot?

Was ist die Vision unseres Landes, wenn die Pandemie erst einmal besiegt ist? Was sind Deutschlands »Moonshots«? Nach langem Zögern hat die Politik inzwischen erkannt, dass wir ohne eine aktive Industriepolitik gegenüber den USA und besonders China ins Hintertreffen geraten. Das Bundeswirtschaftsministerium präsentierte 2019 die »Nationale Industriestrategie 2030«.

Das Ziel klang ehrgeizig: Es ging um nicht weniger als die »Sicherung und Wiedererlangung von wirtschaftlicher und technologischer Kompetenz, Wettbewerbsfähigkeit und Industrie-Führerschaft.«[58] Fünf Wirtschaftszweige standen im Fokus, in denen Deutschland traditionell stark war und die ein leistungsstarkes Ökosystem aufwiesen: Klimaschutz, Mobilität, Energie und Umwelt, Industrie 4.0, neue Werkstoffe und Gesundheit.

Zu Beginn ihrer ersten Legislaturperiode legte die neue Bundesregierung nach. Im Koalitionsvertrag kommen SPD, Grüne und FDP überein: »Unseren Wohlstand in der Globalisierung zu sichern ist nur möglich, wenn wir wirtschaftlich und technologisch weiter in der Spitzenliga spielen und die Innovationskräfte unserer Wirtschaft entfalten.«[59] Auch hier werden Klima, Mobilität, Gesundheit sowie Digitalisierung und Investitionen in künstliche Intelligenz als die wichtigsten Innovationsfelder benannt.

Doch mit immer neuen Strategiepapieren ist es nicht getan. Denn während Deutschland denkt und schreibt, handelt die Welt.

Seit 1990 hat sich der Anteil Deutschlands am weltweiten Export von Hightech-Produkten halbiert.[60] Im gleichen Zeitraum legten insbesondere China, aber auch Taiwan und Malaysia ordentlich zu. Und während in den letzten zehn Jahren Deutschlands Exporte kaum noch gestiegen sind, greifen Länder wie Südkorea oder sogar Vietnam an, um Deutschland vom aktuellen vierten Rang zu verdrängen.

Deutschland befindet sich im Abstiegskampf. Wenn das Land weiter technologisch in der Spitzenliga spielen möchte, dann muss es sich umorientieren, sich auf die Zukunft ausrichten. Dies wird nur funktionieren, wenn die Industriestrategie mit einer konsequenten Abkehr vom Erhalt veralteter Geschäftsmodelle verbunden wäre. Doch davon ist bislang nur wenig zu spüren. Der Schumpeter'sche Gedanke von der kreativen Zerstörung löst hierzulande unverändert eher Abwehrreaktionen aus. Dabei wusste schon Goethe: »Alles, was entsteht, ist wert, dass es zugrunde geht.«

Neues wagen statt Zombies durchfüttern

Eine gute Industriepolitik fördert den Umbruch und federt lediglich Härten ab. Anderenfalls wird aus der kreativen Zerstörung eher eine destruktive Erhaltung, die Tote am Leben hält und damit Zombies schafft: Unternehmen, die ohne staatliche Hilfe aus dem Markt ausscheiden und Platz für Neues machen würden. Die bundesrepublikanische Geschichte kennt viele Beispiele – vom Steinkohlebau bis zu den Werften. Die Politik begründete ihr Eingreifen stets mit der Sorge vor schwerwiegenden sozialen Konsequenzen. In Zeiten hoher Arbeitslosigkeit war dies vielleicht noch nachvollziehbar. In Zeiten der Arbeiterlosigkeit nicht.

Egal ob im Handel, bei Autobauern oder in der Touristik: Wenn der Staat notleidenden Unternehmen unter die Arme greift, schadet er allen anderen Anbietern und letztlich dem ganzen Land. Künstlich am Leben gehaltene Unternehmen beschäftigen Hunderte, wenn nicht Tausende Menschen, die anderen Unternehmen fehlen. Diese Menschen werden nicht weitergebildet, nicht vorbereitet auf die zukünftige Arbeitswelt. Sie werden geparkt, meist zu niedrigen Löhnen.

Und so verschärft die Zombie-Politik die Arbeiterlosigkeit an den Stellen, wo gut ausgebildete Fachkräfte heute so dringend gebraucht werden. Insolvenzexperten schätzen, dass rund 300.000 Betriebe, 300.000 Zombies, ihre Tore für immer zusperren sollten – das sind etwa 17 Prozent aller Unternehmen in Deutschland![61] Dazu kommen noch immer Hunderttausende Kurzarbeiter, die dem Arbeitsmarkt vorenthalten werden.[62]

Das Land stünde vor einem Produktivitätsschub sondergleichen, wenn Millionen von Menschen auf einmal bei den Unternehmen arbeiten würden, die auf Personal angewiesen sind, anstatt in unproduktiven Unternehmen oder in der Kurzarbeit geparkt zu werden. Bestandsverwaltung ist kein Moonshot. Es gibt keinen Status quo, den es zu erhalten gilt, außer der Freiheit, sich weiterzuentwickeln. Wenn uns die Geschichte eines gelehrt hat, dann ist es die Tatsache, dass Fortschritt immer mit Wandel einhergeht. Mit dem Mut, Neues zu wagen. Mit der Bereitschaft, alte Industrien aufzugeben und neue entstehen zu lassen. Mit einer Vision, mit einem Ziel. Genau das braucht Industriepolitik: eine Vision und ein Ziel.

Die Zukunft erobern: Das Beispiel China

Wie das geht, lässt sich gut in der schon bald größten Volkswirtschaft der Welt beobachten: China. Bis 2049 will das Reich der Mitte zum wirtschaftlichen Weltmarktführer aufsteigen. Früh erkannte das Land die Grenzen seines ursprünglichen Erfolgsrezepts, mit ressourcenintensiver Produktion und billiger Arbeit die Weltmärkte zu erobern, und steuerte um. Schon seit 2004 steigt der Anteil von Hightech-Branchen an der Produktion massiv.[63]

2015 folgte dann der Masterplan »Made in China 2025«. Das Leitbild skizziert die zehn wichtigsten Technologiebereiche und nennt explizite Schlüsselprojekte – von der E-Mobilität über die Robotertechnologie bis hin zur Biomedizin.[64] Unternehmen werden gezielt durch den Staat gefördert, ausländische Unternehmen und Technologien im Ausland zugekauft und mit dem neuen Seidenstraßenprojekt die notwendige Infrastruktur für den Export geschaffen. Nur wenige Jahre später rollen in den chinesischen Metropolen bereits Millionen PKW mit elektrischem Antrieb aus heimischer Fertigung. Ein beeindruckendes Tempo.

Der erst 2014 gegründete chinesische Autohersteller Nio schickt sich an, bereits 2022 den europäischen Markt mit mehreren Elektrofahrzeugen zu erobern.[65] Und während ausländische Exportmärkte erschlossen werden, verwehrt China ausländischen Unternehmen so lange durch protektionistische Maßnahmen den Zugang zum eigenen Binnenmarkt, bis die heimischen Unternehmen nicht mehr zu verdrängen sind.

Staats- und Parteichef Xi Jinping zielt auf eine Führungsrolle bei den entscheidenden Technologien der 2020er-Jahre ab, darunter künstliche Intelligenz, Nanotechnologie, Quantentechnologie, Big Data und Smart Cities. Unterstützt werden die Vorhaben durch Dutzende Forschungseinrichtungen und milliardenschwere Investitionen: zum Teil Subventionen für die noch jungen Industrien, zum Teil Gelder für den Ausbau der passenden Infrastruktur wie Breitbandleitungen und E-Ladestationen.

In diesem Umfeld gedeihen junge Branchen, E-Autobauer genauso wie Online-Portale. Mittlerweile kommt ein Viertel aller weltweiten »Einhörner«, wie nicht börsennotierte Start-ups mit einem Wert von mehr als 1 Milliarde Dollar genannt werden, aus China.[66] Die beiden wertvollsten sind ByteDance (u.a. TikTok) und die Ant Group (Tochter von Alibaba, u.a. Alipay) mit einer Bewertung von insgesamt einer halben Billion Dollar. Die Dominanz des Silicon Valley scheint gebrochen.

Kein Moonshot trotz Milliardenhaushalt

Deutschland mangelt es nicht an finanziellen Mitteln, um mitzuhalten. Mehr als 1,8 Billionen Euro gaben die öffentlichen Haushalte in

Deutschland im Jahr 2021 aus.[67] Das ist der viertgrößte Haushalt der Erde und immerhin rund die Hälfte des chinesischen Staatshaushalts.[68] Der Großteil dieser Gelder ist für soziale Leistungen, Gehälter sowie die Kosten des laufenden Betriebs von Bund, Ländern und Gemeinden reserviert.

Immerhin bleibt eine dreistellige Milliardensumme für Investitionen und die Unterstützung einzelner Wirtschaftsbereiche, die viel geschmähten Subventionen. Allein der Verkehrsetat des Bundes und damit der Investitionstopf für Straßen, Schienen, Wasserwege und Leitungen umfasst mehr als 40 Milliarden Euro. Richtig eingesetzt könnte dieses Geld entscheidend dazu beitragen, neue Impulse für die Wirtschaft zu setzen und damit unser aller Wohlstand zu mehren.

Richtig eingesetzt wohlgemerkt. Denn in der Realität versickert das Geld viel zu oft nach dem Gießkannenprinzip in wenig zielführenden Projekten und dient dem Erhalt alter Strukturen. Von zukunftsgerichteter Industriepolitik oder dem Aufbau einer zeitgemäßen Infrastruktur für das 21. Jahrhundert in der Vergangenheit kaum eine Spur. Und dabei bräuchten wir genau das, um im globalen Wettbewerb zu bestehen.

Willkommen im Land des Investitionsstaus. Er beläuft sich mittlerweile allein bei den Kommunen laut dem Deutschen Städte- und Gemeindebund auf 149 Milliarden Euro.[69] Der wissenschaftliche Beirat des Bundesministeriums für Wirtschaft und Energie betont, dass »in Deutschland [...] schon seit vielen Jahrzehnten deutlich zu wenig in die öffentliche Infrastruktur investiert« wird. Und das betrifft nicht nur das Straßen- und Schienennetz. Defizite gibt es auch beim Ausbau der Strom-, Gas- und Wasserstoffnetze sowie der digitalen Infrastruktur.[70]

Die Folge: Das Internet zwischen Flensburg und Garmisch-Partenkirchen lahmt. Im Mai 2021 schaffte es das Land im Ookla-Ranking der Staaten mit dem besten Breitbandanschluss noch nicht einmal unter die Top 30. Unter den Top 10 befinden sich im Übrigen neben Singapur, Hongkong und Frankreich auch Länder wie Ungarn, Rumänien oder Thailand.[71]

Mission accepted: eine neue Industriepolitik

Trotz Milliardenförderung fehlte der deutschen Industriepolitik jedoch bis heute vor allem eines: ein ambitioniertes Ziel. Kennedy hat nicht gesagt: »We choose to fund NASA with billions of dollars.« Er sagte: »We choose to go to the moon.«[72] Es war das Ziel, in weniger als neun Jahren einen Menschen auf dem Mond landen zu lassen, was den Fortschritt gebracht hat, nicht allein der Etat. Ziel und Zeitraum waren klar definiert, das Land hatte eine Mission.

Xi Jinpings Strategie lautet nicht, den größten Forschungsetat der Welt zu haben. Sie lautet, bis 2049 die technologische und wirtschaftliche Weltmacht zu sein. In Deutschland definieren sich politische Ambitionen noch immer über die Summen, die ausgegeben werden, nicht über die Ziele. Zum Beispiel beim 10-Milliarden-Zukunftsfonds zur Finanzierung von Start-ups: »Damit setzen wir den Benchmark in Europa!«, so der damalige Wirtschaftsminister bei der Pressekonferenz.[73] Nein, Geldausgeben setzt keine Benchmarks. Ziele setzen Benchmarks! Doch an einem Ziel fehlt es dem Zukunftsfonds.

Vielleicht macht Europa vor, was Deutschland nicht gelingen will. Bis zum Jahr 2030 soll der Marktanteil der in Europa produzierten Halbleiter auf ein Fünftel verdoppelt werden.[74] Halbleiterchips stecken in nahezu allen technischen Produkten, in Mobiltelefonen und Autos genauso wie in Industrierobotern und Gabelstaplern. Ein 500-Milliarden-Dollar-Markt.[75] Das Problem: Fast zwei Drittel der Mikrochips wird in Taiwan gefertigt, knapp ein Fünftel in Südkorea.[76]

Die Lieferkettenprobleme der Corona-Pandemie haben Europa schonungslos die Abhängigkeit von asiatischen Produzenten vor Augen geführt. 43 Milliarden Euro, so der Plan, sollen daher in den kommenden Jahren investiert werden, Forschungseinrichtungen gefördert, kleine und große Unternehmen unterstützt werden.[77] Der »EU Chips Act« sieht vor, dass die Vergabe von Fördergeldern an klare und messbare Ziele geknüpft wird, nicht nur Subventionen abgegriffen werden. Erreicht Europa das Ziel, wäre das ein kleiner Moonshot!

Auch im Rahmen der Energiewende ist noch reichlich Platz für Moonshot-Projekte. Solarenergie ist heute nach der Windkraft die zweitwichtigste erneuerbare Energiequelle in Deutschland.[78] Kaum einer erinnert sich allerdings noch daran, dass Deutschland einmal Weltmarktführer in der Solarenergie war. Noch 2011 kamen drei der zehn führenden Photovoltaikhersteller aus Deutschland[79], 130.000 Menschen waren damals in der Branche beschäftigt, vor allem in den strukturschwachen Regionen Ostdeutschlands, die unter dem Niedergang der Braunkohleindustrie litten.[80] Doch binnen weniger Jahre musste zuerst Solon, später dann Q-Cells, Sovello und Conergy und schließlich 2017 auch Solarworld Insolvenz anmelden.

Eine entscheidende Rolle beim Niedergang spielte eine verfehlte Förderpolitik. Mit dem Erneuerbare-Energien-Gesetz hatte die Politik mit üppigen Subventionen die Solarenergie angeheizt. Gefördert wurden allerdings nicht gezielt Innovationen zur Stärkung der heimischen Industrie, sondern die Nachfrage. Damit kam jeder in den Genuss staatlicher Subventionen, egal ob deutsche oder ausländische Unternehmen. China erkannte seine Chance und subventionierte ebenso: allerdings nicht die Nachfrage, sondern die heimische Forschung und Entwicklung sowie die Produktion von Solarzellen und -modulen. Chinesische Unternehmen profitierten also gleich doppelt.

Deutsche Unternehmen nahmen die neue Konkurrenz aus China lange nicht ernst. Während sie die Subventionen einstrichen, schwand ihre Innovationskraft. Und das rächte sich schnell. Heute dominiert China mit seinem Marktanteil den Weltmarkt: Chinesische Unternehmen produzieren fast 80 Prozent der Solarzellen und 70 Prozent der Solarmodule.[81] Außerdem kontrolliert das Land über 80 Prozent der Polysilizium-Produktion, dem wichtigsten Ausgangsmaterial für Solarzellen. Ein chinesischer Moonshot, dem deutsche Steuergelder als Geburtshelfer dienten.

Doch es gibt noch mehr Chancen, auch wirtschaftlich und technologisch eine Rolle bei der Energiewende zu spielen. Sogenannte Fusionsreaktoren versprechen, zukünftig große Teile des weltweiten Energiebedarfs praktisch emissionsfrei zu decken. Und das mit einfachsten Mitteln: mit Wasserstoff beziehungsweise dessen Isotopen Deuterium und Tritium. Sie werden unter enormer Hitze und Druck zu einem Plasma verdichtet, sodass die Atomkerne zu Helium fusionieren. Genau wie bei der Kernfusion in der Sonne werden dabei unglaubliche Mengen Energie freigesetzt. Zwar entstehen gewisse Mengen radioaktiven Abfalls, doch aufgrund dessen kurzer Halbwertszeit von wenigen Jahren stellt dieser keine große Umweltbelastung dar.[82] Schon seit Jahrzehnten träumen Forscher auf der ganzen Welt von einer sauberen, praktisch unerschöpflichen Energiequelle. Was für eine Vision!

Erste Versuchsreaktoren gibt es bereits in Europa, etwa das Projekt ITER in Südfrankreich, das in den kommenden Jahren mit gut 6 Milliarden Euro finanziert wird,[83] oder das Projekt Wendelstein 7-X in Greifswald.[84] Die Technik erlebt gerade einen großen Durchbruch, auch wenn bis zur kommerziellen Anwendung von Fusionsreaktoren noch einige Jahre vergehen werden. So meldeten Anfang 2022 Forscher aus den USA, dass sie erstmals ein stabiles Wasserstoffplasma entzünden konnten, bei dem sich die Kernfusion für den Bruchteil einer Sekunde selbst erhielt.[85] Kurze Zeit später wurde sogar noch mehr Energie erzeugt – im Joint European Torus, einem Forschungsreaktor in der Nähe von Oxford.[86] Eine kommerzielle Anwendung rückt damit immer näher. Für manche ein echter Moonshot: Boris Johnsons Regierung kündigte bereits den ersten kommerziellen Fusionsreaktor für das Jahr 2040 an.[87]

Für andere übersteigen solche Investitionen den politischen Planungshorizont: »Die kommerzielle Anwendbarkeit dieser Technologie steht in den Sternen«, so die atompolitische Sprecherin der Grünen, die gleichzeitig warnte: »Deutschland und die EU steuern mit Vollgas in die Sackgasse, anders kann man diesen Wahnsinn nicht bezeichnen.«[88] Gewiss steht genau wie die Mondlandung auch die Energiegewinnung durch Fusionsreaktoren in den Sternen. Doch was, wenn sie uns tatsächlich eines Tages mit nahezu unendlicher Energie versorgen könnten? Das wäre tatsächlich der Wahnsinn!

Mehr Innovation wagen

Der disruptive Wandel hin zu mehr Produktivität gelingt nur mit Investitionen und Innovationen. Das bedeutet nicht immer, dass wir milliardenschwere Moonshots brauchen. Manchmal gelingen Innovationen im Kleinen. Penicillin oder Röntgenanlagen sind schließlich auch nur durch Zufall erfunden worden. Doch viel zu oft zögern wir, für unsere »German Angst« sind wir auch im Ausland bekannt.

Dabei lohnt es sich, auch mal ein Scheitern in Kauf zu nehmen, mit Risikoinvestments neue Ideen zu fördern, Spitzen- und Grundlagenforschung. Andernfalls stehen Wachstum und Wohlstand auf dem Spiel. Es gilt, eine Kultur des lernenden Scheiterns zu schaffen. Doch wir trauen uns nicht. Lieber suchen wir unser Heil gerade dort, wo es äußerst risikolos und wenig innovativ ist: im öffentlichen Dienst. Deutschlands Erwerbstätige küren ihn regelmäßig zu einem der beliebtesten Arbeitgeber. Jeden Monat sehen wir auf StepStone.de, dass Jobs im öffentlichen Dienst am meisten angeklickt werden.

Die Risikoscheu macht sich auch an anderer Stelle bemerkbar, bei den Unternehmensgründungen. Während die USA oder Kanada im Vergleich zu anderen Industrienationen eine der höchsten Gründungsquoten haben, gehört Deutschland zu den Schlusslichtern.[89] Und wir fallen weiter zurück. 2002 gründeten von allen Erwerbstätigen in Deutschland rund 3,5 Prozent ein eigenes Unternehmen – 2020 war es nur noch gut 1 Prozent.[90] Zum Vergleich: in den USA ist die Gründungsquote dreimal höher, in Südkorea und in den Niederlanden immerhin mehr als doppelt so hoch.[91] Dabei sind gerade innovationsstarke Start-ups wichtiger Motor der wirtschaftlichen Entwicklung, sie beleben den Wettbewerb, stärken den Strukturwandel, stimulieren das Wachstum.

Das Mindset nicht vergessen:
Die richtige (Fehler-)Kultur entscheidet

Eins ist klar: Geld allein reicht nicht aus. Wir erinnern uns an einen der wichtigsten Erfolgsfaktoren der Wachstumsgeschichte der USA: den Gründergeist. Das innovative, positive Mindset macht die USA zum Innovations-Champion. Als wir bei StepStone einmal eine neue Recruiting-Software entwickeln wollten, haben zwei Teams parallel einen Vorschlag erarbeitet: eines aus Deutschland und eines aus den USA. Das deutsche Team bat nach vier Wochen um zwei Praktikanten, um weiterzuforschen. Das amerikanische um 10 Millionen Dollar, um loszulegen.

Dieses Mindset brauchen wir hierzulande auch. Und das kann man fördern. Indem wir eine positive Fehlerkultur fördern und leben. Denn Fehler sind kein Versagen, sondern im Idealfall lernen wir aus ihnen und machen es das nächste Mal besser. Thomas Edison erprobte über 2000 Materialien, bis er die Glühbirne zum Leuchten brachte.[92] James Dyson baute 5126 Prototypen. Erst dann begann seine Erfolgsgeschichte mit der Erfindung des beutellosen Staubsaugers ohne Saugkraftverlust.[93]

Ja, Scheitern tut weh, Scheitern ist unangenehm. Wir müssen und sollten es nicht glorifizieren. Aber auf dem Weg, die Produktivität zu erhöhen, erfolgreich zu sein, gibt es auch Hindernisse, die man eben mal nicht auf Anhieb bewältigt.

Träumen vom nächsten Moonshot

Große Innovationen entstehen nicht zufällig. Fortschritt ist nicht kostenlos. Fortschritt entsteht, wenn vorhandenes Wissen in visionäre Ziele übersetzt wird. Wenn wir ein Bild von der Zukunft entwickeln und uns dann mit aller Kraft darum kümmern, dieses Bild Realität werden zu lassen. Ich habe einmal Elon Musk gefragt, warum er zum Mars fliegen möchte. Seine Antwort war so banal wie weise: Weil Menschen Träume brauchen.

So funktionieren wir Menschen. Wir alle träumen von einer besseren Zukunft, vom Abenteuer, vom Aufbruch. Deutschland muss nicht gleich zum Mars fliegen. Aber was wäre, wenn Deutschland das Land ist, das dem autonomen Fahren zum Durchbruch verhilft? Das städtische Wohnungsnot durch innovative serielle Bauverfahren behebt? Das zum Weltmarktführer der Automatisierungstechnik wird? In dem Millionen junge Menschen begeistert lernen wollen, wie man Roboter baut, künstliche Intelligenz entwickelt? In dem wir den Klimawandel nicht durch Verbote verhindern, sondern durch technologischen Fortschritt?

Zukunftsweisende Investitionen werden immer mit Risiken behaftet sein. Doch wir verfügen über zahlreiche Grundlagen, um zum nächsten Moonshot anzusetzen. So ist Deutschland laut einer McKinsey-Studie im internationalen Patent- und Forschungsumfeld in vielen Bereichen wie Automatisierung, Konnektivität, Biotechnologie und innovativen Materialien bereits sehr gut aufgestellt.[94] Sie alle versprechen, neue Unternehmen, neue Industrien entstehen zu lassen, mit hochqualifizierten Jobs, welche die Produktivität und den Wohlstand nach oben treiben.

Die Aufgabe der kommenden Jahre kann daher nur lauten, eine Vision von der Zukunft zu entwickeln, die Menschen dafür begeistert, zu lernen und sich weiterzubilden. Öffentliche Investitionen in die richtigen Bahnen zu lenken, wachstumsorientierte Zukunftsindustrien zu fördern und eine funktionale und zeitgemäße Infrastruktur zu schaffen, ist ebenso wichtig wie die Definition klar messbarer, zeitlich abgesteckter Ziele. Statt Reden ist zupackendes Handeln gefragt. Dann wird aus dem Zombie-Alptraum ein echter Moonshot.

KONSEQUENT AUTOMATISIEREN: UNPRODUKTIVE TÄTIGKEITEN ÜBERNIMMT KOLLEGE ROBOTER

Erinnern Sie sich an James Hargreaves? Wann hat zuletzt eine Erfindung die Produktivität eines Mitarbeiters um das Achtfache gesteigert? Digitalisierung und Automatisierung zählen zweifellos zu den Megatrends des 21. Jahrhunderts. Doch auch wenn die digitale Revolution in aller Munde ist und Kollege Roboter aus Industriehallen nicht mehr wegzudenken ist, bemerken wir eine seltsame Verlangsamung des Produktivitätswachstums.

Internet, Smartphones und digitale Services haben unseren Alltag in den vergangenen 20 Jahren zwar sehr bereichert, die Menschen aber kaum produktiver gemacht. Vor allem im Dienstleistungssektor stagniert der Fortschritt seit Langem. Jetzt wirken Paul Krugmans Worte wie eine Warnung: »A country's ability to improve its standard of living over time depends almost entirely on its ability to raise its output per worker.«

Noch immer verbringen Menschen mit Bürojobs viel Zeit mit einfachen Arbeiten, die längst der Computer übernehmen könnte. Je nach Branche sind es zweieinhalb bis dreieinhalb Stunden pro Tag.[95] Im öffentlichen Dienst entfällt fast die Hälfte der Arbeitszeit auf repetitive administrative Arbeiten, ebenso im Gesundheitswesen. Lieben wir die Eintönigkeit der Arbeit so sehr, dass wir nur ungern von ihr lassen?

Vielleicht hilft uns dann eine Automatisierungspflicht für Tätigkeiten, die ein Mensch nicht besser erfüllen kann als eine Maschine oder eine künstliche Intelligenz. Ziel ist nicht das Wegrationalisieren von Arbeit, sondern in Zeiten der Arbeiterlosigkeit der Ersatz der knappen Ressource menschlicher Arbeitskraft durch reichlich vorhandene technische Lösungen, vor allem auch durch den Kollegen Roboter und sein digitales Pendant, den Algorithmus.

In der Gastronomie sind 100 Prozent mehr Produktivität möglich

Anfang September 2021: Bei herrlichem Spätsommerwetter sitze ich an einem kleinen Bistrotisch vor »Oma Erika« und schaue dem bunten Treiben zu. Das Café liegt inmitten eines ehemaligen Düsseldorfer Industrieviertels, das sich in den vergangenen Jahren zu einem der hipsten Szeneviertel Düsseldorfs entwickelt hat. Auch hier hat Corona deutliche Spuren hinterlassen: Jedes Restaurant – und davon gibt es viele hier – sucht händeringend Personal. Erfindergeist ist gefragt wie nie zuvor. Die Antwort von »Oma Erika«: Bestellungen werden nicht mehr am Tisch, sondern an einer zentralen Bestellannahme aufgegeben. Das macht den Service effizienter. Auch die Speisekarte wurde optimiert, Gerichte mit aufwändigen »Schnippelarbeiten« sind verschwunden, sodass trotz weniger Mitarbeitern die Küche noch läuft.

Wieso ich das erzähle? Weil das Ergebnis beeindruckend ist: Das Café läuft dank wenigen, aber effizienten Maßnahmen mit der Hälfte der bisher benötigten Beschäftigten. Das ist ein Produktivitätszuwachs von 100 Prozent! Einen Haken hat das Ganze jedoch: Im Vergleich zur Vor-Corona-Zeit fließen etwa 20 Prozent weniger Geld in die Kasse. Der Umsatzrückgang liegt vor allem am fehlenden Cross- und Up-Selling durch den Kellner. Mit anderen Worten: Der Kellner fragt nicht nach, ob man noch einen Kaffee wünsche oder wie es mit einem Stück Kuchen sei. Zum ersten Mal wird sichtbar, welchen Wert ein guter Kellner hat. Daher lautet der nächste Schritt bei »Oma Erika«: mehr Service am Kunden, weniger Komplexität bei Bestellung und in der Küche.

In Düsseldorf lässt sich wunderbar im Kleinen beobachten, was Deutschland im Großen jetzt anpacken muss: auf der einen Seite unproduktive Prozesse automatisieren, auf der anderen Seite in den

Service, in die Interaktion mit Menschen investieren. Je höher der Automatisierungsgrad im Back-Office und bei nachgelagerten Tätigkeiten, desto größer die Chance auf anspruchsvolle, hochproduktive Jobs. Doch damit das auch funktioniert, braucht es wiederum Menschen, die diese Transformation anpacken.

Als ich Sandra Mühlhause, die im Vorstand von McDonald's Deutschland für Personal verantwortlich ist, von meinem Erlebnis bei »Oma Erika« berichte, lacht sie. Denn was »Oma Erika« beschäftigt, löst beim zweitgrößten Systemgastronomen der Welt gerade eine gigantische Innovationswelle aus. McDonald's betreibt rund 38.000 Restaurants in mehr als 100 Ländern und beschäftigt allein in Deutschland rund 55.000 Mitarbeiter. Für viele von ihnen ist die Arbeit ein Neben- oder Einstiegsjob, sie bleiben nicht lange. Jedes Jahr müssen 30.000 neue Mitarbeiter gefunden werden. Daher ist das Schrumpfen der Erwerbsbevölkerung eine gigantische Herausforderung für das Unternehmen. Damit die Restaurants in Zukunft überhaupt noch laufen, braucht es neue Ideen.

Schon heute testet McDonald's in einzelnen Drive-Thrus in den USA den Einsatz künstlicher Intelligenz. Anstelle von Mitarbeitern nimmt dort eine Spracherkennungssoftware die Bestellungen auf. In Deutschland ist in den Restaurants die digitale Bestellannahme an großen Displays längst Standard. Verstärkt rückt inzwischen auch das Smartphone der Gäste in den Fokus: Über eine App können sie ihre Speisen bestellen und bezahlen. Gleichzeitig unterstützt die Automatisierung Mitarbeiter bei ihren Aufgaben, verändert ihr Anforderungsprofil und schafft neue Einsatzbereiche.

Mittlerweile wird so viel Technik eingesetzt, dass in jedem Restaurant auch Kompetenzprofile für Technologie gebraucht werden, um die automatisierten Prozesse am Laufen zu halten. Und während im Hintergrund die Maschinen einen Teil der Arbeit übernehmen, wird mehr in den Service und das Gespräch mit den Gästen investiert – hier hat der Roboter nichts zu suchen.

Innovationen und die Optimierung von Prozessen gehören zur DNA von McDonald's. Vielleicht kennen Sie die Szene aus dem Film *The Founder*, in der die Gründer vor fast 70 Jahren auf einem

Tennisfeld die optimale Aufstellung des Küchenbereiches mit Mitarbeitenden trainieren und so Prozesse optimieren. Bis heute entwickeln agile Aus- und Weiterbildungsteams mit einer Reihe flexibler Maßnahmen die Teams in den Restaurants und in den Zentralen ständig weiter. Das Ziel: die Menschen zu qualifizierteren Jobs zu befähigen. Allein bei McDonald's in Deutschland konnten 2021 zirka 6000 Mitarbeiter in rund 36.000 Seminarstunden weitergebildet werden.

Die beiden Beispiele zeigen im Großen wie im Kleinen, was Fortschritt am Ende ausmacht: die Automatisierung von Prozessen oder zumindest von einzelnen, unliebsamen Prozessschritten fördert die Produktivität; Technologie wertet die Jobprofile auf, die Tätigkeiten werden anspruchsvoller. Und das wird am Ende auch entsprechend besser entlohnt. Doch all das braucht Erfindergeist. Und den findet man nicht nur bei großen Konzernen, sondern auch bei »Oma Erika«.

Die Industrie macht es vor

Wenn wir Automatisierung hören, denken wir in erster Linie an Schweißroboter bei der Automobilproduktion, an vollautomatische Fräsen, Laserroboter oder autonom fahrende Lagerfahrzeuge. Und tatsächlich ist die Industrie heute der wichtigste Fortschrittsmotor: Die Produktivität je Erwerbstätigen stieg hier in den vergangenen 20 Jahren um ein Drittel.[96] Mit 371 Industrierobotern pro 10.000 Beschäftigten liegt Deutschland im weltweiten Vergleich auf dem vierten Platz – und das auf Augenhöhe mit Japan (390) und deutlich vor den USA (255).[97] Weit abgeschlagen ist Großbritannien mit nur 71 Robotern pro 10.000 Beschäftigen.

Auffallend: Die Länder mit der höchsten Roboterdichte sind gleichzeitig die Länder mit der niedrigsten Arbeitslosigkeit. Südkorea mit 932 Robotern pro 10.000 Beschäftigten weist eine Quote von 2,7 Prozent[98] auf, Japan kommt auf 2,8 Prozent.[99] Ein Land holt übrigens mächtig auf: China. Vor fünf Jahren kamen dort gerade einmal 49 Roboter auf 10.000 Beschäftigte, heute sind es bereits 246. Und mit dem zweiten Fünf-Jahres-Entwicklungsplan für die Robotikindustrie will das Land sogar die globale Führungsrolle übernehmen.[100]

Die Automatisierung schafft mehr Arbeitsplätze, als dass sie Jobs vernichtet. Und das, obwohl im Durchschnitt ein Roboter zwei Menschen ersetzt.[101] Doch durch den Einsatz von Industrierobotern steigt die Wahrscheinlichkeit, dass Menschen ihren Job behalten. Schließlich ist der Wettbewerb global, und produktivere Unternehmen wachsen schneller als die Unternehmen, die wenig in Fortschritt und Entwicklung der Produktivität investieren. Denken Sie an die Arbeiter im Londoner Hafen. Was hat es ihnen gebracht, dass ihre Arbeitsplätze trotz der Einführung von Gabelstaplern erhalten wurden?

Der absurden Forderung nach einer Robotersteuer – noch vor wenigen Jahren unter anderem von Microsoft-Gründer Bill Gates erhoben[102] – erteilen andere Ökonomen eine entsprechend klare Absage. So auch Thomas Straubhaar, Professor für Internationale Wirtschaftsbeziehungen an der Universität Hamburg, nach dessen Ansicht eine Robotersteuer zu einer Verlagerung von Arbeitsplätzen ins Ausland führen würde. »Wenn der deutsche Arbeiter weiterhin besser verdienen soll als der chinesische, dann muss er auch pro Stunde mehr leisten.«[103] Für Straubhaar ist eine Robotersteuer »die dümmste Antwort auf die Veränderungen, die sich durch die Digitalisierung ergeben«.

Und es gibt noch einen weiteren gravierenden Vorteil: Deutschland ist mittlerweile ein führender Hersteller von Industrierobotern geworden. Firmen wie Kuka, Dürr oder Schunk exportieren ihre Technologie in die weite Welt hinaus und haben eine völlig neue Branche mit neuen Arbeitsplätzen geschaffen. So wird die Automatisierung selbst zur Wachstumsindustrie.

Der Landwirt als Digitalunternehmer

Wer hätte gedacht, dass sich neben der Industrie die Landwirtschaft in den vergangenen Jahrzehnten zu einem der fortschrittlichsten Sektoren entwickelt hat? Allein in den vergangenen 20 Jahren stieg die Produktivität der deutschen Bauernhöfe um fast 40 Prozent.[104] Kaum eine Branche digitalisiert und automatisiert ihre Prozesse gerade so grundlegend wie die Landwirtschaft. In meinen Augen gehören Bauern daher heutzutage zu den modernsten Unternehmern des Landes. Ein durchschnittlicher Beschäftigter in der Landwirtschaft ist mittlerweile fast genauso produktiv wie Menschen im Handel, im Gastgewerbe oder im öffentlichen Dienst.[105]

Im Frühjahr 2021 besuchte ich meinen Freund Kaspar Haller von der Domäne Schickelsheim in Königslutter am Elm. Gemeinsam mit der Universität Braunschweig entwickelt er hier das Praxislabor »Digitaler Ackerbau«. Bei meinem Besuch erlebte ich Digitalisierung und Automatisierung in Reinkultur: Während mir Kaspar beim Gang über den Hof Einblick in die vielen Innovationen gewährte, brachte der Säroboter das Saatgut aus. Auch Unkraut muss nicht mehr per Hand oder mit Pestiziden entfernt werden – stattdessen übernehmen Roboterhacken diese Aufgabe. Derweil fliegen Drohnen mit hochsensiblen Hyperspektralkameras über die Äcker und stellen den optimalen Zeitpunkt für Düngung und Ernte fest. Autonome Düngeroboter erfassen automatisch die Stickstoffkonzentration im Boden und bringen die für den Quadratmeter jeweils notwendige Düngung vollautomatisch aus.

Statt bei Wind und Wetter auf dem Traktor zu sitzen, macht dies den Landwirt zum Digitalunternehmer. Gleichzeitig steigt der Ertrag pro Beschäftigtem. Und schließlich gelingt dem Bauer so noch besser der Einstieg in eine ökologischere Landwirtschaft: Zielgerichtetes Bearbeiten der Böden bedeutet geringeren Einsatz von Düngemitteln, weniger Pestizide, einen höheren Ertrag dank optimaler Aussaat, Düngung und Ernte.

Als Kaspars Großonkel Martin Haller Anfang der 1920er-Jahre den Hof übernahm, tat er dies nicht als Bauer. Er tat es als Unternehmer mit dem Ziel, nach dem Weltkrieg die Versorgung der großen Familie zu sichern. Mithilfe von 80 Familien, die auf der Domäne lebten und arbeiteten, wurden die 300 Hektar Felder bewirtschaftet und Vieh gezüchtet.

Landwirtschaft war schon damals ein harter Wettbewerb, für viele Bauern ging es ums nackte Überleben. Doch Martin Haller blieb Unternehmer, investierte in Maschinen und neue Technologien. Als er die Domäne in den 1960er-Jahren seinem Neffen Kai übergab, arbeiteten nur noch 18 Familien dort. Heute ist die Domäne Schickelsheim in der Hand von Kaspar Haller. Er führt sie wie ein Digitalunternehmen, untergebracht in 120 Jahre alten Gemäuern.

Die bewirtschaftete Fläche hat sich mittlerweile verdoppelt, doch den Großteil der Arbeit übernehmen Roboter. Der einzige Mitarbeiter ist Oliver, Operational Manager der Domäne Schickelsheim. Und wenn Oliver in 15 Jahren in den Ruhestand geht, wird auch diese Stelle nicht mehr nachbesetzt werden. Es gibt kaum ein Industrieunternehmen, das derart radikal automatisiert. Dabei ist es genau dieser Erfindergeist, der den Fortschritt vorantreibt. Oder wie Kaspar Haller es formuliert: »Alle sagten: ›Das geht nicht!‹ Dann kam einer, der wusste das nicht und hat es einfach gemacht.«

Digitalbranche erlaubt Blick in die Zukunft

Noch innovativer als die Landwirtschaft und die Industrie war in den vergangenen Dekaden nur die Digitalbranche. Hier stieg die Produktivität je Erwerbstätigen um 68 Prozent.[106] Jeder von uns begegnet täglich diesem Fortschritt: bei der Reisebuchung im Internet, beim Online-Kauf von Kleidung, bei der virtuellen Suche nach einer Wohnung oder beim Streamen einer Fernsehserie.

Bei StepStone übernehmen autonome Algorithmen die Suche nach passenden Jobs und helfen Personalern, bessere Entscheidungen zu treffen. Mit Online-Banken wie N26 sind Kreditinstitute entstanden, die ganz ohne Filialen auskommen, die Beratung übernimmt der Algorithmus. Das französische Start-up Doctolib ermöglicht das Buchen eines Arzttermins und digitalisiert die Organisation der Patienten einer Arztpraxis. Wer einmal im Wartezimmer einer Arztpraxis das ununterbrochene Läuten des Telefons gehört hat, kann sich vorstellen, wie viel effizienter dies ist und welche Entlastung das für die so raren Arzthelferinnen und -helfer schafft.

All diese Internetunternehmen haben eines gemeinsam: Sie haben neue, anspruchsvollere Jobs geschaffen für Softwareprogrammierer, Produktmanager und Data Scientists. Deren Produktivität liegt häufig ein Vielfaches über der eines Reisebüromitarbeiters, eines Personalvermittlers, eines Bankfilialangestellten, eines Arzthelfers oder eines Lagerarbeiters. Und entsprechend gut werden sie entlohnt.

Dienstleistungssektor ohne Fortschritt?

Die Industrie, die Landwirtschaft und die Digitalwirtschaft machen es vor. Sie erzielten in den vergangenen Jahrzehnten die größten Produktivitätsgewinne. Das Problem: In diesen Branchen arbeitet gerade einmal gut jeder vierte Erwerbstätige.[107] Die Effekte sind also überschaubar. Im Gegensatz dazu trägt heute der Dienstleistungssektor in nahezu allen entwickelten Volkswirtschaften den Großteil zum Bruttoinlandsprodukt bei. In den USA macht er 77 Prozent aus, in der EU 66 und in Deutschland 63 Prozent.[108] Selbst in China sind es bereits 55 Prozent. Damit korreliert auch die Beschäftigungssituation. In den USA arbeiten im Dienstleistungsbereich 79 Prozent, in Deutschland 72, in der EU 71 und in China 47 Prozent.[109] Doch gerade hier, im wichtigsten Bereich der Wirtschaft, lässt sich bereits seit Jahren kaum noch Fortschritt messen – teilweise sogar eher das Gegenteil.[110]

Vielleicht liegt es daran, dass all die Technologie den Menschen mehr von der Arbeit ablenkt, als dass sie ihn unterstützt. Apple veröffentlichte vor einigen Jahren Daten, wonach iPhone-Nutzer ihr Gerät achtzigmal am Tag verwenden – das bedeutet etwa alle zehn Minuten.[111] Eine andere Studie kam zu dem Schluss, dass Menschen während der Arbeitszeit fast 40 Minuten mit ihrem Smartphone verbringen.[112] Bekommen Menschen permanent Mails und Anrufe, während sie eine Aufgabe erledigen, soll das die Aufmerksamkeit doppelt so stark senken wie der Konsum von Marihuana.[113]

Noch gravierender als die Ablenkung durch Smartphones ist womöglich die Ineffizienz der Arbeit selbst. In Produktionshallen lassen sich Fertigungsabläufe optimieren, Durchlaufzeiten messen, die Qualität der erstellten Erzeugnisse prüfen und so optimieren. Viele Dienstleistungsunternehmen sind hingegen organisch komplexe Gebilde, da bleiben Ineffizienzen und Doppelarbeiten häufig intransparent. 81 Prozent der Angestellten mit einem Bürojob gaben kürzlich in einer internationalen Befragung an, ineffiziente Prozesse in ihrem Unternehmen führten dazu, dass sie zu langsam arbeiteten.[114]

Nun könnte man meinen, Dienstleistungen seien nicht automatisierbar. Falsch. Es geht nicht immer um den Einsatz von Robotern. Es geht nicht um die autonome Haarschneidemaschine oder den Pflegeroboter. Sondern darum, Technologie dafür zu nutzen, dass Prozesse einfacher laufen, dass Produktivität steigt. Denken Sie an die Bestellterminals bei McDonald's oder an die Terminvereinbarung beim Arzt via Doctolib. Es geht um den sinnvollen Einsatz von Technologie – mit einem Mehrwert für den Nutzer und für die Mitarbeitenden.

Dabei existieren schon lange Softwarelösungen, die die Arbeit am PC analysieren und repetitive Büroaufgaben übernehmen. Das amerikanische Unternehmen UiPath ist so ein Beispiel. »Unsere Vision ist eine Zukunft ohne repetitive Büroarbeit«, verkündete vor Kurzem der UiPath-Gründer Daniel Dines.[115] Seine Antwort: Eine installierte Software beobachtet Menschen bei der Arbeit am Computer, lernt von ihnen und imitiert nach und nach wiederkehrende Aufgaben. Das kann das Bearbeiten von Rechnungen sein oder das Koordinieren von Terminen. Geht es nach UiPath, gibt es schon in der nächsten Dekade keine manuellen Prozesse mehr.

So schnell wird der Roboter den Menschen jedoch voraussichtlich nicht ersetzen. Ich habe selbst vielfach erlebt, dass Unternehmen für mehrere Millionen Euro Software angeschafft haben mit dem Versprechen, dass Prozesse nun einfacher ablaufen – seien es neue Lösungen zur Verwaltung von Kundendaten, sogenannte CRM-Systeme, neue Buchhaltungssoftware oder Systeme zur Verwaltung von Personaldaten. Oft wurden am Ende in Wirklichkeit mehr Menschen beschäftigt, etwa um neue Software einzuführen, sie zu bedienen, zu verwalten, Fehler zu beheben und schließlich durch neuere Software zu ersetzen.

Viele Softwaresysteme sind mittlerweile so komplex, dass sie selbst fehleranfällig sind. Eine kürzlich erschienene Studie kam zu dem Schluss, dass Softwareentwickler durchschnittlich mehr als siebzehn Stunden pro Woche mit Wartungsarbeiten beschäftigt sind – das sind 42 Prozent ihrer Arbeitszeit.[116]

Vielleicht liegt die fehlende Fokussierung auf Produktivität im Dienstleistungsbereich daran, dass Mitarbeiter bei Dienstleistungsunternehmen schlichtweg nicht erkennen, was sie eigentlich produzieren und was daran ihr Erfolg ist. Ein Bauer kann wiegen, was er am Tag geerntet hat. Ein Bäcker kann seine gebackenen Brote zählen. Ein Automobilhersteller sieht, wie viele Autos täglich vom Band rollen. Aber wie bewertet eigentlich ein Buchhalter seine eigene Produktivität? Wie misst ein Marketingmanager seinen Erfolg? Woher weiß der Projektmanager, was er geleistet hat?

Gerade in Dienstleistungsorganisationen werden Mitarbeiter häufig nicht mehr an echten Erfolgen gemessen, sondern an sogenannten Erfolgs-Proxys. Je größer und komplexer Unternehmen werden, desto eher arbeiten sie mit solchen Proxys. Dann ist es wichtiger, dass ein Prozess eingehalten wird, als dass der Prozess auch tatsächlich ein Erfolg ist. Schön gestaltete Präsentationen werden zum Erfolg. Meetings selbst werden zum Erfolg. Der eigentliche Erfolg des Unternehmens wird hingegen zur Nebensache.

Nur noch 40 Prozent der Mitarbeiter geben heute an, die Ziele des eigenen Unternehmens zu kennen.[117] Mit anderen Worten: Weniger als die Hälfte der Mitarbeiter weiß, was eigentlich Erfolg ist. Stellen Sie sich einen Bauern vor, der nicht weiß, was er auf dem Acker zu suchen hat.

Ein Drittel der Deutschen empfindet die eigene Arbeit als sinnlos.[118] Kein Wunder! Denn viele Menschen wissen nicht, wofür sie eigentlich gebraucht werden. Sie verwalten Prozesse, ohne zu verstehen, welchen Nutzen diese eigentlich haben. Sie verschwenden Zeit in Meetings und mit dem Lesen und Weiterleiten von E-Mails, ohne zu erkennen, was das mit Erfolg zu tun hat. Damit sich das ändert, brauchen wir im Dienstleistungssektor wieder Erfindergeist, den unbändigen Drang, Dinge zu verbessern, effizienter zu machen, besser zu machen, das Streben nach Fortschritt und Innovation. Und dafür braucht es noch nicht einmal Roboter. Dafür braucht es ein Ziel. Und den Willen, Technik sinnvoll einzusetzen und unproduktive, repetitive Tätigkeiten zu automatisieren.

Schlusslichter öffentlicher Sektor und Gesundheitswesen

Zwei Wirtschaftszweige sind in Sachen Automatisierung und Digitalisierung weit abgeschlagen: der öffentliche Dienst sowie der Gesundheitssektor. Die Corona-Krise wirkte wie ein Brennglas, das die Defizite gnadenlos zutage förderte. Die beiden Sektoren mit ihren knapp 12 Millionen Beschäftigten konnten ihre Produktivität in den vergangenen 20 Jahren überhaupt nicht steigern, seit zehn Jahren ist sie sogar stark rückläufig.[119]

Während zum Beispiel die Bürger und Unternehmen im baltischen Staat Estland über 3000 Behördengänge digital erledigen können,[120] will Deutschland bis Ende 2022 gerade einmal 575 Verwaltungsleistungen digitalisieren – im Herbst 2021 waren davon nur 16 flächendeckend verfügbar.[121] Wenn es in dem Tempo weitergeht, wird die Digitalisierung der öffentlichen Verwaltung noch 30 Jahre dauern.[122]

Im Gesundheitssektor sieht es kaum besser aus. Dort drohte zuletzt die Umsetzung einer allgemeinen Impflicht gegen das Corona-Virus am Papiermangel zu scheitern.[123] Wie hätten auch die 60 Millionen Versicherten der gesetzlichen Krankenkassen anders erreicht werden können als per zweifachem Brief? In Sachen Automatisierung und Digitalisierung besteht auch hier eindeutig

Aufholbedarf. Bislang blieb es zu oft bei Lippenbekenntnissen. Aber nun besteht die Chance, dass eine neue Generation von Politikern und Managern im Angesicht der Arbeiterlosigkeit das Ruder herumreißt.

Über 90 Prozent der Ärzte kommunizieren noch in Papierform mit Krankenhäusern, weniger als die Hälfte der Gesundheitseinrichtungen tauschen Daten digital aus. Nicht einmal jede fünfte Praxis bietet die Möglichkeit, online Termine zu vereinbaren. Kaum ein Berufszweig fürchtet die Digitalisierung so wie Ärzte und Apotheker. Wie ist das möglich angesichts der langen Wartezeiten für einen Termin und der vollen Sprechzimmer? Angesichts des Mangels an Ärzten und Pflegepersonal?

Anstatt um ihre Kunden zu fürchten, sollten Ärzte in der Digitalisierung die Chancen sehen. Denn auch hier gibt es längst Fortschritte – ein Beispiel ist Ada Health, ein Berliner Start-up, das 2011 von einem Unternehmer, einem Neurowissenschaftler und einer Ärztin gegründet wurde. Die Symptomerkennung läuft via Smartphone; die App liefert dann erste Ratschläge mithilfe Künstlicher Intelligenz. Bei ernsten Fällen verweist sie natürlich an einen Arzt. Bei der Erstdiagnose greift das System auf eine Fülle verfügbarer Daten zu Symptombeschreibungen und Therapieformen zurück.

Das Konzept und das Know-how scheinen zu funktionieren: In den vergangenen Jahren überstieg die Zahl der Nutzer rasch die Marke von 12 Millionen. Mit wenigen hundert Mitarbeitern, darunter 50 Ärzten, gab Ada Health her rund 26 Millionen Symptombewertungen ab. Nun will das Unternehmen verstärkt Partnerschaften mit Ärzten, Krankenhäusern, Krankenversicherungen und anderen Gesundheitseinrichtungen bei Themen wie einer einfachen Terminbuchung und dem direkten Teilen von Informationen eingehen. Der Vorteil: Die Ärzte erhalten ein Bild von den Patienten, bevor diese das Untersuchungszimmer betreten und können ihre Arbeit darauf fokussieren, wirklich kranken Patienten zu helfen. Das Beispiel zeigt: Automatisierung und Digitalisierung können viel mehr, als nur Brief und Fax zu ersetzen.

Mit Automatisierung zum Upgrade auf Arbeit

Es ist kein Automatismus, dass der Einsatz von Technologie Fortschritt erzeugt. Fortschritt entsteht, wenn beim Einsatz von Technologie die Produktivität im Vordergrund steht. Denken Sie an »Oma Erika«, die jetzt weniger Mitarbeiter einsetzt. Denken Sie an die Kantine bei Alibaba. Denken Sie an die Domäne Schickelsheim, die bald ohne Mitarbeiter betrieben wird. Fortschritt ist, wenn Technologien und Prozesse dazu führen, dass am Ende mehr erwirtschaftet wird, bessere Leistungen angeboten, neue Märkte erschlossen werden. Wenn Algorithmen wirklich den Job von Menschen übernehmen.

Die größte Herausforderung besteht in der Digitalisierung und Automatisierung der öffentlichen Verwaltung. Ohne Produktivitätsziele in Form von digitalen Verwaltungsakten und Beschäftigtenzahlen wird die Transformation hier nicht gelingen, und ohne eine digitale Qualifizierungsstrategie für alle Beamten und Angestellten im öffentlichen Dienst ebenso wenig.

Das Gute ist: Die Grundlagen sind vorhanden. Roboter und Algorithmen sind heute in der Lage, den Menschen aus repetitiven Tätigkeiten zu befreien wie einst die Spinner und Weber. Packen wir es an, damit wir auch zu Recht von Industrie 4.0 sprechen können! Wir brauchen einen neuen Erfindergeist, eine Automatisierungspflicht für unproduktive Tätigkeiten. Denken Sie an James Hargreaves. Es geht nicht darum, Jobs zu vernichten, und auch eine Robotersteuer stellt keine Hilfe dar. Im Gegenteil: Ich plädiere für Roboter- und KI-Subventionen, damit der Fortschritt überall ankommt – die Subventionen können zweckgebunden in die benötigten Weiterbildungsmaßnahmen der Mitarbeiter investiert werden. Damit digitale Prozesse nicht nur verwaltet, sondern effizienter gemacht werden. Damit Ärzte, Steuerberater, Anwälte, Versicherungen, Banken und Beratungen endlich produktiver werden. Damit Menschen sich wieder auf herausfordernde und sinnvolle Tätigkeiten fokussieren können. Damit Arbeit gerade in Zeiten der Arbeiterlosigkeit sinnvoll ist. Damit das Upgrade auf Arbeit gelingt.

BILDUNG: GLEICHE CHANCEN FÜR ALLE KINDER

»Countries who out-educate us today will out-compete us tomorrow«[124] – so brachte Barack Obama die Bedeutung von Bildung für die zukünftige wirtschaftliche Leistungsfähigkeit auf den Punkt. Bildung ist die Grundlage für Fortschritt und für wirtschaftlichen Erfolg, für Wachstum und Wohlstand. In den USA genauso wie im Rest der Welt.

Ohne Bildungsrevolution und damit die massenhafte Beschulung der Jugend wäre die Industrielle Revolution in ihren Anfängen steckengeblieben. Noch vor gut 200 Jahren besuchte die Mehrzahl der Kinder in Deutschland nicht einmal die Grundschule. In China und Indien war dies selbst bis Mitte des 20. Jahrhunderts noch der Fall – heute zwei absolute Wirtschaftsmächte und Hightech-Standorte.

Mittlerweile besucht praktisch in allen Ländern der Erde die Mehrheit der Kinder zumindest die Grundschule.[125] Und sie werden davon in mehrfacher Hinsicht profitieren. Denn eine gute Grundbildung ist die Grundlage für ein unabhängiges Leben von Männern und Frauen, erhöht die Chance auf qualifizierte Jobs und schützt gegen Arbeitslosigkeit.

Wirtschaftswachstum beruht auf guter Bildung

Neben dieser individuellen Perspektive ist Bildung aber vor allem der Garant für Fortschritt und Wohlstand, ohne den der Aufschwung der vergangenen zwei Jahrhunderte nicht möglich gewesen wäre. Im 19. Jahrhundert entstanden die modernen Massen-Schulsysteme zunächst in genau jenen Ländern, die heute zu den führenden Industrienationen der Welt gehören: Europa, die USA und Japan.[126]

Die Tatsache, dass Deutschland heute zu den führenden Industrienationen der Welt gehört, hat es vor allem seinem Bildungssystem zu verdanken. Es stattete weite Teile der Bevölkerung mit den grundlegenden Kompetenzen wie Lesen und Schreiben aus, die für die neuen Berufe in der industriellen Produktion notwendig waren.

Die Industrielle Revolution wurde nicht hier erfunden, aber die flächendeckende Bildung breiter Bevölkerungsschichten bot die Grundlage dafür, dass Deutschland schnell von dem Fortschritt profitieren konnte und später mit Daimler, Bosch und Siemens selbst neue Maßstäbe in der Industrie setzen konnte.

Zahlreiche Studien belegen, dass langfristiges Wirtschaftswachstum wesentlich durch die Qualität des Bildungssystems bestimmt wird.[127] Der Zusammenhang ist einfach: Je höher das Bildungsniveau der Bevölkerung, desto schneller wächst auch die Wirtschaft. Man nehme die Beispiel Japan und Südkorea: Noch in den 1960er-Jahren hätte es kaum einer für möglich gehalten, dass sich die beiden damaligen Entwicklungsländer zu führenden Industrienationen entwickeln würden. Das Bruttoinlandsprodukt pro Kopf lag etwa auf dem Niveau von lateinamerikanischen Ländern und deutlich hinter dem der führenden Industrienationen USA, Großbritannien oder Deutschland.[128]

Doch in gut ausgestatteten Schulen wurde die Babyboomer-Generation darauf vorbereitet, Konzerne wie Samsung und Hyundai an die Weltspitze zu bringen. Rückblickend erklärt kein anderer Indikator die Entwicklung so gut wie das schon damals hohe Kompetenzniveau der beiden Länder.[129] Heute liegt die Produktivität in Südkorea und Japan mehr als doppelt so hoch wie in Lateinamerika und bewegt sich damit auf dem Niveau westlicher Industrienationen. Die Investitionen in Bildung haben sich bezahlt gemacht.

Bildung ist der Motor für Fortschritt und Wohlstand und somit auch die entscheidende Voraussetzung für eine steigende Produktivität. Genau das macht Deutschland derzeit zu schaffen. Unser Bildungssystem ist eine Ursache dafür, dass die Produktivität hierzulande lahmt. Denn zu viele junge Menschen verlassen die Schulen ohne ausreichende Qualifikation und schlagen sich danach mehr schlecht als recht durchs Berufsleben.

Zwei Herausforderungen für das Bildungssystem

Unser Bildungssystem vernachlässigt es, die nächste Generation auf die veränderte Arbeitswelt im 21. Jahrhundert vorzubereiten: eine Arbeitswelt, die mehr denn je auf gut ausgebildete Erwerbstätige angewiesen ist, die mehr Flexibilität und damit auch mehr Bereitschaft verlangt, sich ein Leben lang zu bilden. Wer das Lernen in der Schule nicht gelernt hat, verliert den Anschluss.

Wenn in Zukunft weniger Menschen arbeiten und mehr alte Menschen versorgen und gleichzeitig die Wirtschaft wachsen lassen sollen, dann braucht es ein Upgrade auf Arbeit, ein Upgrade auf unsere Kompetenzen. Genau dieses Upgrade versprechen und erfordern Digitalisierung und Automatisierung. Wenn manuelle Tätigkeiten durch Kollege Roboter ersetzt werden und wenn Routinetätigkeiten von Algorithmen und Künstlicher Intelligenz übernommen werden, dann bedeutet das nichts anderes als einen Produktivitätsboost sondergleichen. Aber diese Umstellung gelingt nicht von allein. Sie gelingt nur mit besserer Bildung.

Denn erstens brauchen wir in Zukunft wesentlich mehr Menschen, die Digitalisierung und Automatisierung vorantreiben. Ihre Aufgabe: Die Anpassung von Maschinen an unsere Bedürfnisse, nachdem über mehr als 200 Jahre hinweg Menschen dem Takt der Maschinen gehorchen mussten. Und zweitens gilt: Je mehr Aufgaben diese Maschinen übernehmen, desto weniger Jobs für Geringqualifizierte bleiben übrig. Viele Berufe werden verschwinden und neue, höherwertige und besser bezahlte Arbeitsplätze entstehen. Wie immer in der Fortschrittsgeschichte werden es vor allem die einfachen und repetitiven Tätigkeiten sein, die als Erstes automatisiert werden.

In Phoenix fahren bereits die ersten autonomen Taxis, in Düsseldorf steht Deutschlands erster vollautomatisierter Supermarkt. Doch wo Jobs für Taxifahrer und Kassierer verschwinden, brauchen wir stattdessen wesentlich mehr Experten für die Entwicklung, Fertigung, Wartung und Bedienung digitaler Systeme. Und wir brauchen kreative Menschen, die neue Produkte erfinden und innovative Geschäftsmodelle entwickeln. Um die Chancen der digitalen Revolution zu nutzen, braucht Deutschland daher eine erneute Bildungsrevolution.

Unser Bildungssystem steht noch vor einer weiteren Herausforderung. Schon heute ist Deutschland ein Einwanderungsland. Fast 40 Prozent der deutschen Schüler hat einen Migrationshintergrund.[130] Und um den Bevölkerungsrückgang auszugleichen, ist das Land auch in Zukunft auf eine große Zahl von Arbeitsmigranten angewiesen. Im Erfolgsfall lassen sich diese Menschen hier nieder und werden Kinder bekommen, die hier zur Schule gehen. Die erfolgreiche Integration zukünftiger Zuwanderer werden wir nur dann erfolgreich beherrschen, wenn wir auch deren Kinder gut ausbilden und auf den Arbeitsmarkt der Zukunft vorbereiten.

Damit schafft Bildung nicht nur die Grundlage für Wachstum und Wohlstand, sondern auch für Chancengleichheit unabhängig von nationaler oder sozioökonomischer Herkunft. Es darf künftig keine Unterschiede mehr zwischen Kindern verschiedener Herkunft geben. Je besser wir alle Kinder und Jugendlichen ausbilden, desto größer werden nicht nur deren heute oft noch unzureichenden Chancen am Arbeitsmarkt. Vielmehr machen wir so auch einen Riesenschritt in Sachen Diversität und Werbung in eigener Sache. Denn wenn sich herumspricht, dass Kinder von Zuwanderern in Deutschland Aufstiegschancen haben, steigt die Attraktivität bei den so dringend benötigten Arbeitsmigranten.

PISA-Schock deckt Defizite auf

Wie ist die Ausgangslage? Auf den ersten Blick gar nicht schlecht. In keinem Land der Erde drücken Kinder und Jugendliche im Durchschnitt länger die Schul-, Berufsschul- und Hochschulbank. Im Schnitt sind es über 14 Jahre.[131] Damit verbunden sind jährliche Investitionen von mehr als 140 Milliarden Euro.[132] Das sind rund 4,2 Prozent des Bruttoinlandsprodukts.

Was beeindruckend klingt, relativiert sich allerdings bei einem Blick über die Grenzen. Ähnliche hohe Anteile ihrer Wirtschaftsleistung stecken auch Länder wie Italien, Tschechien oder Spanien in ihr Bildungssystem.[133] Den USA, Kanada und den skandinavischen Ländern ist ihr Nachwuchs dagegen wesentlich mehr wert – dort liegen die Bildungsausgaben bei teilweise über 6 Prozent des Bruttoinlandsprodukts. Insgesamt liegen die deutschen Bildungsausgaben unter dem Durchschnitt sämtlicher EU- und auch OECD-Länder. Und das 20 Jahre nach dem »PISA-Schock«!

Lange Zeit herrschte in Deutschland die Meinung vor, Bildung sei nicht messbar. Stattdessen wurde mit Leidenschaft über Bildungskonzepte diskutiert und vieles ausprobiert – oftmals ohne den Erfolg zu messen.

Doch dann kam PISA (»Programme for International Student Assessment«).[134] Die Organisation für wirtschaftliche Zusammenarbeit und Entwicklung OECD hatte in 32 Ländern – darunter viele EU-Mitglieder, die USA, Japan und Südkorea – 15-jährige Schülerinnen und Schüler getestet. 180.000 Jugendliche ließen sich auf ihre Fähigkeiten im Lesen, in der Mathematik und in Naturwissenschaften prüfen.

Mit stolzgeschwellter Brust war Deutschland angetreten – und erlebte eine Demütigung. Der deutsche Nachwuchs schnitt überall schlechter ab als der OECD-Durchschnitt. Unter den 32 Teilnehmern landete es in den drei geprüften Disziplinen bestenfalls auf Platz 21. In der Schulsprache nennt man das wohl gerade einmal »ausreichend«. »Dumm gelaufen – Die neue deutsche Bildungskatastrophe« titelte der *Spiegel* kurze Zeit später.[135]

Nur einmal stand Deutschland beim ersten PISA-Ranking ganz oben – und das in einer beschämenden Disziplin. In keinem anderen Industrieland hatte die soziale Herkunft einen so hohen Einfluss auf den Schulerfolg wie hierzulande.[136] Damit zu kämpfen hatten insbesondere die Kinder der ersten und zweiten Gastarbeitergeneration: Sie schnitten besonders schlecht ab. Deutschland war es zwar gelungen, die niedrigen Geburtenraten durch Zuwanderung auszugleichen, doch die Integration und allen voran die Bildungsintegration war Stückwerk geblieben.

Auf die deutsche Seele wirkte der PISA-Schock wie ein Ausscheiden der Fußballnationalmannschaft in der Vorrunde einer Fußball-WM. Niemand hatte es kommen sehen. Das war auch nicht möglich. Denn das Land hatte sich bis dahin weitestgehend den internationalen Vergleichsstudien entzogen – als hätte es jahrzehntelang keine Turniere und Testspiele gegeben.[137] Deutschland war im Blindflug unterwegs.

Der initiale PISA-Schock war heilsam. Schon zwei Tage nach Veröffentlichung der Ergebnisse beschloss die Kultusministerkonferenz einen Sieben-Punkte-Plan. Er sah unter anderem nationale Bildungsstandards und deren Evaluation sowie die Förderung von Kindern mit Migrationshintergrund vor.[138]

Seitdem ist viel geschehen. Dazu zählt der Ausbau des Ganztagesangebots genauso wie der Aufbau der Sprachförderung schon in den Kindergärten. Im föderalen System entstand ein Institut zur Durchsetzung nationaler Bildungsstandards. Und man rang sich zum Zentralabitur durch. Denn die PISA-Ergebnisse waren eindeutig: Länder mit zentralen Abschlussprüfungen schnitten praktisch durch die Bank besser ab.[139] Verbunden war dies alles mit mehr Geld, die Bildungsausgaben haben sich seit 2001 verdoppelt.

Aber hilft mehr auch mehr? Die Bilanz ist durchwachsen. Bis 2012 verbesserten sich die Leistungen in den PISA-Tests tatsächlich. Euphorisch rief die damalige Bundeskanzlerin Angela Merkel schon 2009 die »Bildungsrepublik Deutschland«[140] aus. Möglicherweise ein wenig früh. Denn danach kehrte sich der Trend um.[141] Vor allem in Mathematik und in Naturwissenschaften fielen deutsche

Schülerinnen und Schüler zuletzt wieder auf das niedrigere Niveau der ersten PISA-Studien. Der Abstand zu den Spitzenreitern aus Kanada, Finnland, Japan oder Korea blieb groß.[142]

Es hat etwas von dem Rennen zwischen Hase und Igel: Obwohl Deutschland rennt und aufzuholen versucht, haben andere Länder die Nase vorn. Das liegt in diesem Fall aber nicht an einer List, sondern schlicht daran, dass Regierungen rund um die Welt um den Stellenwert der Bildung wissen und entsprechend investieren.

Ein Fünftel kann nur unzureichend lesen und rechnen

Im Bildungswettbewerb kann Deutschland nur aufholen, wenn wir konsequent die strukturellen Probleme hierzulande angehen. Und das ist allen voran das Problem der mangelnden Chancengleichheit und eine viel zu hohe Zahl von Abgehängten. Laut jüngster PISA-Studie verfügen 21,1 Prozent der Schülerinnen und Schüler nicht über die unerlässlichen Basisfähigkeiten in Mathematik, um im späteren Berufsleben zu bestehen. Beim Lesen sind es 20,7 Prozent.[143] Konkret heiß das: Jeder fünfte 15-Jährige in Deutschland kann nicht einmal auf Grundschulniveau lesen! Im bevölkerungsreichsten Bundesland Nordrhein-Westfalen gilt das für jeden Vierten, in den Stadtstaaten Berlin und Bremen sogar für jeden Dritten.

Die Konsequenzen benannte der Bildungsforscher und Co-Vorsitzende der Ständigen Wissenschaftlichen Kommission der Kultusministerkonferenz Olaf Köller in einem Interview: Ein beachtlicher Teil des Nachwuchses sei »nicht ausbildungsfähig«.[144] Wir sprechen über rund 150.000 junge Menschen pro Jahr. Ein Irrsinn in Zeiten grassierenden Fachkräftemangels und millionenfacher Arbeiterlosigkeit!

Es ist höchste Zeit, von anderen Ländern zu lernen. So fallen bei den PISA-Champions Finnland, Japan, Kanada und Südkorea wesentlich weniger Schüler durchs Raster als bei uns.[145] In Japan mit seinem ausgesprochen anspruchsvollen Bildungssystem gibt es beispielsweise kein Sitzenbleiben, das Lerntempo wird schon seit Langem der Klasse angepasst.[146] In Kanada wird Kindern, die das Mindestniveau in Englisch und Mathematik verfehlen, ein Tutor zur Seite gestellt.[147] Während es in diesen Ländern dank solcher Initiativen kaum noch einen Zusammenhang zwischen Herkunft und Schulerfolg gibt, krankt das deutsche Schulsystem unvermindert genau daran. Augenscheinlich wird dies bei der Lesekompetenz. In kaum einem Land ist schneiden Schüler aus benachteiligten Familien im Vergleich zu nicht benachteiligten Schülern so schlecht ab wie in Deutschland. Damit bewegen wir uns auf dem Niveau von Peru oder Ungarn.[148]

Anstatt die Ausbildungsstätten benachteiligter Jugendlicher nun mit aller Macht zu fördern, sehen sich die viel zitierten »Brennpunktschulen« sogar mit zusätzlichen Herausforderungen konfrontiert. 70 Prozent ihrer Schülerinnen und Schüler leiden dort unter den Auswirkungen des Lehrkräftemangels, mehr als doppelt so viele wie im OECD-Durchschnitt.[149] Der eigentliche Skandal offenbart sich jedoch im innerdeutschen Vergleich: Mit 34 Prozent sind an begünstigten Schulen nur halb so viele der Schüler von Unterrichtsbeeinträchtigungen durch Lehrermangel betroffen. Eine Zwei-Klassen-Gesellschaft.

Dabei starten Kinder mit Migrationshintergrund ihre Schullaufbahn häufig unter erschwerten Bedingungen, wenn zu Hause kein Deutsch gesprochen wird. Ihre Lesekompetenz im Alter von 15 Jahren liegt zwei Jahre hinter der von Muttersprachlern. Mit dem Flüchtlingsstrom der Jahre 2015 und 2016 verschärfte sich dieses Problem noch einmal. Zuletzt besaß die Hälfte der im Ausland geborenen Kinder mit 15 Jahren noch nicht einmal eine Basiskompetenz beim Lesen.[150] Es braucht schon enormen Willen, um dieses Handicap aus jungen Jahren zu überwinden und so eine erfolgreiche Karriere in Deutschland zu starten.

Bis heute tun wir zu wenig, um zumindest die Minimalkompetenzen Lesen und Schreiben flächendeckend allen Schülern zu vermitteln. Zwar erhalten mittlerweile gut zwei Drittel der Schülerinnen und Schüler mit anderer Muttersprache zusätzlichen Sprachförderunterricht. 2009 waren es noch nicht einmal halb so viele.[151] Das ist die gute Nachricht. Die weniger gute: Häufig beruht dieser Förderunterricht auf Eigeninitiative der Schulen und entfällt, wenn die Lehrkräfte anderweitig gebraucht werden.

Ein ähnliches Bild zeigt sich im Vorschulalter. Auch in Kitas und Kindergärten gibt es mittlerweile Kurse und zahlreiche Initiativen. Doch in der Praxis beschränkt sich der Unterricht auch schon einmal auf eine einzige Stunde pro Woche. Und das mit zwanzig Kindern. Wie es anders funktioniert, zeigt das Einwanderungsland USA. Dort werden mit vier Jahren alle Kinder auf ihre Sprachfähigkeiten getestet. Und bei Defiziten ist der Besuch einer Vorschule verpflichtend.[152]

Die hier skizzierten Herausforderungen sind nicht neu. Genauso wenig die Lösungsansätze wie verpflichtende Vorschulbesuche, massive Sprachförderung und eine bessere Ausstattung von Brennpunktschulen. Doch im föderalen System ist es schwierig, sie flächendeckend umzusetzen. Die Ampel-Regierung lässt sich davon nicht abschrecken und startet nun einen neuen Anlauf. Zumindest heißt es im Koalitionsvertrag: »Wir wollen allen Menschen unabhängig von ihrer Herkunft beste Bildungschancen bieten.«[153]

Künftige PISA-Studien werden zeigen, inwieweit dies gelingt. Wer bei der Erhebung im Jahr 2032 daran teilnehmen wird, befindet sich gerade im Alter der Schuleingangsuntersuchung. Und hier zeigt sich bereits heute, wie groß die zukünftigen Herausforderungen für unser Bildungssystem sind. Eine Ende 2021 erschienene wissenschaftliche Studie aus der Region Hannover zeigt, dass derzeit über 22 Prozent der schulärztlich untersuchten Fünf- und Sechsjährigen nur eingeschränkt, radebrechend oder gar kein Deutsch sprechen.[154] Eine deutliche Verschlechterung gegenüber der Vorpandemiezeit. Apropos Blindflug: eine große Zahl der Schuleingangsuntersuchungen ist in den letzten Jahren aufgrund der Überlastung der Gesundheitsämter durch die Corona-Pandemie ausgefallen.[155] Wie es deutschlandweit um die Sprachfähigkeiten der künftigen Erstklässler bestellt ist, weiß also derzeit kein Mensch. Das lässt für zukünftige PISA-Studien nichts Gutes erahnen. Es wird große Anstrengungen benötigen, diese Kinder, die heute schon Sprachprobleme haben, fit für den Arbeitsmarkt der Zukunft zu machen.

Die Krux an dem Ganzen: Es fehlen die Lehrer. In Berlin hatten zuletzt 60 Prozent der neu eingestellten Lehrer kein abgeschlossenes Lehramtsstudium. Bei Grundschulen galt dies sogar für vier von fünf Junglehrkräften.[156] Dabei müssten gerade dort qualifizierte Pädagogen eine solide Basis schaffen, damit auch die nächste Generation lesen, schreiben und rechnen kann. Und die wenigen ausgebildeten Pädagogen werden auch nicht dort eingesetzt, wo sie händeringend gebraucht werden. Vielmehr unterrichten Quereinsteiger zweimal so häufig an einer Brennpunktschule wie an anderen Schulen.[157]

Was für die Hauptstadt Berlin gilt, trifft mit Abschwächungen mittlerweile auf große Teile des Bundesgebiets zu. Mehr als ein Drittel aller Lehrer ist über 50 Jahre alt und wird bald in den Ruhestand gehen, nur 7 Prozent sind unter 30 Jahre alt.[158] Nach Einschätzung von Experten der Bertelsmann Stiftung fehlen daher schon in den kommenden Jahren mehr als 26.000 Grundschullehrer.[159] Um das einordnen zu können: In Deutschland gibt es aktuell rund 240.000 Grundschullehrer. Sprich: Schon bald fehlt jede zehnte Lehrkraft.

Kurzfristig versuchen einzelne Bundesländer Abhilfe zu schaffen, indem sie Pädagogen aus anderen Ländern mit höheren Gehältern locken. Mittlerweile haben viele Bundesländer die Einstiegsgehälter deutlich angehoben.[160] Doch diese Rechnung wird nicht aufgehen. Der Lehrermangel wird nicht gelöst, indem sich Bundesländer gegenseitig die Lehrer abwerben. Wir brauchen flächendeckend mehr Pädagoginnen und Pädagogen. Und die werden wir nur gewinnen, wenn wir den Beruf aufwerten und die Schule wieder zu einem begehrenswerten Arbeitsplatz machen.

Seit der ersten PISA-Studie hat sich Deutschlands Bildungssystem signifikant weiterentwickelt, und es wurden zahlreiche sinnvolle Reformen angestoßen. Bei der Bewertung der Ergebnisse darf nicht übersehen werden, dass Deutschland in besonderem Maße vor zwei Herausforderungen steht: erstens die Integration vieler Zuwanderer und ihrer Kinder und zweitens die Arbeiter- beziehungsweise

Lehrerlosigkeit, die nicht einfach mit lautem Rufen nach mehr Lehrern weggeschrien werden kann.

Und dennoch reicht es für die viertgrößte Volkswirtschaft der Erde nicht, ein nur mittelmäßiges Bildungssystem zu betreiben, das ein Fünftel der Schüler als nicht ausbildbar zurücklässt. Es muss unser Anspruch sein, gerade als Einwanderungsland alle Kinder optimal auf die Anforderungen des zukünftigen Berufslebens vorzubereiten. »Wenn wir es nicht schaffen, mit unserem Bildungssystem in die internationale Spitze vorzurücken, gefährden wir den Wohlstand unserer Kinder« – so der Bildungsforscher Ludger Wößmann.[161]

Hebel 1: Die richtigen Strukturen für eine bestmögliche Bildung für alle

Je früher die Förderung beginnt, desto größer die Chancen, Defizite auszugleichen und das volle Potenzial eines jeden zu wecken. Dies gelingt nur, wenn schon Kindergartenkinder systematisch vor allem auf ihre Sprachkenntnisse getestet werden und wenn danach genauso systematisch die Sprachförderung beginnt, denn bereits ab dem ersten Schultag lassen sich Defizite kaum noch aufholen. Wer Schwierigkeiten hat, Deutsch zu verstehen, kann dem Unterricht schwerer folgen, verliert die Lust und bringt schlechte Noten nach Hause. Ein Teufelskreis beginnt.

Genauso wichtig wie die frühe Sprachförderung ist die endgültige Abkehr von der Halbtagsschule. Schon heute verfügen fast 70 Prozent der Schulen über Ganztagsangebote,[162] ab 2026 gibt es sogar einen Rechtsanspruch auf Ganztagsbetreuung zumindest an den Grundschulen.[163] Doch diese ist vielfach eher Schülerunterbringung als Bildung. Nur in den seltensten Fällen findet tatsächlich auch am Nachmittag Unterricht statt. Im besten Fall gibt es eine Hausaufgabenbetreuung, oftmals durch nicht-pädagogisches Personal. Ganztagsangebote ergeben jedoch nur dann Sinn, wenn sie mit dem Bildungsprogramm verzahnt sind und insbesondere genau den Schülern Förderung bieten, die sie benötigen.

Damit solche Konzepte nicht am Geld scheitern, sollte das Programm »Aufholen nach Corona«[164] einen festen Platz im Bundeshaushalt finden. Ursprünglich sollte das 2 Milliarden Euro schwere Programm Lerndefizite aufgrund der pandemiebedingten Einschränkungen ausgleichen. Aber Lerndefizite gibt es auch unabhängig von der Pandemie – das Geld, um diese zu beheben, wäre mehr als gut angelegt.

Das zusätzliche Geld würde allerdings verpuffen, wenn die Lehrkräfte fehlen. Wir müssen den vollen Fokus darauf richten, den Lehrermangel nicht zu groß werden zu lassen, indem Lehrer nicht zu früh in den Ruhestand gehen und pensionierte Lehrer zumindest noch teilweise arbeiten. Zur Überbrückung von Engpässen sollten wir auch in Zukunft mit Qualifizierungsprogrammen Quer- und Seiteneinsteiger fit für das Klassenzimmer machen.

Vor allem aber müssen wir uns um den Lehrernachwuchs kümmern und den Beruf attraktiver machen. Vielleicht durch mehr Geld. Allerdings verdienen hiesige Pädagogen schon mehr als in den meisten anderen OECD-Ländern.[165] Woran es vor allem fehlt: Anerkennung für diesen so wichtigen und so anstrengenden Beruf. Für die Menschen, an denen zu einem erheblichen Teil die Zukunft dieses Landes liegt. Doch daran mangelt es gehörig.

Nur jeder fünfte Deutsche würde seinem Kind den Lehrerberuf empfehlen.[166] Ähnlich niedrig liegt die Quote ansonsten nur in Ländern wie Ägypten oder Brasilien. Das ist besonders deswegen kritisch, weil nach wie vor Eltern einen entscheidenden Einfluss auf die Berufswahl ihrer Kinder ausüben. In China, Indien und den USA raten dagegen mehr als 40 Prozent der Eltern ihren Kindern zum Lehrerberuf. Lehrermangel dürfte dort so bald kein Thema werden.

Selbst mit genügend Lehrkräften und Geld ist es aber nicht getan. Nur wenn wir regelmäßig klare Ziele setzen und die Fortschritte messen, wissen wir, ob wir – rein ökonomisch gesprochen – die Ressourcen im Bildungssystem wirklich gut einsetzen. Der berühmte Management-Guru Peter Drucker hat das Zitat geprägt: »What gets measured, gets managed.«[167] Wir sollten uns verpflichten, die Zahl der nicht-ausbildungsbereiten Kinder binnen fünf oder zehn Jahren zu halbieren. Auf dem Weg dahin würden einheitliche Zwischenprüfungen helfen. Trotz Zentralabitur gleicht Deutschlands Prüfungssystem immer noch einem Flickenteppich. Mit nationalen Zwischenprüfungen haben Lehrer wie Schüler ein klares Ziel, auf das sie hinarbeiten können.[168] Und ihre künftigen Ausbildungsbetriebe und Arbeitgeber könnten sich ein objektives Bild von künftigen Bewerbern um Praktikantenplätze, Lehrstellen und Jobs machen.

Hebel 2: Digitalisierung der Schule

Ohne eine Digitalisierung des Bildungssystems wird die Vorbereitung junger Schüler auf eine digitale Zukunft kaum gelingen. In der Digitalstrategie 2016 hatte sich die Kultusministerkonferenz daher ambitionierte Ziele gesetzt. Bis 2021 sollten für jeden Schüler eine digitale Lernumgebung und ein Internetzugang zur Verfügung stehen.[169] Ab 2019 standen hierfür im Rahmen des DigitalPakts Schule 6,5 Milliarden Euro zur Verfügung.[170] Doch davon wurden bis Ende 2021 gerade einmal 20 Prozent abgerufen.[171] Bis heute hat selbst unter den Gymnasiallehrern erst gut die Hälfte der Lehrer einen Dienstlaptop, ebenso viele berichten, dass ihre Schule über kein optimales WLAN verfüge.[172] Trotz Pandemie. Trotz monatelangem Distanzlernen.

Woran liegt es, dass wir bei der Digitalisierung nicht vorankommen? Die deutschen Kommunen, die für das Abrufen der Mittel aus dem DigitalPakt verantwortlich sind, verweisen vor allem auf zwei Probleme: personelle Engpässe. Und Bürokratie.[173] Mit anderen Worten: durch Arbeiterlosigkeit und mangelnde Produktivität der öffentlichen Verwaltung. Ein Problem des deutschen Föderalismus im Bildungswesen?

Der kleine Nachbar Dänemark macht es vor: Bereits seit den 1990er-Jahren investiert das Land in die Digitalisierung der Bildung, vor 20 Jahren waren Trainings in Word, Excel und PowerPoint verpflichtend. Und als die Pandemie das Land traf, verfügte praktisch jeder Schüler über einen Laptop.[174] Ein Erfolgsrezept: Geld auf der einen Seite, aber auch mehr Eigenverantwortung für die Schulen bei der Umsetzung und weniger Bürokratie auf der anderen Seite.[175]

Machen wir uns nichts vor: Die Verlagerung der Verantwortung von Ländern und Kommunen auf Bundesebene wird das Problem nicht lösen, wenn dort genauso große personelle Engpässe herrschen. Wenn Kinder und Jugendliche fit für die digitale Zukunft gemacht werden sollen, müssen wir dort ansetzen, wo die Bildung stattfindet: in den Schulen selbst. Das sieht auch der Großteil der deutschen Schulleiter so.[176] Die mangelnde technische Ausstattung ist dabei nur eine Seite der Medaille.

Denn die Digitalisierung des Unterrichts gelingt eben nicht nur mit iPad und Laptop. Oder um es mit Ralf Becker, Vorstand der Lehrergewerkschaft GEW, zu sagen: »Drei Balken im Wlan-Symbol bedeuten nicht automatisch gute Bildung.«[177] Da wirkt es geradezu absurd, dass man bis heute in Deutschland ohne jede Digitalkompetenz Lehrer werden kann. Nur jede fünfte Hochschule verpflichtet ihre Lehramtsstudierenden zur Teilnahme an entsprechenden Veranstaltungen.[178]

Neben der Ausstattung mit Hardware braucht es daher auch eine Überarbeitung der Lehrpläne für angehende Lehrkräfte – egal ob Direkt-, Quer- oder Seiteneinsteiger. Dazu Fort- und Weiterbildungen für bestehendes Lehrpersonal. Dabei geht es nicht nur um die Umsetzung von Distanzunterricht. Sondern um die konsequente Nutzung digitaler Medien für den gesamten Unterricht. Angefangen bei dem richtigen Umgang mit digitalen Medien beim Informationskonsum bis hin zum Präsentieren digitaler Inhalte. Dann wäre auch die Schule im digitalen Zeitalter angekommen.

Hebel 3: Bildung für die Arbeitswelt von morgen

Die Arbeitswelt von morgen wird von ständigem Wandel und technologischem Fortschritt geprägt sein. Viele einfache, repetitive Tätigkeiten werden automatisiert. Dagegen wird die Zahl der Berufe steigen, in denen komplexe Probleme gelöst werden und die Kreativität erfordern.[179] Diese Entwicklung trifft die meisten Schüler unvorbereitet. Jugendliche nennen bei der Frage nach ihrem zukünftigen Berufswunsch in der Regel traditionelle Tätigkeiten.[180] Vieles davon wird ein Wunschtraum bleiben, denn etliche Berufe unterliegen dem Risiko einer Automatisierung in den kommenden Jahren. Im Gegenzug entstehen neue, oft anspruchsvollere Berufe. Richtiger wäre es, wenn Schüler antworteten: »Ich weiß es nicht.« Denn viele von ihnen werden in Berufen tätig sein, die es heute noch nicht gibt.

Jobs wie Content Creator, Sales Development Representative oder Cloud Developer sagen den meisten Menschen kaum etwas. Das dürfte sich bald ändern. Ein Blick in unseren großen Datenschatz bei StepStone zeigt: Noch im Jahr 2017 gab es für alle drei Jobs zusammen gerade einmal um die dreißig Stellenanzeigen auf unserer Plattform. Mittlerweile sind es Hunderte, Tendenz: stark steigend.

Oder schauen wir auf das wichtige Trendthema Nachhaltigkeit. Alle, wohlgemerkt: alle Jobs mit den Begriffen »Nachhaltigkeit« oder »Sustainability« im Titel summierten sich vor fünf Jahren auf insgesamt kaum mehr als zwanzig Stellenanzeigen. Heute sind es ebenfalls Hunderte. Die Liste ließe sich mit zahlreichen anderen Jobtiteln weiterführen. Die Arbeitswelt und die dort benötigten Jobs wandeln sich immer schneller.

In den letzten Jahrhunderten kam es in Deutschland wie in anderen Industrienationen vor allem darauf an, junge Menschen auf eine Erwerbstätigkeit in den Werkshallen und Fabriken vorzubereiten. Damit der Mensch mit der Maschine arbeiten und ihrem Takt folgen konnte, musste er pünktlich sein, gelehrig und gehorsam. Entsprechend war der schulische Unterricht statisch, linear und standardisiert.[181]

Das funktionierte auch gut in einer Zeit, wo Menschen bis zur Rente in ihrem einmal erlernten Beruf tätig waren und immer die gleiche Arbeit verrichteten. Doch diese Zeiten sind längst vorbei. Berufsbilder wandeln sich mit enormer Geschwindigkeit, traditionelle Berufe verschwinden, neue entstehen. Und diese erfordern viel mehr Wissen – Wissen, was in immer höherer Geschwindigkeit veraltet, von Programmiersprachen bis hin zu Behandlungsmethoden.

Dieses Wissen schlummert heute nicht mehr in Schulbüchern und Bibliotheken, sondern wird in Sekunden rund um den Globus über das Internet geteilt. Das Stärken der Digitalkompetenzen muss daher elementarer Bestandteil der Bildung für die Welt von morgen sein. Vor allem aber ist Lernen nicht mehr länger auf die Schule beschränkt, sondern begleitet uns ein ganzes Leben, ob wir wollen oder nicht. Für die Schulen heißt das: Es geht künftig weniger um das Einpauken von Stoff, sondern vielmehr um das Vermitteln der grundsätzlichen Lernkompetenz. Oder einfacher: das Lernen zu lernen.

In Zukunft reicht es allerdings nicht mehr allein aus, auf vorhandenes Wissen zuzugreifen, das können Computer oft besser. Algorithmen und künstliche Intelligenz sind uns Menschen schon heute vielfach bei der Lösung von einfachen Problemen überlegen. Zukünftige Generationen müssen daher vor allem mit Nichtwissen umzugehen lernen.[182] Oder wie es das Zukunftsinstitut aus Frankfurt sinngemäß formuliert: Wer die richtigen Fragen stellt, ist in einer modernen Arbeitswelt im Vorteil.[183]

Bei der Lektüre von Lehrplänen beschleicht einen jedoch unweigerlich das Gefühl, das 20. Jahrhundert sei noch lange nicht vorbei. Kürzlich beklagten in einer großen Befragung vier von fünf Schulleitern, dass die Lehrpläne an Schulen nicht mehr zeitgemäß seien.[184] Ganze 93 Prozent mahnen, dass Kinder und Jugendliche besser auf die Berufswelt von morgen vorbereitet werden müssen.[185] Natürlich ist es auch im 21. Jahrhundert unerlässlich, Grundkenntnisse in Deutsch, Fremdsprachen, Mathematik und Naturwissenschaften zu erwerben. Doch im digitalen Zeitalter ist es genauso wichtig, mit neuen Technologien umzugehen, sich selbstständig in neue Themen einzuarbeiten und eigenständig Probleme zu lösen. Viele Schulen bemühen sich, solche Kompetenzen zu vermitteln. Doch am Ende stehen im Zeugnis nun einmal Noten für die einzelnen Fächer, nicht für übergreifende Kompetenzen. Und auf die kommt es in Zukunft mehr denn je an.

Was braucht es aber, um sich in dieser hochtechnisierten Arbeitswelt des 21. Jahrhunderts zurechtzufinden? Die Fähigkeit, komplexe

Probleme zu lösen, dazu Resilienz und Kreativität.[186] Hand aufs Herz: So richtig vermitteln Schulen derzeit keine dieser Fähigkeiten. Denn sie sind schon voll und ganz damit beschäftigt, den geballten Stoff aus ihren Lehrplänen zu vermitteln. Wenn es gut läuft, sorgen Referate, Projekte und Gruppenarbeiten dafür, dass die hier genannten Fähigkeiten zumindest ein Stück weit gefördert werden.

Doch das reicht nicht aus. In einer der letzten PISA-Studien scheiterte beispielsweise jeder fünfte 15-Jährige aus Deutschland an der einfachen Aufgabe eines Fahrkartenkaufs am Automaten.[187] In Japan oder Südkorea waren es dreimal weniger. Komplexere Aufgabenstellungen sind für diese Jugendlichen vermutlich unlösbar. Doch wenn ein Fünftel der Schüler am Fahrkartenautomaten scheitert, wie soll dann die Digitalisierung gelingen?

Computeralgorithmen und Roboter lösen gut strukturierte Probleme. Die Aufgabe des Menschen wird sein, ihnen das beizubringen. Dafür müssen wir aber verstehen, welche Probleme es überhaupt gibt und wie die Lösung aussehen soll. Genau diese Kompetenzen sollten Schulen vermitteln.

Wichtiger denn je wird in Zukunft zudem Resilienz sein und damit die Fähigkeit, schwierige Lebenssituationen wie häufige Jobwechsel ohne Blessuren zu überstehen. Schulen können auch hierzu ihren Beitrag leisten: mit einem positiven Lernklima, basierend auf offener Kommunikation, Vertrauen und Motivation.[188] Wer einmal in der Schule abgehängt ist, hat kein Selbstvertrauen mehr. Ich wiederhole es nur ungern: Eines von fünf Kindern haben wir längst abgehängt. Das können wir uns nicht leisten.

Dazu kommt die vielleicht wichtigste Fähigkeit für die Arbeitswelt der Zukunft: Kreativität. Wer Kinder spielen sieht, weiß, dass sie in jedem steckt. Doch anstatt sie verkümmern zu lassen oder höchstens mal im Kunstunterricht zu fördern, sollte die Schule der Zukunft in allen Fächern zu kreativen Lösungen ermuntern und kreatives Denken belohnen. Warum? Weil Computer zwar um ein Vielfaches schneller rechnen als Menschen, uns in Sachen Kreativität jedoch hoffnungslos unterlegen sind. Algorithmen entwickeln kein Red Bull. Sie kreieren keine neuen Modetrends. Und sie träumen auch nicht davon, zum Mars zu fliegen. Genau solche Innovationen bilden aber die Basis für unseren Wohlstand.

Messen wir eigentlich noch das Richtige?

Wenn wir über diese Kompetenzen nachdenken, dann müssen wir uns auch die Frage stellen: Messen wir in der Schule eigentlich noch das Richtige? Noten entscheiden darüber, welche Schulform Schüler besuchen. Sie entscheiden darüber, ob sie ein Studium absolvieren, welche Ausbildung sie machen oder welchen Beruf sie später einmal ausüben können. Aber sind sie eigentlich zeitgemäße Messinstrumente, um die Kompetenzen für die Arbeitswelt von morgen wirklich zu erfassen? Noch treten wir zum Bewerbungsgespräch mit Noten in Deutsch und Mathematik an.

Wäre es nicht zeitgemäß, wenn auf dem Zeugnis auch Noten für die wirklich gefragten Fähigkeiten stünden? Wenn junge Menschen Informatik studieren, weil sie gut im Problemlösen sind? Wenn sie ihren Traumberuf bekommen, weil sie in Kreativität gut abgeschnitten haben? Unabhängig von ihrer Herkunft, unabhängig von ihrem sozialen Hintergrund? Ich denke, dann wäre die Schule wirklich im 21. Jahrhundert angekommen.

MINDESTLOHN:
DER VERKANNTE BOOSTER
FÜR MEHR PRODUKTIVITÄT

Im Herbst 2021 war ich auf dem Nachrichtenschiff *The Pioneer* vom ehemaligen *Handelsblatt*-Chefredakteur Gabor Steingart eingeladen. Zehn Tage vor der Bundestagswahl diskutierten wir über die Zukunft des Technologiestandorts Deutschland. Im Laufe des Gesprächs äußerte ich die These, der Mindestlohn müsse sich in den kommenden Jahren auf 20 Euro erhöhen. Ich erwartete tosenden Widerspruch der anwesenden Unternehmer und Journalisten.

Die Diskussion um den Mindestlohn ist die Frontlinie zwischen links und rechts, zwischen arm und reich, zwischen konservativer und sozialer Politik. »Jetzt 12 Euro Mindestlohn wählen – Scholz packt das an« plakatierte die SPD damals im Bundestagswahlkampf 2021. Die Linke setzte noch einen drauf: 13 Euro sollten es sein. Doch 20 Euro? Dafür gibt es noch keinen Platz im Links-Rechts-Spektrum.

Doch es blieb ruhig auf der *Pioneer*, hier und da ein Nicken, ein einzelner Gast schüttelte den Kopf. Vielleicht lag es daran, was wir zuvor diskutierten. Dass wir uns in einem Hochtechnologieland keine Billigarbeit mehr leisten könnten. Dass wir es uns nicht erlauben können, Menschen schlecht ausgebildet aus dem Schulsystem zu entlassen und dann in geringqualifizierten Berufen unterzubringen. Dass ein Mindestlohn Anreize für Staat und Unternehmen schafft, einfache Tätigkeiten zu automatisieren und mehr Geld in die Qualifikation von Menschen zu investieren. Dass das Lohnniveau ein Ausdruck für den Fortschritt einer Volkswirtschaft ist.

Ein Saal voller Mindestlohn-befürwortender Unternehmer? Ich war verblüfft. Erst als wir nach der Veranstaltung noch locker an

Deck des Schiffes mit einigen Teilnehmern zusammenstanden, argumentierte eine Unternehmerin dagegen: Sie wolle sich auch in Zukunft am Sonntagabend noch eine Pizza nach Hause liefern lassen. Ein höherer Mindestlohn würde dieses sonntägliche Vergnügen doch nur unnötig teuer machen. Der Mindestlohn als Pizza-Verhinderer.

In der Politik klingt das anders. Die CDU fürchtet den »Lohnkostenschock« und warnt vor dem Verlust von Arbeitsplätzen.[189] Auf den ersten Blick nachvollziehbar: Tatsächlich sind Löhne und Gehälter oft der größte Kostenfaktor von Unternehmen, die Margen in Branchen wie dem Handel gering und die Zahlungsbereitschaft der Kundschaft für Haarschnitte, Brötchen oder Schnittblumen begrenzt. Nicht wenige Unternehmer zweifeln, ob sie die nun beschlossenen 12 Euro pro Stunde verkraften können.

Die Sozialdemokraten kontern, Arbeit müsse sich lohnen. Der Mindestlohn sei ein »Zeichen des Respekts«.[190] Ihre Botschaft richtet sich insbesondere an 32 Prozent – ein Drittel – der Deutschen, die umgerechnet weniger als 13 Euro pro Stunde verdienen.

Zu hohe Lohnkosten auf der einen Seite, ein faires Gehalt für alle auf der anderen – der Mindestlohn bleibt ein Dauerstreitthema zwischen links und rechts. Das galt schon bei Einführung des gesetzlichen Mindestlohns in Deutschland im Jahr 2015, das gilt nun bei dessen Erhöhung, und das wird erst recht gelten, wenn sich die Untergrenze in Zukunft weiter nach oben bewegt. Viele Menschen werden dann mehr verdienen. Doch mancher Job wird sich nicht mehr rechnen, manches Geschäftsmodell an seine Grenzen geraten. Die wesentliche Frage bleibt bei dieser Diskussion jedoch unbeantwortet: Wäre das eigentlich schlimm?

Die vergangenen 250 Jahre haben vor allem eines gezeigt: Wenn sich unproduktive Jobs nicht mehr rechnen, entstehen vorrangig höherwertige Jobs. Wenn Arbeit teurer wird, steigt der Anreiz, in Bildung und Maschinen zu investieren, in die Effizienz von Betriebsabläufen, in die Automatisierung von Produktionsprozessen.

Das zwingt Unternehmen, die Produktivität des einzelnen Mitarbeiters zu erhöhen. Und es zwingt uns dazu, keine Bildungsverlierer zurückzulassen, die wir in unqualifizierten Tätigkeiten unterbringen. Nur durch ein Upgrade auf Arbeit können wir die Produktivität steigern und den Wohlstand mehren.

Höhere Mindestlöhne zahlen sich aus

Angesichts immer knapper werdender Fachkräfte zahlen heute schon viele Branchen längst mehr als den Mindestlohn. Beispiel Dachdecker: Selbst Ungelernte verdienen mindestens 13 Euro pro Stunde, bei ausgebildeten Fachkräften sind es 14,50 Euro.[191] Wir bei StepStone haben bereits 2016 einen Mindestlohn weit über dem gesetzlichen Niveau eingeführt. Zu Beginn lag er bei 30.000 Euro pro Jahr. Im April 2021 haben wir ihn auf 33.000 Euro angehoben, das entspricht rund 16 Euro pro Stunde. Weitere Schritte werden folgen.

Warum? Ganz einfach, weil unser größtes Kapital unsere Mitarbeiter sind. Jeder Einzelne leistet seinen Beitrag zum Erfolg und zum Wachstum von StepStone. Und das honorieren wir. Ich verrate hier kein Geheimnis, wenn ich sage, dass gute Gehälter entscheidend zu unserem rasanten Wachstum in den vergangenen Jahren beigetragen haben. Sie sorgen dafür, dass wir genügend gute Bewerbungen bekommen, haben aber noch einen anderen Effekt: Sie zwingen uns, alle Mitarbeiter möglichst produktiv zu beschäftigen.

Einen ähnlichen Kurs verfolgt auch einer der weltweit erfolgreichsten Konzerne: Amazon. Das Unternehmen stellt rund um den Globus jeden Tag zahlreiche neue Menschen ein – in Logistik- genauso wie in Entwicklungszentren, für einfache Tätigkeiten genauso wie für hoch spezialisierte. In Deutschland lockt die Bewerber unter anderem ein Mindestlohn von 12 Euro, aktuell rund 20 Prozent über dem gesetzlichen Niveau. Doch damit nicht genug: Nach zwei Jahren steigt der Stundenlohn auf umgerechnet rund 13,50 Euro.[192]

12 Euro im Fall von Amazon oder 16 Euro bei StepStone liegen noch unterhalb der zu Beginn genannten Zahl von 20 Euro pro Stunde.

Doch sie zeigen, wohin die Reise geht. Schon um genügend Talente anzulocken, müssen Unternehmen attraktive Gehälter bieten. In Zeiten grassierender Arbeiterlosigkeit ist das wichtiger denn je.

Vor allem aber bewirken steigende Löhne eines: Sie setzen Anreize dafür zu investieren, und zwar in produktivere Jobs. Bleibt Arbeit billig, bleiben diese Investitionen häufig aus. Ich habe kürzlich ein Vorstandsmitglied eines großen Handelsunternehmens mit Zigtausenden von Mitarbeitern gefragt, welche Auswirkungen es für sein Unternehmen hätte, wenn der Mindestlohn auf 20 Euro stiege. Seine Antwort: Das Unternehmen würde sofort in automatisierte Scannerkassen investieren und in eine noch stärkere Automatisierung der Lager.

Bislang allerdings sei es günstiger, wenn Menschen acht Stunden am Tag Einkäufe von links nach rechts über den Scanner ziehen, wenn Waren von Hand sortiert und gepackt werden. Nur in einem Bereich kommen schon Roboter zum Einsatz: im Kühlhaus. Hier sind die Gehälter aufgrund der widrigen Arbeitsbedingungen am höchsten, da lohnt sich die Automatisierung schon jetzt. Wäre er gegen eine Anhebung auf 20 Euro? Nein, eines sei aber entscheidend wichtig: Es brauche ausreichend Vorlauf, damit die notwendigen Investitionen getätigt werden können.

Den Zusammenhang zwischen höheren Löhnen und höherer Produktivität bestätigen diverse Untersuchungen aus den USA. Eine Studie der Eliteuniversität Harvard aus dem Jahr 2020 fand beispielsweise heraus, dass eine Gehaltserhöhung um 1 US-Dollar die Produktivität um mehr als 1 US-Dollar erhöhe.[193] Zumal höhere Gehälter auch ein entscheidender Antrieb für produktivitätssteigernde Innovationen sein können. Je teurer der Faktor Arbeit, desto größer der Anreiz für Unternehmen, in neue Technologien zu investieren.

Nach Ansicht von Robert Allen, Historiker und Professor an der University of Oxford, waren höhere Löhne sogar ein entscheidender Faktor für die Industrialisierung Großbritanniens Ende des 18. Jahrhunderts.[194] In den Köpfen der Menschen setzte sich jedoch ein anderes Bild fest, das Bild vom Jobkiller Technologie. Die Aversion richtete sich zuerst gegen Webstühle, später gegen motorisierte Fahrzeuge und im 20. Jahrhundert erst gegen Computer und dann gegen den digitalen Fortschritt.

Der Fortschritt in Deutschland muss sich daran messen lassen, wie wir die Menschen in unserem Land entlohnen. Die eingangs genannten 20 Euro Mindestlohn müssen ein mittelfristiges Ziel sein, ein Ziel, das wir in zehn Jahren erreichen. Aber wir müssen es jetzt ins Visier nehmen. Damit Unternehmen jetzt anfangen, in Digitalisierung und Automatisierung zu investieren. Damit wir jetzt in die Weiterbildung der betroffenen Mitarbeiter investieren. Damit wir jetzt dafür sorgen, dass die Kinder, die in zehn Jahren auf den Arbeitsmarkt strömen, gut ausgebildet sind.

Ein New Deal für mehr Produktivität

Vielleicht sollten wir uns ein Vorbild nehmen am New Deal, mit dem der amerikanische Präsident Franklin Roosevelt nach der Weltwirtschaftskrise Anfang der 1930er-Jahre die US-Wirtschaft wieder in Schwung brachte. Das Mutterland des Kapitalismus und des »American Dream« hat nämlich schon einmal gute Erfahrungen mit dem Thema Mindestlohn gemacht. Die Arbeitslosenquote betrug damals zeitweise fast 25 Prozent, Millionen von Amerikanern waren ohne Job.[195] Ein Drittel war unterernährt, hatte kaum genügend Geld für Kleidung und Wohnung.[196]

Der New Deal war ein Sammelsurium unterschiedlicher Maßnahmen. Eine Million Straßen wurden gebaut, 1000 Flughäfen, dazu Schulen und Krankenhäuser, Brücken und Staudämme. Der New Deal beinhaltete aber auch die Einführung eines Mindestlohns und die Einführung der 44-Stunden-Woche im Rahmen unterschiedlicher Reformen.[197]

Man könnte meinen, Mindestlohn und eine Verkürzung der Arbeitszeit seien Gift für eine Volkswirtschaft, die sich gerade in ihrer bislang größten Krise befindet. Ein Mindestlohn sei genau die falsche Maßnahme in einer Zeit, in der ein Viertel der Amerikaner

arbeitslos waren. Doch das Gegenteil war der Fall. Nach der Einführung des Mindestlohns erlebten die USA in der Zeit von 1940 bis
1970 den größten Produktivitätszuwachs in ihrer Geschichte.[198]

Kein Wunder: Unternehmer mussten sich etwas einfallen lassen, wenn Mitarbeiter nicht mehr zehn oder zwölf Stunden pro
Tag arbeiteten, sondern nur noch acht, und wenn sie nicht mehr
zu Hungerlöhnen beschäftigt wurden. Auf die Einführung des Mindestlohns folgten Jahrzehnte enormen Wirtschaftswachstums, getrieben durch Investitionen in Innovation und Fortschritt. Der Mindestlohn wurde gleichzeitig stetig immer weiter angehoben. Und
die Arbeitslosenquote? Sie sank kontinuierlich, und schon bald erlebten die USA Vollbeschäftigung.[199]

Wissenschaftliche Untersuchungen zum Mindestlohn in den
USA der vergangenen Jahrzehnte zeigen keinen Zusammenhang
zwischen der Erhöhung des Mindestlohns und einem niedrigeren Beschäftigungsniveau – selbst in den Branchen, die am stärksten von höheren Mindestlöhnen betroffen sind.[200] Im Gegenteil, in
der überwiegenden Mehrheit der Fälle (68 Prozent) stiegen die Beschäftigungszahlen sogar an: im Freizeit- und Gaststättengewerbe
waren es nach einer Lohnerhöhung 82 Prozent, im Einzelhandel
73 Prozent. Darüber hinaus fielen die wenigen Fälle, in denen die
Beschäftigung nach einer bundesweiten Mindestlohnerhöhung zu-
rückging, allesamt in Zeiten der Rezession oder einer nahenden Rezession. Mit anderen Worten: Fehlendes Wachstum gefährdet Jobs,
nicht der Mindestlohn.

Höhere Produktivität, aber stagnierende Löhne im 21. Jahrhundert

Trotz der Einführung des Mindestlohns in Höhe von 8,50 Euro
im Jahr 2015 arbeitet noch immer jeder fünfte Deutsche im Niedriglohnsektor.[201] Das ist der sechsthöchste Werte im EU-Vergleich.
Deutschland, viertgrößte Volkswirtschaft der Erde, liegt damit auf
einem Niveau mit Rumänien und Bulgarien.

Die wesentliche Ursache dafür liegt ausgerechnet in den zu Beginn so euphorisch begrüßten Arbeitsmarktreformen um die Jahrtausendwende. Nach Jahren der »Standortdebatte« wagte damals ausgerechnet eine SPD-geführte Regierung einen Umbau des Sozialstaates, die nach dem damaligen VW-Vorstand benannten Hartz-Reformen. Sie brachten wie erhofft mehr Beschäftigung und brachten Bewegung an den Arbeitsmarkt, doch das geschah auf Kosten von Produktivität und Fortschritt. So ernüchternd lautet jedenfalls das Fazit des Instituts für Weltwirtschaft in Kiel, seit Jahrzehnten eine der ökonomischen Denkfabriken in Deutschland.[202] Es entstand ein Niedriglohnsektor, der bis heute Millionen Menschen beschäftigt – und von produktiveren Jobs fernhält.

Dies soll keinesfalls als Kritik an diesen mutigen Reformen verstanden werden. Deutschland galt nach 2000 als der kranke Mann Europas, geplagt von niedrigem Wachstum und hohen Arbeitslosenzahlen. Es musste etwas geschehen, um die Wettbewerbsfähigkeit der Unternehmen zu erhalten.

Doch vermutlich sind wir ein wenig über das Ziel hinausgeschossen – und fangen zu spät an, nachzubessern. In der ersten Dekade des 21. Jahrhunderts stieg hierzulande das Bruttoinlandsprodukt und die Produktivität immerhin um 9 Prozent.[203] Die Reallöhne stagnierten hingegen ein ganzes Jahrzehnt lang.[204] Und auch wenn sie in den Folgejahren etwas schneller stiegen, können sie bis heute die Lücke zur Produktivität nicht schließen.[205]

Noch bedrückender wird das Bild, wenn man von der Ebene volkswirtschaftlicher Daten hinabsteigt. Es gibt zwar durchaus Gruppen von Erwerbstätigen, die auch in den 2010er-Jahren ihren Verdienst ordentlich steigern konnten. Dazu zählen vor allem Hochqualifizierte, seien es Informatiker, Ingenieure, Juristen oder Betriebswirte. Doch genauso gibt es Menschen, die seit Jahren mit stagnierenden Gehältern leben und bei Jobwechseln sogar sinkende Realverdienste in Kauf nehmen müssen – vor allem Menschen, deren Qualifizierung durch Digitalisierung und Automatisierung weniger gefragt ist.[206] Ihr Schicksal trägt dazu bei, dass die gesamtwirtschaftliche Lohnquote sinkt und die Lohnschere auseinandergeht.

Vor Ausbruch der Corona-Krise arbeitete ein Fünftel der Beschäftigten im Niedriglohnsektor – ein historischer Höchststand.[207] Nach den bislang vorgetragenen Argumenten ist das nicht nur wenig überraschend, sondern auch aus ökonomischen Gründen bedenklich. Denn all diese Menschen verrichten vergleichsweise unproduktive Tätigkeiten und tragen somit unfreiwillig nur wenig zum Fortschritt unseres Landes bei. Natürlich ist nicht jeder ein Hasso Plattner von SAP oder Ugur Sahin von BioNTech. Aber nahezu jeder kann mit entsprechender Qualifikation einer Arbeit nachgehen, die ihn nicht nur persönlich mehr fordert, sondern auch einen Beitrag für einen höheren Wohlstand leistet.

Niedrige Löhne sind ein Zeichen niedriger Produktivität. Der Mindestlohn ist der beste Weg, Arbeit produktiver zu machen. Die Idee dahinter: Wer in Zeiten grassierenden Fachkräftemangels mit auf niedrigen Löhnen basierenden Geschäftsmodellen Gewinne erwirtschaftet, sollte einen Teil dieses Vorteils abgeben. Erstens erzeugt eine solche Abgabe einen Anreiz, das eigene Geschäftsmodell produktiver zu gestalten, so Spielräume für höhere Gehälter zu schaffen und letztendlich der Abgabe zu entgehen. Und zweitens lässt sich daraus zum Teil die Qualifikation bisheriger Niedriglöhner für produktivere Einsätze finanzieren.

Der Mindestlohn ist alles, nur kein Jobkiller

Als in Deutschland 2015 der Mindestlohn von 8,50 Euro pro Stunde eingeführt wurde, sagten renommierte Wirtschaftsforschungsinstitute einen enormen Arbeitsplatzabbau voraus. Mehrere Wissenschaftler des Ifo-Instituts prognostizierten Beschäftigungsverluste von bis zu 900.000 Arbeitsplätzen.[208] Das Forschungsinstitut zur Zukunft der Arbeit ging von 570.000 vernichteten Arbeitsplätzen aus.[209] Fakt ist: Obwohl der Mindestlohn mittlerweile bei fast 10 Euro liegt, herrscht in Deutschland nahezu Vollbeschäftigung.

Rückblickend – so eine kürzlich erschienene Studie des Instituts für Arbeitsmarkt- und Berufsforschung IAB sowie des Londoner

University College – lassen sich keine Hinweise darauf finden, dass der Mindestlohn die Beschäftigungsaussichten von Niedriglohnbeschäftigten verschlechtert habe.[210] Vielmehr hat er sogar die durchschnittliche Arbeitsproduktivität gesteigert.[211] Denn in der Folge seiner Einführung heuerten Arbeitnehmer vor allem bei größeren und stabilen Betrieben mit einem attraktiveren Gehaltsniveau an und fanden dort eine produktivere Beschäftigung.

Die Umverteilung von Arbeitskräften hin zu besser bezahlten, potenziell kapitalintensiveren und produktiveren Unternehmen einerseits und das gleichzeitige Fehlen von Arbeitslosigkeitseffekten andererseits machen klar, dass eine Erhöhung des Mindestlohns positiv auf die Produktivität in der Wirtschaft wirkt. Argumentationshilfe bietet in jüngster Zeit unter anderem der 2021 gekürte Nobelpreisträger David Card. Der kanadische Ökonom forscht seit Jahren über die Effekte der Einführung von Mindestlöhnen und wies ebenfalls nach, dass diese nicht mit signifikanten Arbeitsverlusten verbunden ist.[212]

In Zeiten der Arbeiterlosigkeit ist es nun höchste Zeit, umzudenken und sich wieder daran zu erinnern, dass höhere Löhne ein Treiber für mehr Wohlstand sein können. Bleibt die Frage nach der angemessenen Höhe. Mit 9,82 Euro zählt Deutschland Anfang 2022 in der EU bereits zur Spitzengruppe. Höhere Mindestlöhne gibt es nur in fünf EU-Mitgliedsstaaten, darunter Frankreich mit 10,25 Euro und die Niederlande mit 10,34 Euro.[213] Weltweit ragen Australien mit 11,99 Euro und Neuseeland mit 10,76 Euro heraus.

Das wird sich mit der Erhöhung des Mindestlohns auf 12 Euro Ende 2022 ändern. Nach Schätzungen des DIW werden 10 Millionen Menschen dies im eigenen Portemonnaie spüren, das entspricht mehr als einem Fünftel aller Beschäftigten. Dennoch hält DIW-Präsident Marcel Fratzscher, einer der einflussreichsten deutschen Ökonomen, diesen Schritt für notwendig und richtig. Er verweist auf höhere Steuereinnahmen und niedrigere Sozialausgaben und geht nur von geringfügigen Jobverlusten aus. Mehr noch: Er ermuntert Unternehmen, höhere Gehälter zu zahlen, um die Loyalität der Mitarbeiter zu ihrem Arbeitgeber zu erhöhen.[214]

Je mehr Babyboomer sich aus dem Arbeitsmarkt verabschieden, desto gewichtiger wird dieses Argument. Wie schon gesagt: Ein höheres Lohnniveau und damit auch höhere Mindestlöhne sind im ureigenen Interesse vieler Unternehmer. Vor diesem Hintergrund lässt sich die geplante Erhöhung auf 12 Euro genauso gut rechtfertigen wie nachfolgende Schritte in Richtung 20 Euro.

US-Unternehmer fordern höhere Mindestlöhne

Und noch einmal schauen wir über den großen Teich. Denn wesentlich früher als in Deutschland diskutierten die USA über höhere Mindestlöhne. Die Treiber sind überraschenderweise viele Unternehmer selbst. So forderte Stephen Schwarzman, CEO des Private-Equity-Giganten Blackstone und eines der prominentesten Gesichter der US-Wirtschaft, schon vor Jahren dessen Erhöhung.[215]

Amazon verlangt von der Regierung explizit eine Erhöhung auf 15 US-Dollar pro Stunde.[216] Das läge über den erst jüngst angehobenen Untergrenzen von Bundesstaaten wie New York (12,50 US-Dollar) und Washington (13,69 US-Dollar).[217] Amazons Forderung findet zahlreiche Unterstützer. Mehr als 1000 Führungskräfte haben den Appell »Businesses for a fair minimum wage« unterschrieben.[218]

In Kalifornien gilt ab 2022 ein Mindestlohn von 15 US-Dollar, ebenso in Washington D.C.[219] Auf Bundesebene hat US-Präsident Joe Biden per Executive Order einen Mindestlohn von 15 US-Dollar zumindest schon einmal für all diejenigen festgeschrieben, die für die US-Regierung arbeiten – seien es Reinigungskräfte, Kantinenhelfer oder Pfleger.[220]

Auch hier gilt: Die 15 US-Dollar sind ein Zwischenschritt. Vor allem in den Metropolen reichen sie noch nicht aus, um ohne weitere staatliche Hilfen leben zu können.[221] Doch sie zeigen, dass sich die Wirtschaft in den USA auf ein Erfolgsrezept besinnt, das ihren Aufstieg zur führenden Wirtschaftsmacht der Welt ermöglicht hat: ein gutes Auskommen für alle. Zu den Vorreitern zählte bei Ausbruch des Ersten Weltkriegs Henry Ford, der 5 Dollar pro Tag bezahlte – für damalige Verhältnisse ein weit überdurchschnittlicher Verdienst.

Gut 100 Jahre später fördert der Abschied der Babyboomer aus dem Erwerbsleben jenseits und diesseits des Atlantiks ein Umdenken. Löhne und Gehälter sind nicht mehr länger nur ein Kostenfaktor, sondern auch ein Mittel, um Arbeitskräfte anzulocken. Zugleich sind sie ein Beitrag, um die Kaufkraft der Menschen zu erhöhen und damit den eigenen Absatz zu sichern. Vor allem aber fördert ein höherer Mindestlohn die Innovationsbereitschaft von Unternehmen und steigert Investitionen in die Automatisierung und Digitalisierung der Arbeit.

Der Mindestlohn als Zeichen des Fortschritts

Der Mindestlohn ist der ultimative Anreiz für ein Upgrade auf Qualifikation, auf Arbeit und auf Produktivität – für Unternehmen und für den Staat. Es ist dann keine Option mehr, junge Menschen unausgebildet aus dem Bildungssystem zu entlassen und im Niedriglohnsektor zu parken. Ebenso wenig können wir es uns dann noch leisten, Zuwanderer und deren Angehörige so schlecht zu integrieren, dass für sie nur eine Arbeit in gering qualifizierten Tätigkeiten in Frage kommt.

Ein höherer Mindestlohn wird schonungslos die Qualität unserer Bildungssystems offenlegen und uns zwingen, niemanden mehr auf dem Weg ins Berufsleben zurückzulassen. Er wird uns zwingen, Menschen über ihr gesamtes Berufsleben weiterzubilden. Der Mindestlohn mag ein Zeichen des Respekts sein. Vor allem aber ist er ein Zeichen des Fortschritts.

ARBEITSMARKT:
MEHR FLEXIBILITÄT WAGEN

In kaum einem Land sind die Menschen so treu wie in Deutschland – zumindest, was die Treue zum Arbeitgeber angeht. Ganze 11,2 Jahre bleiben deutsche Arbeitnehmer im Schnitt bei ihrem Arbeitgeber, mehr als der OECD-Durchschnitt.[222] Ganz zu schweigen von US-amerikanischen Arbeitnehmern, die im Mittel nicht länger als 4,1 Jahre bei einem Unternehmen bleiben.[223] Das passt gut zu unserem Bild der »Hire-and-Fire«-Mentalität amerikanischer Firmen. Wir sehen den einsamen Büroangestellten, einen Pappkarton voller Habseligkeiten in den Händen, auf der Straße stehen, wir sehen den Fabrikarbeiter, der mit den Worten »You are fired!« vor die Tür gesetzt wird.

Was allerdings so gar nicht ins Bild passt: In den USA haben mehr als ein Drittel der Mitarbeiter eine hohe emotionale Bindung zu ihrem Arbeitgeber.[224] In Deutschland sind es weniger als halb so viele. Millionen haben hierzulande längst innerlich gekündigt. Innerlich. Denn in Wirklichkeit kündigen die Amerikaner drei Mal so oft wie deutsche Angestellte.

Die Beziehung der Deutschen zu ihrem Arbeitgeber gleicht eher einer jahrelangen Zweckehe als einer Liebesbeziehung – während sich Millionen von Amerikanern gerade im Honeymoon befinden. Denn obwohl der Kündigungsschutz in kaum einem Land so locker ist wie in den USA, sind es vor allem die Mitarbeiter selbst, die kündigen. Über 47 Millionen waren es, die 2021 ihren Job kündigten.[225] Die Zahl der Trennungen, die vom Arbeitgeber ausgingen, liegt bei weniger als der Hälfte dessen. Das ist kein »Hire and Fire«. Das ist der »Big Quit«.

Flexibilität als Produktivitätsbooster

Seit ich bei StepStone arbeite, erreichen mich viele Anrufe von Menschen, die über einen Jobwechsel nachdenken. Was übrigens etwas kurios ist, denn ich bin kein Personalberater, sondern arbeite in einem Internetunternehmen. Jeder kann unsere Plattformen online kostenlos nutzen. Aber so merke ich, dass viele Menschen längst die Entscheidung getroffen haben, den Job zu wechseln, sich aber noch nicht trauen, diesen Schritt auch zu vollziehen.

Vor einigen Jahren rief mich ein alter Schulfreund an, der schon seit langer Zeit als Führungskraft bei einem großen Handelsunternehmen arbeitete. Nennen wir ihn Thomas. Er fragte mich, welche Chancen er am Arbeitsmarkt habe (großartige!) und was er tun sollte, um sich weiterzuentwickeln (sich bewerben!). Er fasste Mut. Wir waren fast am Ende unseres Gesprächs, als ich Thomas fragte, welche Kündigungsfrist er denn habe.

Seine Antwort: zwölf Monate. Zum Quartalsende. Wie bitte? Das ist ja Leibeigenschaft! Ich musste Thomas sagen, dass er mit einer zwölfmonatigen Kündigungsfrist praktisch nicht vermittelbar sei. Kein Unternehmen würde so lange auf ihn warten. Der einzige Ausweg: sofort kündigen und sich in einem halben Jahr in Ruhe nach einem neuen Job umsehen. Heute, rund fünf Jahre später, ist Thomas noch immer beim selben Arbeitgeber beschäftigt.

Eine zwölfmonatige Kündigungsfrist ist sicher ein extremer Fall, doch wir erleben es bei StepStone immer wieder, dass Bewerber sechsmonatige oder längere Kündigungsfristen haben, manchmal nur zum Quartalsende kündigen können. Die Absicht der Arbeitgeber ist klar: Ihre Mitarbeiter sollen das Unternehmen nicht einfach verlassen können. Und wenn doch, soll das Unternehmen ausreichend Zeit bekommen, einen Nachfolger zu finden. Aber mit genau dieser Mentalität schneiden wir uns ins eigene Fleisch. Die Inflexibilität unseres Arbeitsmarktes ist längst zu einem grundlegenden Hindernis unseres Fortschritts geworden.

In einer Studie, die wir bei StepStone gemeinsam mit dem Institut der deutschen Wirtschaft, Kienbaum und New Work durchgeführt haben, gaben 2021 ganze 75 Prozent der deutschen Arbeitnehmer an, im letzten Jahr zumindest gelegentlich über einen Jobwechsel nachgedacht zu haben.[226] Tatsächlich vollzogen haben diesen Schritt jedoch lediglich 11 Prozent. Das sind drei Mal weniger als in den USA.

Deutschland – ein Land der Zauderer? Fast jeder zweite Deutsche ist zehn Jahre oder länger beim aktuellen Arbeitgeber beschäftigt.[227] Lange Kündigungsfristen spielen dabei sicher eine Rolle, aber auch die Angst, sich aus einem vermeintlich sicheren Anstellungsverhältnis zu lösen. Denn die Rechtspraxis in Deutschland schafft keinerlei Anreize für unzufriedene Mitarbeiter, selbst zu kündigen.

Da wartet so mancher, dass der Arbeitgeber endlich kündigt, anstatt selbst zu kündigen. Denn obwohl das deutsche Kündigungsschutzgesetz im Falle einer Kündigung durch den Arbeitgeber eigentlich keine Abfindung vorsieht, erklären Arbeitsgerichte Kündigungen häufig für unwirksam. Dann ist eine Abfindung fällig, die sich an der Betriebszugehörigkeit bemisst. Bei mehr als zehn Jahren ist da nicht selten eine Zahlung in Höhe eines halben oder sogar ganzen Jahresgehalts drin.

Wer selbst kündigt, steht hingegen mit leeren Händen da. Mehr noch: Im neuen Job muss zunächst die sechsmonatige Probezeit überstanden werden, und auch danach fängt man mit den Abfindungszahlungen quasi wieder bei Null an. Da beißen viele lieber die Zähne zusammen, als den Neustart zu wagen.

Dabei gibt es gute Gründe, die Stelle zu wechseln! Unsere Studie zeigt: über eine Kündigung denken vor allem diejenigen nach, die an ihrem aktuellen Arbeitsplatz ihre Fähigkeiten und Kompetenzen nicht optimal einsetzen können. Denn fast nichts wirkt so demotivierend wie die Tatsache, für einen Job nicht richtig geeignet oder unterfordert zu sein. Jedes Zaudern ist eine verpasste Chance.

Wo würden wir stehen, wenn die Millionen von Menschen sich ein Herz fassten und schon jetzt eine Tätigkeit ausübten, die zu ihnen passt? Wie viel produktiver wären Unternehmen, wenn Mitarbeiter einen Arbeitsplatz hätten, der ihren Fähigkeiten und Kompetenzen entspricht?

Schon vor einiger Zeit hat die OECD länderübergreifend untersucht, wie sich Jobwechsel auf die gesamtwirtschaftliche Produktivität auswirken.[228] Das Ergebnis: Wenn Menschen die Stelle wechseln, wechseln sie tendenziell von Unternehmen mit niedriger in solche mit höherer Arbeitsproduktivität. Die Wertschöpfung und damit der Wohlstand steigen.

In einer anderen Untersuchung zeigt die OECD, dass gerade Krisenzeiten echte Produktivitätsbooster sein können. Denn in Rezessionen entlassen gerade unproduktive Unternehmen Mitarbeiter oder verschwinden komplett. Junge und innovative Unternehmen hingegen schaffen neue Arbeitsplätze.[229] Das treibt den Fortschritt.

Im Ländervergleich zeigt sich: Je flexibler die Arbeitsmärkte sind, desto schneller steigt die Produktivität nach einer Krise, die Wirtschaft wächst und damit der Wohlstand für alle. Umgekehrt wirken hohe gesetzliche Abfindungszahlungen und die Unsicherheit, ob eine Kündigung überhaupt durch die Arbeitsgerichte anerkannt wird, negativ auf die gesamtwirtschaftliche Produktivität.[230]

Je einfacher wir also Beschäftigten wie Unternehmen die Entscheidung zur Neueinstellung beziehungsweise zum Jobwechsel machen, desto eher haben wir die Chance, der Produktivitätsfalle zu entkommen. Und damit – das belegen verschiedene Studien hinlänglich – profitieren Arbeitgeber wie Arbeitnehmer: der erste in Form einer motivierten Arbeitskraft, der zweite in Form einer attraktiveren Stelle mit höherem Gehalt.[231] Und der Chance, endlich wieder einen Honeymoon zu erleben.

Never waste a good crisis

Ein angloamerikanisches Sprichwort sagt: »Never waste a good crisis.« Denn jede Krise bietet die Chance zur Erneuerung – insbesondere für den Arbeitsmarkt. Als 2008 in den USA die Pleiten von Lehman Brothers, Fannie Mae und Freddie Mac die Welt in die Finanzkrise rissen, erblickten fast zeitgleich einige uns heute gut bekannte Marken das Licht der Welt: WhatsApp, Uber, Pinterest,

Instagram, Slack und AirBnB entstanden. Heute gehören diese Internetunternehmen zu den erfolgreichsten überhaupt.

Auch in Deutschland finden gerade in Krisenzeiten größere Umwälzungen am Arbeitsmarkt statt.[232] Vor allem unproduktive Unternehmen entlassen Mitarbeiter oder melden Insolvenz an. Produktivere Unternehmen bauen hingegen Arbeitsplätze auf. Dieser Prozess der bereits angesprochenen Schumpeter'schen Zerstörung ist gesund für die Wirtschaft. Er sorgt dafür, dass innovativere, produktivere Unternehmen überleben und wachsen, während ausgediente Geschäftsmodelle vom Markt verschwinden. Eine Katharsis für die Wirtschaft.

Gerade in Krisenzeiten zeigt sich, welche Unternehmen noch eine Zukunft haben und welche nicht. Das Jahr 2009 war so ein Jahr der »Mega-Pleiten«. Viele Unternehmen überlebten die Finanzkrise nicht.[233] 34.000 Unternehmen meldeten Insolvenz an, darunter Woolworth, die Wadan-Werft, Escada, Karmann, Rosenthal oder Märklin.

Und Arcandor. Dass das Unternehmen mit 52.000 Mitarbeitern[234] 2009 Insolvenz anmelden musste, lag sicher nicht an der Finanzkrise. Das Geschäftsmodell hatte ausgedient. Richtigerweise hat sich die Bundesregierung damals dagegen entschieden, der Forderung nach Staatsbürgschaften und Krediten in Höhe von 850 Millionen Euro nachzugeben – über 16.000 Euro pro Mitarbeiter.[235]

Eine gute Investition wäre es hingegen gewesen, die Mitarbeiter weiterzubilden. Denn neue Arbeitsplätze mit neuen Anforderungen entstehen jeden Tag in Deutschland, selbst in Krisenzeiten. Fast zeitgleich mit der Pleite Arcandors wurde in Berlin ein anderer Händler gegründet: Zalando – heute ein DAX-Unternehmen mit über 17.000 Mitarbeitern und der drittgrößte Online-Händler in Deutschland.[236]

So folgenschwer Krisen und Rezessionen für Menschen sind, die von Jobangst und Arbeitsplatzabbau betroffen sind, so wichtig sind sie für eine regelmäßige Erneuerung der Wirtschaft. Krisen sorgen nicht nur dafür, dass veraltete Geschäftsmodelle verschwinden, sondern mit ihnen auch unproduktivere Arbeitsplätze. Und sie lassen neue Unternehmen entstehen, mit neuen Chancen und neuen Stellen. Selbst der Sachverständigenrat der Bundesregierung kommt zu dem Schluss, dass die sogenannte Arbeitsplatzreallokation während Rezessionen wichtig ist. Sie steigert die gesamtwirtschaftliche Produktivität und damit unseren Wohlstand.[237]

Doch in der Corona-Krise wurde dieser Erneuerungsprozess außer Kraft gesetzt. Stattdessen wurde die Wirtschaft mit der Kurzarbeit in Watte gepackt. Bis zu 87 Prozent des Lohns werden vom Staat gezahlt, wenn ein Unternehmen für seine Mitarbeiter nichts zu tun hat, und das oftmals über Monate hinweg.[238] Die Arbeitsplatzreallokation wird dadurch massiv eingeschränkt.

Während in den USA im Jahr 2020 einer von vier Arbeitnehmern bei einem neuen Arbeitgeber anheuerte,[239] hat das Instrument der Kurzarbeit den Arbeitsmarkt in Deutschland geradezu zementiert. Schlimmer noch, im Gegensatz zu vorigen Krisen haben nicht mehr, sondern weniger Menschen den Job gewechselt.[240] Kein Wunder: Unternehmen können bis heute ihre Belegschaft einfach mithilfe von Staatskosten beschäftigt halten, auch wenn nichts zu tun ist.

Am Anfang der Pandemie war es sicherlich angebracht, Beschäftigungsverluste zu verhindern. Allerdings, zu diesem Schluss kommt eine Analyse des Sachverständigenrates, wird die Kurzarbeit mittlerweile in erster Linie von unproduktiven Unternehmen genutzt.[241] Sie entziehen damit der Wirtschaft die wichtigste Ressource für den Aufschwung: Personal.

Während Hunderttausende auf Staatskosten zu Hause bleiben, wird das Wachstum in anderen Branchen aufgrund des Fehlens von Personal abgewürgt. Trotz gegenteiliger Empfehlung des Sachverständigenrates[242] befinden sich selbst Anfang 2022 noch fast 1 Million Menschen in Kurzarbeit.[243] Kosten: geschätzte 400 Millionen Euro allein in den ersten drei Monaten.[244] Die ungenutzten Potenziale an anderer Stelle nicht mit eingerechnet.

Das Thema Kurzarbeit zeigt auf eindrucksvolle Weise, wie wenig unsere aktuelle Arbeitsmarktpolitik auf die Zukunft ausgerichtet ist. Unproduktive Arbeitsplätze werden künstlich am Leben gehalten, während gleichzeitig Menschen die Chance genommen wird, sich weiterzuentwickeln. 52 Milliarden Euro hat die Corona-Pandemie alleine die Bundesagentur für Arbeit gekostet.[245] Gebracht hat es den kurzfristigen Erhalt von Arbeitsplätzen bei solchen Unternehmen, in denen es nicht genug zu tun gibt. Gekostet hat es den Aufschwung in den Branchen, in denen heute schon Zehntausende Jobs offen sind.

Dazu kommen 9 Milliarden Euro Staatshilfen für Unternehmen, deren Zukunft angesichts der Digitalisierung genauso ungewiss ist wie einst die von Arcandor, der Wadan-Werft oder Schlecker.[246] Trotz zum Teil nicht zukunftsfähiger Geschäftsmodelle werden sie am Leben gehalten und beschäftigen Menschen weiter in Berufen, die es vielleicht schon bald nicht mehr geben wird. Die Geschichte zeigt, dass das selten gut geht: die Londoner Hafenarbeiter lassen grüßen.

Zu sehr ist die Politik auf eine Kennzahl ausgerichtet, die immer unwichtiger wird: Arbeitslosigkeit. Zu wenig auf eine andere, die immer wichtiger wird: Arbeiterlosigkeit. Mit den Corona-Milliarden hätten wir einen ersten Grundstein legen können für eine produktivere Zukunft, für bessere Arbeitsplätze, für mehr Wohlstand. Die Chance haben wir verpasst.

Eines sollten wir daher für zukünftige Krisen lernen: Der Erhalt unproduktiver Arbeit lohnt sich nicht. Stattdessen sollten wir in die Zukunft investieren, in die Fähigkeiten und Kompetenzen der Menschen. Mit Weiterbildungsangeboten, die auf die Zukunft des Arbeitsmarktes ausgerichtet sind. Mit Hilfsangeboten für Menschen, die kurzfristig aufgrund Arbeitsplatzverlust in finanzielle Schieflage geraten. Und mit der Finanzierung von innovativen Unternehmen, die nachhaltig Arbeitsplätze schaffen.

»The Great Resignation« in den USA

Während in Deutschland die Inflexibilität des Arbeitsmarktes die Probleme der Arbeiterlosigkeit verstärkt, passiert in den USA etwas ganz anderes. Wer im Winter 2021/2022 in die USA blickte, kam aus dem Staunen kaum heraus. Millionen von Amerikanern kündigten ihren Job. Freiwillig. In der zweiten Hälfte des Jahres 2021 übergaben jeden Monat über 4 Millionen Angestellte ihr Kündigungsschreiben. Die Kündigungsrate lag damit bei rund 3 Prozent – pro Monat.[247]

Bei dem Tempo wechselt in einem Jahr jeder dritte Arbeitnehmer zwischen Boston und San Diego seinen Job. Und das aus einem simplen Grund. »The Incredibly Simple Reason Behind The Great Resignation« schrieb kürzlich eine Autorin im US-amerikanischen Magazin *Forbes:* 3 Millionen.[248] Bei 3 Millionen mehr offenen Stellen als Arbeitsuchenden findet derjenige, der einen Job sucht, auch einen. Die Amerikaner sprechen bereits von der »Great Resignation« – der »Großen Kündigungswelle«. Willkommen in der Arbeiterlosigkeit. Willkommen in einer Zeit, in der sich Menschen ihren Job aussuchen können. Die landesweite Massenabwanderung trifft vor allem von der Pandemie besonders gebeutelte Branchen wie den Handel oder Hotels und Gaststätten. »We all quit« – »Wir alle haben gekündigt« – stand in großen Lettern vor dem Restaurant einer amerikanischen Fast-Food-Kette.[249] Während sich Deutschland Anfang 2022 den Luxus leistet, fast jeden vierten Mitarbeiter aus dem Gastgewerbe mit Kurzarbeit zu subventionieren,[250] haben sich Kellner, Köche und Küchenhilfen in den USA längst andere Jobs gesucht.

»It's not the Great Resignation – it's the Great Upgrade!« – so twitterte der stellvertretende Direktor des Nationalen Wirtschaftsrats der USA.[251] Denn die US-Amerikaner wechselten vor allem in solche Jobs mit höherer Produktivität – und natürlich höherer Bezahlung. Die US-Wirtschaft profitiert gleich mehrfach: Die Kaufkraft der Jobwechsler steigt genauso wie die Produktivität ihrer neuen Arbeitgeber. Und da die Massenabwanderung vor allem notorisch produktivitätsschwache Branchen trifft, erhält auch noch die Gesamtwirtschaft einen Schub.

Werden Restaurants und Barbetriebe damit für immer verschwinden? Wohl kaum. Die Gastronomie ist für unsere Gesellschaft unverzichtbar. Aber sie werden innovativer werden. McDonald's oder »Oma Erika« machen es vor. Und das kommt zuallererst den Angestellten zugute, den Menschen, die mit Leidenschaft in der Gastronomie arbeiten. Und natürlich auch uns allen, in Form höherer gesellschaftlicher Produktivität.

Die »Great Resignation« ist kein neues Phänomen. Die Pandemie war lediglich ein kurzfristig sehr wirksamer Treiber einer Entwicklung, die vor gut zehn Jahren begann – und gekommen ist, um zu bleiben. Menschen werden stetig flexibler, erkennen, dass sie den Arbeitsmarkt zu ihren Gunsten nutzen können, vertrauen ihren Kompetenzen, mit denen sie auch in anderen Unternehmen und anderen Branchen schnell Fuß fassen. Schließlich war es für Arbeitnehmer noch nie so einfach, sich rund um die Uhr über neue Beschäftigungschancen zu informieren. Und das Homeoffice lässt zu, dass immer mehr von ihnen noch nicht einmal mehr umziehen müssen, um eine neue Stelle anzutreten. Die Hindernisse und Kosten für Wechselwillige sind so deutlich geringer geworden.

Übrigens, die »Great Resignation« ist längst kein reines US-Phänomen mehr. In Australien wechselten im Herbst 2021 gut ein Viertel mehr Menschen ihren Arbeitsplatz als noch vor Ausbruch der Pandemie im Herbst 2019.[252] In Großbritannien stieg die Zahl der Stellenwechsel, die nicht auf Entlassungen beruhen, auf den höchsten Stand seit 20 Jahren.[253] Und in China macht sich unter dem Stichwort »Tang Ping« eine Bewegung breit, die mit einem Jobwechsel ein ruhigeres Leben anstrebt.

Die Abkehr vom 996-Prinzip (Arbeiten von 9 Uhr morgens bis 9 Uhr abends, und das sechs Tage die Woche) beunruhigt bereits die chinesische Regierung. Aber die zumeist jüngeren Jobwechsler wissen: In einem Land mit schrumpfender Bevölkerung ist ihre Arbeitskraft mehr denn je gefragt. Und es wird schon ein Unternehmen geben, wo sich »Tang Ping«, gerne auch »Lying flat« genannt, realisieren lässt.[254]

Mit Mut hierzulande die »Great Hesitation« überwinden

Mehr als sieben von zehn Arbeitnehmern denken hierzulande darüber nach, zu kündigen. Getan hat es nur einer von zehn. In den Köpfen der Bundesbürger ist die »Great Resignation« also längst angekommen. Doch anders als in den angelsächsischen Ländern scheint auch das Beharrungsvermögen groß, es herrscht die »Great Hesitation«. Man kündigt nicht einfach, sondern bleibt zähneknirschend ein weiteres Jahr. Mit Steuergeldern werden eher marode Firmen am Leben gehalten, als Weiterbildungsangebote zu finanzieren oder Unternehmensgründungen zu fördern. Letztendlich dient dies keinem – weder dem unzufriedenen Mitarbeiter noch dem Chef oder dessen Firma, geschweige denn uns allen.

Es braucht eine Entfesselung des Arbeitsmarktes, ein »Great Upgrade«, damit Menschen endlich den Job ausüben können, der zu ihren Fähigkeiten passt. Mit flexiblen Regeln am Arbeitsmarkt können wir die Bereitschaft fördern, Neues auszuprobieren.

Spitzenreiter in Sachen Arbeitsmarktflexibilität sind die USA. Im OECD-Ranking belegen sie den ersten Platz, direkt dahinter liegt Kanada.[255] Unter den Top-Ten-Ländern befinden sich auch das Vereinigte Königreich, Irland, Japan, die Schweiz und Dänemark. Deutschland liegt von 43 Ländern auf dem 37. Platz – direkt hinter Frankreich und vor Chile und der Türkei.

Es braucht mehr Flexibilität, um Arbeitgebern Neueinstellungen und Arbeitnehmern den Jobwechsel zu erleichtern. Hohe Abfindungen erschweren es genauso wie monatelange Kündigungsfristen, spontan eine spannende Aufgabe zu übernehmen. Natürlich gibt es auch für solche Gesetze und Vertragsklauseln Gründe. Doch es wäre besser für uns alle, wenn solche Beschränkungen wegfielen und sich mehr Beschäftigte nicht nur im Kopf mit einem Jobwechsel beschäftigten, sondern ihn tatsächlich wagten.

Bei all der Flexibilität ist es jedoch wichtig, soziale Härten im Falle eines Arbeitsplatzverlustes auszugleichen. Eine Studie der OECD zeigt, dass finanzielle Hilfen die Arbeitsplatzreallokation fördern, und empfahl diese als Teil einer zukunftsgerichteten Arbeitsmarktpolitik.[256] Der Grund hierfür liegt auf der Hand. Menschen, die die Sicherheit haben, bei einem Jobverlust nicht ihre Existenz zu riskieren, sind eher bereit, mit einem frustrierenden und unproduktiven Job zu brechen, kurz zu kündigen und sich etwas Neues zu suchen.

Weg mit dem Lebenslauf – her mit dem Menschen

Eine höhere Flexibilität der Arbeitsmärkte erfordert jedoch auch ein Umdenken auf Unternehmensseite. Einstellungsprozesse sind häufig nicht nur langsam, frustrierend und ineffizient. Sie sind vor allem eines: unglaublich standardisiert und uniform. Wir haben bei StepStone untersucht, was das wichtigste Kriterium für eine Einstellung ist. Neun von zehn Personalern sagen: der Lebenslauf.[257] Möglichst stringent soll er sein. Lücken werden genauso hinterfragt wie zu häufige Arbeitgeberwechsel. Dabei können Erfahrungen aus anderen Unternehmen oder gar Branchen wertvoll sein.

Gut jedes zweite Unternehmen fordert von den Kandidaten heute noch drei Dokumente oder mehr zusätzlich zu ihrer Bewerbung, über 60 Prozent ein Anschreiben. Für mich ist das eigentlich ein Relikt aus einer vollkommen anderen Zeit. In den USA heißt es: »Hire for attitude, train for skills.« Frei übersetzt: Stelle die Menschen mit der richtigen Einstellung ein und bringe ihnen die notwendigen Fähigkeiten bei. Doch über die Einstellung, über die Persönlichkeit sagt der Lebenslauf nur wenig aus.

Was könnte revolutionärer mit dem versteiften Fokus auf lineare Erwerbsbiografien brechen als ein Quereinstieg? Die gute Neuigkeit: Er liegt im Trend. Allein im Jahr 2021 haben sich die Suchanfragen nach Quereinsteiger-Jobs mehr als verdoppelt.[258] Und das kann sich richtig lohnen, oft verdienen Quereinsteiger deutlich mehr als in ihren vorigen Stellen.

Kein Wunder, dass 90 Prozent der Arbeitnehmer offen sind für einen Branchenwechsel – sofern ein passendes Jobangebot lockt.[259] In den Unternehmen steigt mit Quereinsteigern die Vielzahl unterschiedlicher Kompetenzen und damit die Möglichkeit, von anderen zu lernen und neue Wege zu gehen. Beste Voraussetzungen für Kreativität und Innovation.

Quereinsteiger machen heute schon das, was Millionen Menschen in den kommenden zehn Jahren machen müssen: mitten im Arbeitsleben umsatteln und einen neuen Beruf ergreifen. Damit das gelingt und möglichst viele diesen Weg ohne Ängste gehen, müssen wir jetzt umsteuern, indem wir einen festen Teil der Arbeitszeit in Lernzeit verwandeln, indem wir eine Lerninfrastruktur für kleine und mittlere Betriebe schaffen und auch als Gemeinschaft mehr Geld in solche Angebote investieren, und indem wir bereits in den Schulen das Verständnis dafür wecken, dass der Abschluss dort nur der Anfang des lebenslangen Lernens ist. Das gilt für Arbeiter genauso wie für Vorstände, für Angelernte genauso wie für Akademiker. Denn eines ist sicher: Die Zeiten, in denen wir ein Leben lang ein und denselben Job ausüben, sind vorbei.

Lebenslange Upgrade-Garantie

Die Arbeitswelt wandelt sich mit rasanter Geschwindigkeit. Neue Berufe entstehen, alte verschwinden. Die vielen Quereinsteiger sind ein logisches Resultat. Und sie sind ein hervorragendes Mittel im Umgang mit dieser konstanten Veränderung. Der Trend zum Quereinstieg heißt allerdings nicht, dass wir uns zufrieden zurücklehnen könnten.

Lediglich 41 Prozent der Berufstätigen hierzulande bilden sich zumindest eine Woche pro Jahr fort. Nur in den Niederlanden liegt dieser Anteil noch geringer. Das alles ergab unsere Befragung von weltweit mehr als 200.000 Menschen im Rahmen einer Studie gemeinsam mit der Boston Consulting Group.[260] Ein niederschmetterndes Ergebnis, aber auch ein Weckruf. Mit dem Abschied der Babyboomer aus dem Erwerbsleben werden Arbeitskräfte ohnehin zum knappen Gut. Und wenn deren sinkende Zahl sich auch noch an veralteten Qualifikationen festkrallt, kommt die Wirtschaft früher oder später zum Stillstand.

Eines ist klar: Die Arbeitswelt von morgen erfordert neue Fähigkeiten. Dazu zählen natürlich grundlegende Skills, um im digitalen Zeitalter Erfolg zu haben, etwa der sichere Umgang mit Technologie und Software. Doch neben diesen Hard Skills gewinnen auch andere Fähigkeiten an Bedeutung, die schon an anderer Stelle in diesem Buch erörtert wurden: Kreativität und die Fähigkeit, komplexe Probleme zu lösen. Der Wirtschaft bereitet dieser Mangel an ausreichend ausgebildetem Personal bereits massive Bauchschmerzen. Mehr als jedes zweite Unternehmen in Deutschland beklagt einen »Skill Gap«.[261] Zwei Drittel der Führungskräfte und Personaler gehen sogar davon aus, dass dieser Gap zukünftig noch größer wird. Anders formuliert: Die vorhandenen Kompetenzen in der Belegschaft entsprechen schon heute nicht den Anforderungen, die es braucht, um zukünftig erfolgreich zu sein. Eigentlich ein Grund zu handeln, doch nur jedes fünfte Unternehmen weiß, welche Kompetenzen es genau sind, die eigentlich fehlen. Der Rest tappt im Dunkeln. Wie soll das »Great Upgrade« gelingen, wenn wir nicht wissen, wohin die Reise geht?

Die Digitalunternehmen des Silicon Valley räumen seit Längerem ihrem Team einen Teil der Arbeitszeit frei, um sich weiterzubilden oder eigene Ideen zu verfolgen. Wer im Wettbewerb bestehen will, muss in die eigene Mannschaft investieren, zumal es immer schwieriger wird, Fachkräfte mit passender Qualifikation von außen zu rekrutieren. Auch wir bei StepStone beschäftigen mittlerweile einen ganzen Trainerstab, um unsere Mannschaft fit für die Zukunft zu machen.

Apropos Trainerstab: Vielleicht sollten sich Unternehmen den Profifußball zum Vorbild nehmen. Denn im Grunde ist eine Fußballmannschaft ein kleines Unternehmen. Mit Verve diskutieren wir den Marktwert von Fußballspielern. Vereine rühmen sich damit, wer die wertvollste Mannschaft hat. Was eine Mannschaft so wertvoll macht, ist klar: smarte Transfers, aber auch der Aufbau von Talenten und natürlich intensives tägliches Training. Zeit, den Marktwert der eigenen Mannschaft zu erhöhen! Zeit für ein »Great Upgrade«!

Flexibilität auch bei der Rente

Wenn wir über mehr Flexibilität und lebenslanges Lernen sprechen, kommen wir an einem Thema nicht vorbei: dem Renteneintrittsalter. Fast ein Jahrhundert lang lag es bei 65 Jahren. Und das, obwohl

Menschen immer älter wurden. Statt rund 70 Jahre wie zu Zeiten des Wirtschaftswunders werden wir heute über 80 Jahre alt.[262]

Angesichts dieser steigenden Lebenserwartung beschloss die Bundesregierung daher 2007, das reguläre Eintrittsalter bis 2031 auf 67 Jahre anzuheben. Doch obwohl das passiert ist, tut sich nicht viel. Seit zehn Jahren stagniert das Alter, in dem Menschen tatsächlich in Rente gehen, bei rund 64 Jahren.[263]

In zwei Dritteln der OECD-Länder liegt es höher, besonders in den Ländern, die stark von niedrigen Geburtenraten betroffen sind. So gehen die Menschen in Japan durchschnittlich mit 71 in Rente, in Südkorea sogar mit über 72 Jahren.[264] Und selbst in den USA liegt das effektive Renteneintrittsalter bei rund 68 Jahren, obwohl das Land nicht im gleichen Ausmaß vom Rückgang der Erwerbsbevölkerung betroffen ist.

1960 folgten durchschnittlich zehn Jahre Rente auf das Berufsleben, heute sind es doppelt so viele.[265] Über 20 Jahre lang lassen wir uns mittlerweile den Ruhestand von einer immer kleiner werdenden Erwerbsbevölkerung finanzieren. Das wird bald kaum noch zu finanzieren sein. Schon heute fließt mehr als ein Viertel des Bundeshaushalts in die Rentenversicherung, über 100 Milliarden Euro Steuergeld pro Jahr.[266] Und in den kommenden Jahrzehnten wird deren Anteil auf mehr als die Hälfte des gesamten Bundeshaushalts wachsen! Investitionen in Klimaschutz, in Bildung, in Infrastruktur dürften dann kaum noch möglich sein.

Dabei sind es hierzulande gar nicht mal immer die Arbeitnehmer, die gern früh in Rente gehen. Viel zu oft sind es immer noch die Unternehmen selbst, die Anreize für eine Frühverrentung setzen und im Rahmen von Vorruhestandsprogrammen Personalabbau durch die Hintertür betreiben. Das mag für das Unternehmen von Vorteil sein, angesichts der bevorstehenden Arbeiterlosigkeit können wir uns das jedoch nicht mehr leisten.

Stattdessen müssen wir rechtzeitig investieren, um Menschen ab Mitte 50 fit für einen altersgerechteren Beruf zu machen. Durch lebenslanges Lernen, durch rechtzeitige Weiterbildungsangebote. Wir sind immer länger fit, wir werden älter. Möglich machten dies vor allem ein enormer medizinischer Fortschritt und ein gesünderer Lebenswandel.

Gerade bei Höherqualifizierten ist es daher bereits Trend, länger berufstätig zu sein: ein Viertel von ihnen arbeitet noch bis zum 70. Lebensjahr.[267] Und dank Digitalisierung und Automatisierung wird es zukünftig immer mehr Berufe geben, die auch im Alter ausgeübt werden können, bei denen es nicht mehr auf Muskelkraft, sondern auf Kreativität, Problemlösungsfähigkeit und Erfahrung ankommt. Fähigkeiten, die im Alter nicht abnehmen.[268]

Um einem höheren Renteneintrittsalter den Schrecken zu nehmen, sollten wir zu Beginn auf Freiwilligkeit setzen. Wenn ein Beschäftigter länger arbeiten will, darf er das. Und wird finanziell noch mehr belohnt, als dies heute der Fall ist. Doch was spricht eigentlich dagegen, das Renteneintrittsalter ganz abzuschaffen, dafür aber Anreize zu setzen, so lange zu arbeiten, wie man möchte?

Vielleicht stellen wir dann fest, dass wir eigentlich ganz gerne arbeiten. Denn während ältere Menschen in Deutschland überdurchschnittlich unter Einsamkeit leiden,[269] sehen ältere Arbeitnehmer einen wesentlichen Nutzen im Zusammenkommen mit anderen Menschen.[270] Und wer auch im Alter seine kognitiven Fähigkeiten trainiert, Erfolgserlebnisse hat und sozial vernetzt ist, lebt länger und gesünder.

Das ist übrigens wissenschaftlich erwiesen. Forscher der Oregon State University fanden heraus, dass Menschen, die auch mit 66 Jahren noch arbeiten, ein rund 10 Prozent geringeres Risiko haben, in diesem Zeitraum zu sterben.[271] Welches Argument könnte überzeugender sein?

Endlich wieder Honeymoon

Deutschland steht vor einer fundamentalen Umwälzung. In den kommenden Jahren wird es mehr freie Stellen als Bewerber geben. Wo früher die Nation gebannt auf die aktuelle Arbeitslosenzahl wartete, wird künftig die Zahl der offenen Positionen die Schlagzeilen dominieren. Ein starrer Arbeitsmarkt, in dem Menschen jahrzehntelang statt Erfahrungen nur Abfindungsansprüche und Rentenpunkte sammeln, macht weder produktiv noch glücklich.

Es ist daher Zeit, mehr Flexibilität zu wagen. Durch weniger Regulierung des Arbeitsmarktes, durch mehr Investitionen in lebenslanges Lernen und ja: durch eine längere Lebensarbeitszeit. Damit niemand mehr in ausgedienten Berufen geparkt wird. Damit sich Menschen dem Wandel der Arbeitswelt besser anpassen können – ein Leben lang. Damit sie produktiveren Tätigkeiten nachgehen können, die sich auch bezahlt machen. Damit mehr Menschen einen Job haben, in dem sie sich selbst entfalten können. Damit wir statt Dauerehe endlich wieder einen Honeymoon erleben.

DIVERSITÄT: DAS ENDE DER UNTERSCHIEDE

Neben ihren Herausforderungen bietet die Arbeiterlosigkeit auch Chancen. Besonders eine: Chancengleichheit. In Zeiten knapper Fachkräfte darf es keine Benachteiligung aufgrund von Herkunft, sozialer oder ethnischer Merkmale mehr geben. Aus Respekt für jeden Einzelnen. Im Interesse von uns allen. Denn nur wenn wir sämtliche Kräfte mobilisieren, können wir nach dem Abschied der Babyboomer aus dem Erwerbsleben unseren Wohlstand erhalten.

Werden die 2020er-Jahre zum Jahrzehnt der Chancengleichheit? Die Aussichten stehen gut, denn die Arbeiterlosigkeit wird die lange Phase der Ungleichheit am Arbeitsmarkt beenden. Einfach, weil es keine Alternative gibt. Die gute Nachricht: Der Bewusstseinswandel hat längst eingesetzt. Im StepStone-Diversity-Report bezeichneten zuletzt drei von fünf befragten Führungskräften Diversität und Inklusion als wichtige Antwort auf den Fachkräftemangel.[272] Mehr Vielfalt lindert aber nicht nur die Personalnöte. So zeigt eine Studie, dass Unternehmen erfolgreicher sind, wenn sie diverse Teams aufbauen. Sie haben eine deutlich höhere Chance, überdurchschnittlich profitabel zu sein.[273]

Eine Vielfalt unterschiedlicher Hintergründe und Erfahrungen steigert zudem die Innovationskraft eines Unternehmens. Unternehmen mit diverseren Führungsteams sind fast doppelt so innovativ wie solche, in denen das Management homogen zusammengesetzt ist.[274]

Wer sich diesen Erkenntnissen verschließt, könnte schon sehr bald vergeblich nach neuen Talenten Ausschau halten. 77 Prozent würden sich eher bei Unternehmen bewerben, die sich als tolerant, vielfältig und offen präsentieren. 78 Prozent bevorzugen einen Job in einem hinsichtlich Alter, Geschlecht und Herkunft gemischt besetzten Team. Und zwei Drittel reagieren eher auf eine Stellenanzeige von Unternehmen, die mit gleichen Karrierechancen für Frauen und Männer werben.[275] Die Gesellschaft ist deutlich weiter, als mancher vielleicht noch denkt.

Nie war die Gelegenheit besser, die nach wie vor vorhandene Ungleichbehandlung von Menschen unterschiedlichen Geschlechts, Alters, Herkunft, sexueller Orientierung, Religion oder Hautfarbe zu überwinden. Das ist das »Promised Land«, die große Verheißung unserer Zeit. Denn in Zeiten der Arbeiterlosigkeit ist spätestens auch ökonomisch kein Platz mehr für Diskriminierung.

Wie unbewusste Vorurteile Ungleichheit schaffen

Wir bei StepStone geben unser Bestes, Chancengerechtigkeit im Alltag mit fast 4000 Mitarbeitern aus 50 Nationen in 20 Ländern zu leben. Doch auch wir sind nicht perfekt, auch wir leben mit unseren Vorurteilen, unseren Vorbehalten. Täglich beobachten wir, wie »unconcious biases« das Verhalten unserer Nutzer beeinflussen. Bei diesen unterbewussten Vorurteilen greifen wir auf Stereotype zurück und verfallen in tradierte Handlungsmuster.

Ein Klassiker ist der besorgte Blick auf eine werdende Mutter, verbunden mit der Frage, ob sie Kind und Karriere unter einen Hut bekommen wird. Fragen wir uns das ernsthaft bei einem Vater? Wohl eher nicht! Unbewusste Vorurteile existieren nicht nur in Bezug auf das Geschlecht, sondern auch im Hinblick auf soziale Herkunft, Hautfarbe, Alter, Herkunft oder sexuelle Orientierung. In der Entwicklung des Menschen halfen solche Vereinfachungen und Kategorisierungen, eine komplexe Welt leichter zu begreifen.

Doch dieses Schubladendenken schafft Ungleichheit. Unbewusst haben wir bestimmte Vorstellungen, wie Chefs aussehen, wie sie sich verhalten. Michelle King, die bei Netflix als »Director of Inclusion« und der UN gearbeitet hat, vergleicht dieses stereotype

Bild einer Führungskraft mit Don Draper, der Hauptfigur aus der US-amerikanischen Fernsehserie *Mad Men*.[276] Männlich und weiß, groß und dominant, hart arbeitend und emotionslos – so stellen sich bis heute viele Menschen den typischen Chef vor.

Die US-Professorin Virginia Schein gab diesem Phänomen schon in den 1970er-Jahren einen Namen: »Think Manager – Think Male«.[277] Bis heute halten wir Männer für »durchsetzungsfähiger« als Frauen.[278] Frauen hingegen schreiben wir zu, »sozialer« und »sensibler« als Männer zu sein.

Das beeinflusst die Selbstwahrnehmung: Was typische Chef-Attribute wie Durchsetzungsvermögen oder Führungskompetenz angeht, bewerten sich Frauen selbst schlechter als ihre männlichen Kollegen. Nachweislich sind solche Geschlechterstereotype das größte Hindernis für den Aufstieg von Frauen.[279] Heute ist nur knapp jede dritte Führungskraft in Deutschland weiblich.[280]

Jeden Tag beeinflussen genau dieses Stereotype unbewusst Tausende Personalentscheidungen und erschweren die Gleichberechtigung. Worte wie »wettbewerbsorientiert«, »dominant« oder »führungsstark« sprechen eher Männer an, während »unterstützen«, »verstehen« oder »zwischenmenschlich« von Frauen wahrgenommen werden. Wir haben herausgefunden, dass in mehr als der Hälfte aller Stellenbeschreibungen nach wie vor solche Formulierungen genutzt werden, die Frauen und Männer unterschiedlich interpretieren. Und das in einer Zeit, wo sich gerade Personalverantwortliche um genderneutrale Formulierungen bemühen.

Solchen Nuancen ist meine französische Kollegin Mimouna Mahdaoui auf die Spur gekommen. Sie verantwortet bei StepStone das Thema Diversity in der globalen Produkt- und Tech-Organisation. Doch angefangen hat es damit, dass sie sich die Frage gestellt hat, wie solche »unconscious gender biases« aufgedeckt werden können. Das Ergebnis ist der Gender Bias Decoder – eine Software, die stereotype Sprache identifiziert.

Algorithmen analysieren automatisch binnen Sekunden Stellenbeschreibungen von Unternehmen, markieren kritische Begriffe und schlagen Alternativen vor. Mich fasziniert es jedes Mal aufs

Neue, wenn ich es aufs Geratewohl probiere. Wo ich »leistungs-stark« eingebe, schlägt der Decoder »talentiert« vor, wo ich von »ambitioniert« schreibe, plädiert er für »engagiert«.

Jetzt könnte einer das für eine nette Spielerei halten oder gar für ein kostenloses Marketing-Gimmick von StepStone. Doch weit gefehlt. Schon die erste Untersuchung hat gezeigt, dass mit dem Gender Bias Decoder optimierte Texte zu 15 Prozent mehr Bewerbungen von Frauen führen. Wer weiß, wie händeringend viele Firmen inzwischen neue Kräfte suchen, ahnt, was 15 Prozent mehr Bewerbungen bedeuten können. Übrigens: Mehr weiblich kodierte Worte in der Stellenanzeige haben keinen negativen Einfluss auf das Bewerberverhalten von Männern. Eine Win-win-Situation ohne Verlierer.

Mit einer zeitgemäßen Sprache ist es natürlich nicht getan. In den Köpfen gibt es viele weitere Vorurteile, sie drücken sich in Begriffen wie »Rabenmutter« oder »Teilzeitmutti« aus. Die damit verbundenen Vorurteile lassen sich dann wirksam überwinden, wenn wir Diversität wirklich leben und eine neue gesellschaftliche Wirklichkeit schaffen, in der es selbstverständlich ist, dass Frauen wie Männer arbeiten und sich um ihre Kinder kümmern. In der Frauen wie Männer je nach persönlichem Wunsch in Voll- oder in Teilzeit arbeiten können. In der Mütter wie Väter Karriere machen und dennoch genügend Zeit für ihre Kinder haben.

Die ernüchternde Realität: Männer arbeiten Vollzeit, Frauen Teilzeit

Noch ist es leider nicht so weit. Allen Bemühungen um Gleichberechtigung zum Trotz liegt das volle Potenzial von Millionen weiblichen Erwerbsfähigen in Deutschland nach wie vor brach. Zwar sind mittlerweile 75 Prozent der Frauen im Alter von 20 bis 64 Jahren berufstätig.[281] Zum Vergleich: Bei den Männern liegt diese Quote mit 83 Prozent nur noch wenig höher. Doch während fast 90 Prozent der männlichen Kollegen in Vollzeit arbeiten, sind es bei den Frauen nur gut die Hälfte.[282] Fast jede zweite erwerbstätige Frau arbeitet in

Teilzeit. Nur in drei EU-Ländern liegt diese Quote noch höher.[283] Hauptgrund der in Teilzeit arbeitenden Frauen: die Betreuung der Familie.[284]

Wir haben den Anspruch, ein innovatives Hochtechnologieland zu sein. Gleichzeitig scheinen wir aber ein tradiertes Bild der Geschlechterrollen zu haben, wobei der Frau immer noch oft die Aufgabe des Zuverdieners zukommt. Schon wenn wir uns nur dem EU-Durchschnitt von 65 Prozent in Vollzeit arbeitenden Frauen annäherten, könnten wir dem Abschied der Babyboomer aus dem Erwerbsleben hierzulande wesentlich gelassener entgegensehen und gleichzeitig Millionen von Frauen neue Karriere- und Verdienstperspektiven geben. Doch das Gegenteil passiert: Der Anteil der Frauen, die sich für einen Job in Teilzeit entscheiden, steigt von Jahr zu Jahr.

Die Pandemie hat diesen Trend noch verstärkt. Anders als in anderen EU-Ländern konnten auch deshalb Kitas und Schulen so lange geschlossen bleiben, weil wir uns auf Millionen von Müttern verlassen haben, die die Kinderbetreuung neben ihrem Teilzeitjob schon irgendwie wuppen. Auf fast zehn Stunden erhöhte sich der Betreuungsaufwand von Müttern, bei den Vätern war es nur gut die Hälfte.[285] Die Soziologin Jutta Allmendinger nannte dies eine »Retraditionalisierung« des deutschen Frauenbildes.[286]

»Gender Gaps«

Die Lücke zwischen Frauen und Männern hat, insbesondere in Deutschland, historische Gründe, hängt aber auch mit gesellschaftlichen Wertvorstellungen zusammen. Der Soziologe Gøsta Esping-Andersen beobachtete bereits vor 30 Jahren eine im Vergleich zu anderen Ländern klassische Rollenteilung zwischen männlichen »Breadwinnern« und weiblichen »Caregivern«.[287] Genauso war die bundesrepublikanische Gesellschaft der Nachkriegszeit strukturiert: Der Mann verdiente als Ernährer das Einkommen, die Frau blieb daheim.[288]

Bis heute dominiert in den Köpfen die Vorstellung, dass eine Frau als Mutter andere Prioritäten setzen müsse. Die Geburt ist der Knackpunkt, an dem sich die Berufsbiografien von Paaren auseinanderentwickeln. Die Folge: Frauen geraten in finanzielle Abhängigkeit und sind schlechter fürs Alter abgesichert. Und auch ihre Männer bleiben nicht ohne Blessuren. Auf ihnen lastet der Druck, genügend zu verdienen, und ihnen bleibt nur wenig Zeit für ihren Nachwuchs. Ein anachronistisches Modell. Janet Yellen, US-Finanzministerin und langjährige Präsidentin der US-Notenbank Federal Reserve, erklärte im Mai 2020, dass das amerikanische Bruttoinlandsprodukt 5 Prozent höher ausfallen könnte – das ist immerhin rund 1 Billion US-Dollar –, wenn Frauen genauso viel arbeiten würden wie Männer, statt sich unentgeltlich um Familienangehörige zu kümmern.[289]

Diesen Unterschied nennen Fachleute »Gender Care Gap«. Er beschreibt den Mehraufwand von Frauen hinsichtlich der unbezahlten Care-Arbeit gegenüber ihren männlichen Partnern. In Deutschland liegt dieser Gap bei über 50 Prozent – so viel mehr Zeit bringen Frauen im Vergleich zu Männern für unbezahlte Sorgearbeit auf.[290] Bei Paaren mit Kindern liegt der Unterschied bei über 80 Prozent.

Dazu kommt eine weitere Ungleichbehandlung: das Gehalt. Zum einen verdienen Frauen in Teilzeit natürlich schon per se weniger, als sie in Vollzeit erhalten würden. Dazu kommt der sogenannte »Gender Pay Gap«, also der Gehaltsunterschied zwischen Männern und Frauen. Dieser liegt nach unseren Analysen bei über 20 Prozent.[291]

Zum größten Teil wird der Unterschied erklärt durch Faktoren wie Branche, Beruf oder Position. Oftmals arbeiten Frauen in solchen Berufen, in denen ohnehin ein geringeres Gehalt gezahlt wird. Doch auch wenn diese Faktoren herausgerechnet werden, bleibt eine Lücke von gut 5 Prozent, bei Führungskräften sind es sogar noch mehr. Für diese Lücke gibt es keinen guten Grund. Sie ist Ausdruck unserer Ungleichbehandlung von Männern und Frauen.

Aus meiner Sicht gibt es drei entscheidende Hebel zur Überwindung der Ungleichbehandlung von Männern und Frauen: Wir müssen die Kinderbetreuung auf ein neues Niveau heben, den Arbeitsmarkt stärker flexibilisieren und bestehende Vorurteile überwinden.

Hebel 1: Beschleunigter Ausbau
der Kinderbetreuung

Wenn wir mehr Frauen für einen Vollzeitjob gewinnen wollen, müssen wir Eltern die Sorge um eine gute Betreuung ihrer Kinder abnehmen. Bislang jonglieren Millionen Haushalte nach wie vor mit einer Mischung aus zeitlich begrenzter Betreuung in Kindergärten und Schulen, Einbindung von Großeltern und Freunden sowie in wohlhabenderen Kreisen mit der Beschäftigung von Au-Pairs und Babysittern. Je attraktiver und verlässlicher das Umfeld, desto höher der Anteil erwerbstätiger Frauen.

Hinzu kommt der unverminderte Ausbau einer Ganztages-Kinderbetreuung bis zu einem Alter, wo man den Nachwuchs zumindest für ein paar Stunden alleine zu Hause lassen kann. Daran hapert es in Deutschland nach wie vor. So sucht gut die Hälfte aller Eltern von Kindern unter drei Jahren einen Betreuungsplatz[292], doch nur ein Drittel bekommt einen.[293] Und obwohl bereits Milliarden Euro geflossen sind, fehlten 2020 bundesweit noch rund 340.000 Plätze. Ein Blick in eines unserer Nachbarländer könnte helfen. Dänemark gilt schon lange als Vorreiter in Sachen Kinderfreundlichkeit und Betreuungsangeboten.[294] Hier sind Ganztagsbetreuung und Doppelvollzeit der Eltern die Regel. Die Dänen sind in diesem Punkt deutlich besser vorbereitet auf die Arbeiterlosigkeit als wir.

Allerdings lässt sich mit mehr Infrastruktur allein das Problem nicht lösen. Es gibt viel zu wenige Erzieherinnen und Erzieher. Ohne eine Aufwertung dieses Berufsprofils inklusive einer besseren Bezahlung werden wir diese Lücke nicht schließen können.

Hebel 2: Finanzielle Fehlanreize abschaffen

Die Zeiten, in denen Menschen unterschiedlicher Herkunft bei gleicher Arbeit unterschiedlich bezahlt werden, müssen der Vergangenheit angehören. Mit verbindlichen Zielen leisten Unternehmen nicht nur einen Beitrag für mehr Gleichberechtigung, sondern haben einen entscheidenden Wettbewerbsvorteil im Kampf um die besten Köpfe.

Fakten sollten wir auch an anderer Stelle schaffen: mit einer Reform des Ehegattensplittings. Die Steuerklasse V für den schlechter verdienenden Partner wirkt wie eine Strafsteuer, da vom Bruttogehalt nur wenig übrig bleibt. Mir ist bewusst, dass das am Ende des Jahres über die Steuererklärung wieder ausgeglichen wird, aber der monatliche Schmerz bleibt. Warum soll ich arbeiten, wenn nur so wenig im Portemonnaie ankommt?

Die Ampel-Koalition will sich dieses Themas nun annehmen und laut Koalitionsvertrag »mehr Fairness«[295] schaffen. Aber es geht um mehr. Nämlich um das Überwinden des Vorurteils, dass sich ein Wiedereinstieg für Frauen nicht lohnt. Das stimmte noch nie, aber hoffentlich erkennen Frauen genauso wie schlechter verdienende Männer das bald auch auf ihrem monatlichen Gehaltsnachweis. Ein weiterer kleiner Schritt auf dem Weg zur wahren Gleichberechtigung.

Hebel 3: Vorurteile überwinden

Bleibt der vielleicht kniffligste Punkt: Wie können wir unsere Vorurteile überwinden? Die Antwort ist so banal wie mühsam: indem sich jede und jeder von uns jeden Tag aufs Neue klarmacht, dass solche Vorurteile das eigene Denken und Handeln beeinflussen und dass manche Menschen mit größeren Barrieren im Berufsleben zu kämpfen haben als andere. Dieser Prozess braucht Zeit. Er lässt sich beschleunigen, je vielfältiger die Arbeitswelt tatsächlich wird.

Weibliche CEOs, Top-Manager in Teilzeit, gefeierte Unternehmerinnen in einer Patchwork-Familie – je mehr solcher Mut machender Geschichten in die Öffentlichkeit gelangen, desto niedriger die Barriere für andere, ihnen zu folgen. Was spricht eigentlich gegen einen Minister in Elternzeit? Ein Vorbild wäre US-Verkehrsminister Pete Buttigieg, der genau das nach der Adoption von Zwillingen machte.

Noch ernten solche Vorreiter oft eine Mischung aus Spott und Unverständnis. Doch mit jedem weiteren Beispiel reift ein solches Verhalten zur Normalität. Das Vorurteil wird mit Fakten widerlegt. Wir brauchen Menschen, die vorangehen, die Vielfalt gezielt fördern, leben und sich an die Seite all jener stellen, die aktuell nicht die gleichen Chancen haben.

Diversity endet nicht beim Geschlecht

Gleichberechtigung endet natürlich nicht mit der Chancengleichheit von Männern und Frauen. Vorurteile und Benachteiligung existieren nach wie vor in Bezug auf unterschiedlichste Attribute, etwa Hautfarbe, Religion, Alter, sexuelle Orientierung oder Behinderung. »Young Professionals« lösen in unseren Köpfen andere Bilder aus als »Best Ager«. Hier prägen Vorurteile genauso unser Denken und verhindern gleichzeitig faire Berufschancen oder Gehälter. Auch wenn es manchmal schwerfällt, unsere eigenen Vorurteile einzugestehen: Die Zeit ist reif. Angesichts der Arbeiterlosigkeit können wir uns ein solches Denken sowieso nicht mehr leisten. Wir brauchen jeden einzelnen Menschen.

TEIL 4

EIN NEW DEAL GEGEN DIE ARBEITERLOSIGKEIT

GEGENSTEUERN AUF DEM WEG IN DIE ARBEITERLOSIGKEIT

Das Schrumpfen der Bevölkerung in Deutschland, Europa und bald der gesamten Welt ist weder eine Utopie noch eine Dystopie. Es ist vielmehr ein Fakt. Und ein Weckruf: Statt der über Jahrzehnte befürchteten »Population Bomb« werden wir einen »Population Drop« erleben – mit gewaltigen Konsequenzen. Denn damit wird das knapp, was Fortschritt und Wachstum in den vergangenen 250 Jahren getrieben hat: der Mensch.

Millionen strömten in Fabriken und Büros und kurbelten mit ihren Einkommen den Konsum an. Sie sorgten mit ihren Steuergeldern dafür, dass investiert werden konnte, in Bildung, in Gesundheit, in Forschung, in Infrastruktur. Und in ein Sozialsystem, das eine immer größer werdende Zahl von Rentnern finanziert. Nun beginnt dieser Motor zu stottern. In Japan, China, Italien, Spanien und seit Kurzem auch in Deutschland sinkt die Einwohnerzahl.

Es ist ein Vorgeschmack auf das, was weltweit passieren wird. Denn voraussichtlich in gut 40 Jahren beginnt die Menschheit – kurz vor Erreichen der 10-Milliarden-Marke – zu schrumpfen. Vielleicht werden am Ende dieses Jahrhunderts sogar weniger Menschen den Planeten bevölkern als heute.

Zunächst einmal ist dies eine gute Nachricht für unsere Erde und ihr Ökosystem. Die Übervölkerung scheint abgewendet, das Wachstum der zerstörerischen Spezies Mensch aufgehalten. Groß war die Sorge, der Mensch könnte den Planeten bis zur Unbewohnbarkeit ausbeuten. Der Club of Rome sah vor 50 Jahren die Menschheit an Umweltzerstörung und der Verknappung der Rohstoffe zugrunde gehen.

Diese düsteren Prophezeiungen sind zum Glück nicht eingetreten. Die Prognosen zur Bevölkerungsentwicklung zeigen vielmehr, wie groß die Selbstheilungskräfte der Natur sind: größer, als sich die meisten Menschen bisher vorgestellt haben.

Normalerweise verhindern ein begrenztes Nahrungsangebot oder Krankheiten die Überpopulation einer Spezies. Dieser Mechanismus funktionierte über Millionen von Jahren. Die Welt befand sich im Gleichgewicht – bis der Mensch kam. Erst der Mensch überwand die natürlichen Wachstumshemmnisse, er besiegte den Hunger, er besiegte die meisten Krankheiten. Scheinbar nichts konnte die zerstörerische Ausbreitung des Menschen stoppen.

Angesichts dessen war die Furcht vor einer Bevölkerungsexplosion durchaus nicht ganz unbegründet. Doch die Natur hat noch einen Trick parat, eine weitere Wachstumsschranke, die lange verborgen blieb: den Wohlstand. Denn steigende Lebensstandards verleiten den Menschen offensichtlich dazu, sich ganz bewusst für weniger Nachkommen zu entscheiden. So wenige, dass es auf lange Sicht nicht einmal zur Erhaltung der Populationsgröße reicht. Darauf muss man erst einmal kommen.

Lange haben wir den Zusammenhang zwischen Wohlstand und Geburtenraten übersehen. Das ist auch nicht verwunderlich, denn zunächst bewirkt der Fortschritt vor allem einen Rückgang der Sterblichkeit. Die Bevölkerung beginnt rapide zu wachsen. Doch schon kurze Zeit später führen Bildung, Urbanisierung und Emanzipation zu sinkenden Geburtenraten, bis diese irgendwann ein Niveau erreichen, dass es nicht einmal mehr zum Bevölkerungserhalt ausreicht.

Fortschritt: nur eine Anomalie der Geschichte?

Die niedrigen Geburtenraten beeinflussen unmittelbar unser Wirtschaftswachstum und damit unseren Wohlstand. Wenn wir nichts unternehmen, droht mit dem Schrumpfen der Erwerbsbevölkerung

die zweieinhalb Jahrhunderte dauernde, einzigartige Fortschrittsgeschichte der industriellen Revolution zu enden. Zweieinhalb Jahrhunderte, in denen nicht nur Deutschland, sondern praktisch alle
heutigen Industrienationen von zwei Entwicklungen profitierten:
einer stark steigenden Bevölkerungszahl gepaart mit einer gleichzeitig stark steigenden Pro-Kopf-Produktivität. Deren Ende könnte
das Ende der industriellen Revolution bedeuten, sozusagen die
Un-Revolution.

Eine solche Un-Revolution hat zwei Konsequenzen: Zunächst
einmal scheiden mehr Menschen aus dem Arbeitsmarkt aus, als
von unten nachrücken, das Erwerbspotenzial schrumpft also. Diese
Entwicklung betrifft nicht nur uns in Deutschland, sondern ganz
Europa, große Teile Asiens und Südamerika. Statt Arbeitslosigkeit
droht uns zukünftig Arbeiterlosigkeit: leere Büros, geschlossene
Geschäfte, verstaubte Computer, stillstehende Maschinen, geparkte
LKWs.

Wir erleben die Arbeiterlosigkeit schon heute, vor allem im
Handwerk, im Gesundheitswesen, in den Schulen. In den kommenden Jahren werden viele weitere Branchen und Berufsfelder da-
zukommen. Die Arbeiterlosigkeit ist keine abstrakte Gefahr, sie hat
sehr reale Konsequenzen. Schon heute stellt es die meisten Unternehmen vor große Herausforderungen, ihre offenen Stellen zu besetzen. Selbst Theologen und Bestatter werden knapp.

Doch das Fehlen von Lokführern, Erziehern, Lehrern, Ingenieuren, Ärzten, Feuerwehrleuten, Pflegekräften und Programmierern
wird noch viel weitreichendere Konsequenzen haben. Mit weniger
Mitarbeitern können viele Unternehmen weniger herstellen oder
leisten. Die Folge: weniger Umsatz und damit weniger Wirtschaftswachstum und damit letztendlich weniger Wohlstand für alle. Und
das ist erst der Anfang. Um die Mitte des Jahrhunderts wird die ge-
burtenstarke Babyboomer-Generation ihre natürliche Lebensgrenze
erreichen. Damit beschleunigt sich der Rückgang der Gesamtbevöl-
kerung. Doch wo weniger Menschen leben, schrumpfen auch die
privaten Konsumausgaben – und die machen mehr als die Hälfte
des deutschen Bruttoinlandsprodukts aus.

Es droht sich eine Abwärtsspirale in Gang zu setzen, die dann kaum noch zu stoppen sein würde. Sie wäre charakterisiert durch schrumpfende Absatzmärkte, sinkende Investitionen, eine sinkende Produktivität, sinkende Löhne, sinkende Steuereinnahmen sowie damit auch sinkende staatliche Ausgaben für Bildung, Infrastruktur, Gesundheits- und Rentensystem.

Diese Abwärtsspirale beginnt in so kleinen Schritten, dass wir kaum Notiz von ihr nehmen. Wer interessiert sich schon für Bevölkerungsstatistiken oder den Verlauf der Produktivität? Noch halten viele das aktuelle Stagnieren von Bevölkerung und Produktivität für eine Anomalie, die sich schon wieder einpendelt. Dabei waren die eigentliche Anomalie die vergangenen 250 Jahre, als Bevölkerung und Produktivität in einzigartiger Weise stiegen. Eine Anomalie, an die wir uns gewöhnt haben.

Ein »German Traum«

Unsere Vorfahren haben Ende des 18. Jahrhunderts begonnen, sich aus der Armutsfalle zu befreien. Mit bahnbrechenden Erfindungen haben sie die Landwirtschaft revolutioniert und dafür gesorgt, dass eine Überwindung des Hungers möglich erscheint. Sie haben Medikamente, Impfstoffe und neue Behandlungsmethoden erfunden, die uns vor den meisten über Jahrhunderte todbringenden Krankheiten schützen.

In kürzester Zeit haben sie erst das Pferd durch das Automobil abgelöst, um nur 40 Jahre später mit dem Flugzeug den Atlantik zu überqueren. Sie haben das Haus mit Strom, Gas, Wasser, Telefon und Internet vernetzt. Sie haben ein Bildungssystem geschaffen, in dem jedes Kind unabhängig von seiner Herkunft die Chance auf ein unabhängiges Leben erhält. Die meisten hierzulande haben einen Wohlstand erreicht, der noch zu Beginn des 20. Jahrhunderts undenkbar schien. Er hat uns Frieden und Sicherheit beschert. Doch dieser Wohlstand ist in Gefahr. Seien wir ehrlich: Wir spüren es längst, dass etwas nicht stimmt.

Es liegt in unserer Hand, zu verhindern, dass die Arbeiterlosigkeit die Wirtschaft lahmlegt, dass der Fortschritt versiegt. Dass Unternehmen weniger investieren, weil sie keine Wachstumschancen sehen. Dass die Infrastruktur verfällt, weil Steuereinnahmen sinken. Dass Investitionen in Forschung und Entwicklung sowie Bildung sinken. Dass die Kosten für Rente und Gesundheit in einer alternden Gesellschaft nicht mehr zu finanzieren sind. Dass der soziale Zusammenhalt in unserem Land bedroht wird.

Lassen Sie uns daher einen Traum von einer besseren Zukunft entwickeln, einen »German Traum«, ohne ein »Weiter so«, ohne ein Festhalten an alten Rezepten, sondern mit dem Mut, die Zukunft neu zu gestalten. Die Zukunft Deutschlands, Europas und vielleicht sogar der ganzen Welt. Davon handelt dieses Buch. Es gibt Impulse und Beispiele, wie Menschen und Länder schon heute der Arbeiterlosigkeit begegnen und neue Wege gehen. Sie sollen Debatten auslösen und Denkanstöße geben für neue Konzepte und Strategien.

Eine Revolution gegen die Arbeiterlosigkeit

Was es dafür braucht? Nicht weniger als eine Revolution, eine Revolution in den Köpfen. Lassen Sie uns träumen, von Moonshots, von neuen Erfindungen, die das Leben bereichern. Vielleicht vom Aufbruch zu fernen Planeten, vielleicht vom Entdecken neuer Elementarteilchen. Von neuen Energiequellen, die uns unabhängig machen von fossilen Brennstoffen. Von neuen Medikamenten, Impfstoffen und Behandlungsmethoden, die das Leben lebenswerter machen. Von autonomen Transportmitteln, die uns Lebenszeit schenken. Von künstlicher Intelligenz, die uns die Arbeit abnimmt. Davon, dass jeder in diesem Land die Chance auf gute Aus- und Weiterbildung erhält. Mit der Sicherheit, eine erfüllende Arbeit ausüben zu können. Mit der Freiheit, den Job einfach mal wechseln zu können. Lassen Sie uns davon träumen, dass es unseren Kindern einmal besser geht als uns. In Freiheit und Sicherheit. Lassen Sie uns den »German Traum« neu schreiben.

Für den Weg aus der Arbeiterlosigkeit braucht es ein Upgrade auf Arbeit, einen Produktivitätsboost, der uns schon vor einem Vierteljahrtausend aus der Armutsfalle geführt hat. Geschäftsmodelle, die auf gering qualifizierter Arbeit zu minimalen Löhnen basieren, sind kein Merkmal eines Hochtechnologielands. Sie sind Merkmal des Rückschritts. Daher ist es richtig, über Mindestlöhne Anreize zu schaffen und einfache Arbeiten wo immer möglich zu automatisieren.

Landwirte als Digitalunternehmer und die Industrie machen vor, wie durch fortschrittliche Technologien die Produktivität gesteigert werden kann und attraktivere Arbeit entsteht. Nun sind Dienstleister und der Staat dran, den Produktivitätsboost durch konsequente Digitalisierung zu zünden.

Veränderung bedeutet aber auch, die verkrusteten Prozesse, veralteten Geschäftsmodelle und überholten Industrien loszulassen. Statt Bestandsbewahrung zu subventionieren, brauchen wir neue Impulse, Investitionen in Innovation und Fortschritt. Und einen Arbeitsmarkt, der Menschen motiviert, den richtigen Job zu finden, statt die Zeit bis zur Abfindung oder Rente abzusitzen.

Ein Upgrade auf Arbeit wird ohne ein Upgrade auf Bildung nicht funktionieren. Solange ein Fünftel der Jugendlichen nicht richtig lesen und schreiben kann, wird es einen Niedriglohnsektor geben. Solange junge Menschen für die Arbeitswelt von gestern fit gemacht werden, wird es keinen Aufbruch in ein digitales Zeitalter geben. Eine Vision von der Zukunft kommt daher nicht ohne eine Vision für die Bildung aus.

Vor uns liegt eine Welt, in der wir uns nicht mehr den Maschinen anpassen müssen, sondern Maschinen an unsere Bedürfnisse anpassen, in der Algorithmen uns einfache Tätigkeiten abnehmen. In dieser Welt braucht es andere Fähigkeiten als Fleiß und Gehorsam. Nämlich Resilienz, Kreativität und die Fähigkeit, komplexe Probleme zu lösen. Lassen Sie uns unseren Kindern diese Fähigkeiten beibringen, damit ein neues Wirtschaftswunder gelingt.

Ein Wirtschaftswunder wird sich jedoch ohne die Hilfe von Zuwanderern aus Europa und der ganzen Welt nicht wiederholen. Ohne den Zuzug und die Integration von Millionen Einwanderern und ihren Familien werden wir die Arbeiterlosigkeit nicht verhindern können. Das ist leichter gesagt als getan.

Im 21. Jahrhundert wird ein noch nie dagewesener Wettbewerb um Einwanderung beginnen, denn die Arbeiterlosigkeit betrifft nicht nur uns, sondern praktisch alle Industrienationen, auch die Länder, aus denen traditionell viele Menschen nach Deutschland eingewandert sind. Damit es auch in Zukunft noch Menschen nach Deutschland zieht, brauchen wir mehr als erleichterte Einwanderungsbedingungen. Wir brauchen eine neue Willkommenskultur.

»Man hat Arbeitskräfte gerufen, und es kommen Menschen«, schrieb Max Frisch einmal.[1] Recht hat er. Gelungene Zuwanderung geht weit über die Anerkennung von Abschlüssen hinaus. Eine mangelnde Sprachförderung schließt Kinder von Zuwanderern vom Arbeitsmarkt aus, hohe Immobilienpreise sorgen für eine zunehmende Ghettoisierung und verhindern gerade in großen Städten die Integration. Länder wie Kanada machen es vor, wie auf Basis eines Bündnisses von Staat, Wirtschaft und Gesellschaft alle Menschen eine Chance erhalten, unabhängig von ihrer Herkunft.

Vielleicht ist das eine der großen Gelegenheiten dieser Zeit: die Schaffung von Chancengleichheit. Denn wenn die wichtigste Ressource, der Mensch, knapp wird, können wir uns Ungleichbehandlung und Diskriminierung schlichtweg nicht mehr leisten. Dazu gehören Fehlanreize wie das Ehegattensplitting ebenso wie Vorurteile in unseren Köpfen in Bezug auf Menschen anderer Herkunft. Lassen Sie uns Schluss machen mit einer Welt der Unterschiede und eine Welt schaffen, in der alle Menschen die gleiche Chance auf Wohlstand haben.

Warum wir mit Wohlstand die Erde retten können

Seit der Initialzündung durch die industrielle Revolution durchlaufen alle Länder der Erde wie auf einer Perlenschnur aufgezogen die gleiche Entwicklung wie wir. Rund die Hälfte der 195 Nationen auf unserem Globus hat mittlerweile die kritische Geburtenrate zur Aufrechterhaltung der Bevölkerung unterschritten. Die anderen werden folgen. Wann, hängt im Wesentlichen vom Fortschritt ab, vom steigenden Wohlstand. Und darin liegt die vielleicht größte Verheißung unserer Zeit.

Das heutige Wissen über die Zusammenhänge zwischen Bevölkerungsentwicklung und Wohlstand erlaubt auch einen frischen Blick auf den Rest der Welt. Vor allem auf den einzigen Kontinent, wo die Bevölkerung derzeit noch rapide wächst: Afrika. Denn obwohl durch ersten Fortschritt die Kindersterblichkeit längst rapide gesunken ist, leben noch immer Millionen Menschen in Armut, haben Millionen von Kindern keinen Zugang zu Bildung. Hier ist die »Population Bomb« noch nicht entschärft. Bis zum Ende dieses Jahrhunderts wird daher mehr als ein Drittel der Menschheit zwischen Kairo und Kapstadt leben. Doch es muss nicht so kommen. Mit Zugang zu Bildung, schnellerem wirtschaftlichem Fortschritt und einer daraus resultierenden zunehmenden Urbanisierung würden die Geburtenraten in diesen Ländern früher sinken, der Anstieg der Bevölkerung sich deutlich verlangsamen.

Lassen Sie uns daher Wohlstand in den letzten Winkel der Erde exportieren. Nicht durch Entwicklungshilfe, die jede Eigeninitiative im Keim erstickt, sondern durch Handel, durch den Export von Know-how, durch Bildung. Je schneller sich der Wohlstand auf der Welt ausbreitet, desto eher endet das Bevölkerungswachstum, und so würde die ganze Welt der Überbevölkerung entkommen. Nicht durch Verzicht, sondern durch Wohlstand – für alle.

Kritiker mögen einwenden, dass ein steigender Wohlstand den Ressourcenverbrauch steigert und den Klimawandel beschleunigt. Wo würden wir hinkommen, wenn jeder Mensch auf der Erde Auto führe, die gleiche Menge Lebensmittel konsumierte wie wir? Ich aber sage: Die Argumentation ist kurzsichtig, weil sich der Fortschritt nicht aufhalten lässt. Er lässt sich nur verlangsamen. Und das – so lehrt uns die Geschichte – würde nur dazu führen, dass die Geburtenraten langsamer sinken und die Weltbevölkerung damit noch länger wächst. Es ist daher keine Alternative, den Fortschritt aufzuhalten, Kindern den Zugang zu Bildung zu verwehren oder keinen Handel zu betreiben. Im Gegenteil: Es ist in unserem ureigenen Interesse, den Wohlstand auf der ganzen Welt möglichst schnell wachsen zu lassen.

Hierin liegt die vielleicht größte Chance unserer heutigen Zeit: die Menschheit aus der Armutsfalle zu befreien und den Weg zu Ende zu gehen, den unsere Vorfahren Ende des 18. Jahrhunderts beschritten haben. Nicht durch Verzicht, sondern durch Fortschritt, durch Kooperation, durch Handel, durch Teilhabe.

Auf dem Weg dahin werden wir Wege finden müssen, wie wir diesen Fortschritt klimaneutral gestalten, durch Investitionen in nachhaltige Energiegewinnung und emissionsarme Technologien. Vielleicht werden wir dann, wenn die Weltbevölkerung Mitte des Jahrhunderts zu schrumpfen beginnt, den Weg aus der Armutsfalle vollendet haben. 300 Jahre, nachdem James Hargreaves an seiner »Spinning Jenny« gekurbelt hat.

QUELLENVERZEICHNIS

Vorwort

1   Bourguignon, F., Morrisson, C., Inequality among World Citizens: 1820–1992, in: *The American Economic Review*, Vol. 92, No. 4, 2002, S. 731.
2   Bolt, J., van Zanden, J. L., Maddison Project Database, Version 2020, 2020.
3   Goldewijk, K. K. et al., Long-term dynamic modeling of global population and built-up area in a spatially explicit way: HYDE 3.1, in: *The Holocene*, Vol. 20, No. 4, 2010, S. 566.
4   Bolt, J., van Zanden, J. L., Maddison Project Database, Version 2020, 2020.
5   Vollset, S. E. et al., Fertility, mortality, migration, and population scenarios for 195 countries and territories from 2017 to 2100: a forecasting analysis for the Global Burden of Disease Study, in: *The Lancet*, Vol. 396, No. 10258, 2020, S. 1285–1306, Datentabellen.
6   Urdal, H., A Clash of Generations? Youth Bulges and Political Violence, in: *International Studies Quarterly*, Vol. 50, No. 3, 2006, S. 607–629.

Teil 1: Worauf unser Wohlstand beruht

1   Gern, K.-J. et al., World Economy Summer 2021, in: *Kiel Institute Economic Outlook*, No. 79, 2021, S. 5.
2   HM Treasury (Hrsg.), *Build Back Better: our plan for growth*, 2021, S. 12.
3   https://www.bbc.com/news/business-54549612, Abruf vom 24.02.2022.
4   Bureau of Labor Statistics (Hrsg.), *The Employment Situation – February 2022*, 2022, S. 1.
5   https://www.investopedia.com/articles/economics/08/past-recessions.asp, Abruf vom 24.02.2022.
6   https://www.imf.org/en/News/Articles/2015/09/28/04/54/vc040502, Abruf vom 24.02.2022.
7   https://databank.worldbank.org/reports.aspx?source=2&series=NY.GDP.MKTP.KD&country=#, Abruf vom 26.02.2022.
8   The World Bank (Hrsg.), *PovcalNet: the on-line tool for poverty measurement developed by the Development Research Group of the World Bank*, 2021.
9   Bolt, J., van Zanden, J. L., Maddison Project Database, Version 2020, 2020.
10 Merkel, A., *Regierungserklärung von Bundeskanzlerin Dr. Angela Merkel*, Bulletin der Bundesregierung, Bulletin Nr. 112-1 vom 10. November 2009, S. 6.
11 https://www.handelsblatt.com/politik/konjunktur/nachrichten/jahreswirtschaftsbericht-kein-akademisches-trockenschwimmen-wie-habeck-wohlstand-neu-definiert/28011264.html, Abruf vom 24.02.2022.
12 Krugman, P., *The Age of Diminished Expectations*, 3, 1997, S. 11.
13 Weyerstraß, K., *Entwicklung, Determinanten und Bedeutung der totalen Faktorproduktivität*, FIW-Policy Brief Nr. 38, 2018, S. 1.
14 Bolt, J., van Zanden, J. L., Maddison Project Database, Version 2020, 2020.
15 Bourguignon, F., Morrisson, C., Inequality among World Citizens: 1820–1992, in: *The American Economic Review*, Vol. 92, No. 4, 2002, S. 731.
16 https://www.encyclopedia.com/people/social-sciences-and-law/economics-biographies/thomas-robert-malthus, Abruf vom 24.02.2022.

17 https://www.gapminder.org/data/documentation/gd005/, Abruf vom 24.02.2022.
18 https://www.gapminder.org/data/documentation/gd004/, Abruf vom 15.03.2022.
19 Broadberry, S. et al., *British Economic Growth, 1270–1870*, 2015.
20 Clark, G., *A Farewell to Alms: A Brief Economic History of the World*, 2008, S. 38.
21 Pullen, J., Further details of the life and financial affairs of T.R. Malthus, in: *History of Economics Review*, Vol. 57, No. 1, 2013, S. 16-31.
22 Malthus, T., *An Essay on the Principle of Population*, 1798.
23 Darwin, C., *Über die Entstehung der Arten durch natürliche Zuchtwahl*, 5. Aufl., 1872, S. 16.
24 Khalatbari, P., Thomas Robert Malthus – der letzte Malthusianer, in: Sitzungsberichte der Leibnitz-Sozietät der Wissenschaften zu Berlin, Band 113, 2012, S. 155.
25 Clark, G., *A Farewell to Alms: A Brief Economic History of the World*, 2008, S. 1.
26 Volk, A. A., Atkinson, J. A., Infant and child death in the human environment of evolutionary adaptation, in: *Evolution and Human Behavior*, Vol. 34, 2013, S. 183.
27 Güll, R., Einige Aspekte zur Industriellen Revolution im Königreich Württemberg, in: *Statistisches Monatsheft Baden-Württemberg*, Vol. 6+7, 2019, S. 50.
28 https://blog.zeit.de/schueler/2014/01/23/industrialisierung-geschichte-revolution/, Abruf vom 25.02.2022.
29 https://www.faribaultmill.com/pages/spinning-jenny, Abruf vom 25.02.2022.
30 Clark, G., *A Farewell to Alms: A Brief Economic History of the World*, 2008, S. 261.
31 Clark, G., *A Farewell to Alms: A Brief Economic History of the World*, 2008, S. 262.
32 Bolt, J., van Zanden, J. L., Maddison Project Database, Version 2020, 2020.
33 https://data.worldbank.org/indicator/NY.GDP.PCAP.CD?locations=GB-US-DE-CN, Abruf vom 25.02.2022.
34 Kuhn, D., *Neue Fischer-Weltgeschichte: Ostasien bis 1800*, 2014, S. 17.
35 https://data.worldbank.org/indicator/NY.GDP.PCAP.CD?locations=GB-US-DE-CN, Abruf vom 21.03.2022.
36 http://iresearch.worldbank.org/PovcalNet/povOnDemand.aspx, Abruf vom 15.02.2022.
37 https://data.worldbank.org/indicator/SP.DYN.LE00.IN?locations=OE&view=chart, Abruf vom 21.03.2022.
38 https://www.gapminder.org/data/documentation/gd003/, Abruf vom 26.02.2022.
39 Bolt, J., van Zanden, J. L., Maddison Project Database, Version 2020, 2020.
40 https://data.worldbank.org/indicator/NY.GDP.PCAP.CD?locations=US-CN, Abruf vom 25.02.2022.
41 https://data.worldbank.org/indicator/NY.GDP.MKTP.CD?locations=US-CN, Abruf vom 25.02.2022.
42 https://www.ushistory.org/declaration/document/, Abruf vom 25.02.2022.
43 https://www.nzz.ch/mobilitaet/auto-mobil/ford-markengeschichte-von-der-tin-lizzie-zum-edge-ld.1466324, Abruf vom 25.02.2022.
44 Schneider, U., Doppelter Lohn für halbe Arbeit?, in: Börsch-Supan, A., Schnabel, R. (Hrsg.), *Volkswirtschaft in fünfzehn Fällen*, 1998, S. 127.
45 https://www.fluter.de/ganz-cool-hier, Abruf vom 25.02.2022.
46 http://projects.leadr.msu.edu/makingmodernus/exhibits/show/henry-ford-and-the-middle-clas/-5, Abruf vom 25.02.2022.
47 http://projects.leadr.msu.edu/makingmodernus/exhibits/show/henry-ford-and-the-middle-clas/impact-of--5-a-day, Abruf vom 18.02.2022.
48 Gordon, R. J., *The Rise and Fall of American Growth*, 2017, S. 4ff.
49 Gordon, R. J., *The Rise and Fall of American Growth*, 2017, S. 5.
50 https://eh.net/encyclopedia/hours-of-work-in-u-s-history/, Abruf vom 25.02.2022.
51 https://www.gapminder.org/data/documentation/gd004/, Abruf vom 31.03.2022.
52 https://www.census.gov/history/www/through_the_decades/fast_facts/1800_fast_facts.html, Abruf vom 25.02.2022.
53 McAuliffe, M., Triandafyllidou, A. (Hrsg.), *World Migration Report 2022*, 2021, S. 25.

54 Jahresabschlüsse Alphabet, Meta, Apple für das jeweilige Geschäftsjahr 2021, Abruf vom 15.03.2022.

55 https://www.destatis.de/DE/Presse/Pressemitteilungen/2021/02/PD21_N013_53211. html, Abruf vom 25.02.2022.

56 Bureau of Economic Analysis (Hrsg.), GDP 2020 in San Jose Metropolitan Area.

57 https://sfgov.org/scorecards/safety-net/poverty-san-francisco, Abruf vom 25.02.2022.

58 https://america250.org, Abruf vom 18.02.2022.

59 Hartley, D., Urban Decline in Rust-Belt Cities, in: *Economic Commentary of the Federal Reserve Bank of Cleveland*, No. 2013-06, 2013, S. 2.

60 https://www.whitehouse.gov/briefing-room/statements-releases/2021/03/31/fact-sheet-the-american-jobs-plan/, Abruf vom 25.02.2022.

61 https://data.worldbank.org/indicator/NY.GDP.MKTP.CD?locations=ES-AU, Abruf vom 25.02.2022.

62 https://www.whitehouse.gov/briefing-room/statements-releases/2021/11/06/statement-by-president-joe-biden-on-the-house-passage-of-the-bipartisan-infrastructure-investment-and-jobs-act/, Abruf vom 25.02.2022.

63 International Monetary Fund (Hrsg.), *World Economic Outlook: Recovery during a Pandemic—Health Concerns, Supply Disruptions, Price Pressures*, 2021, S. 5.

64 https://www.oecd.org/sdd/na/g20-gdp-growth-fourth-quarter-2020-oecd.htm, Abruf vom 25.02.2022.

65 https://www.mfa.gov.cn/ce/cede//det/zgyw/t1888898.htm, Abruf vom 25.02.2022.

66 https://asia.nikkei.com/Politics/Xi-s-ambitions-and-concerns-5-takeaways-from-centenary-speech, Abruf vom 15.03.2022.

67 Mohanty, M., Xi Jinping and the »Chinese Dream«, in: *Economic and Political Weekly*, Vol. 48, No. 38, 2013, S. 34.

68 Broadberry, S. et al., China, Europe, and the Great Divergence: A Study in Historical National Accounting, 980–1850, in: *The Journal of Economic History*, Vol. 78, No. 4, 2018, S. 990.

69 Bolt, J., van Zanden, J. L., Maddison Project Database, Version 2020, 2020.

70 Ohne Indien, wo die englische Krone erst Mitte des 19. Jahrhunderts die Macht übernahm.

71 Bolt, J., van Zanden, J. L., Maddison Project Database, Version 2020, 2020.

72 Baron, S., Yin-Baron, G., *Die Chinesen: Psychogramm einer Weltmacht*, 2018, S. 25.

73 Baron, S., Yin-Baron, G., *Die Chinesen: Psychogramm einer Weltmacht*, 2018, S. 23.

74 Pohl, K.-H., Unser Chinabild – Von Marco Polo bis heute, in: *Zeitschrift für Qigong Yangsheng*, 2008, S. 80.

75 Gu, X., *Die große Mauer in den Köpfen*, 2014, S. 114.

76 Pohl, K.-H., Unser Chinabild – Von Marco Polo bis heute, in: *Zeitschrift für Qigong Yangsheng*, 2008, S. 83.

77 http://media.bloomsbury.com/rep/files/primary-source-57-adam-smith-the-wealth-of-nations-on-china.pdf, Abruf vom 18.02.2022.

78 Ma, Y., de Jong, H., Unfolding the Turbulent Century: A Reconstruction of China's Historical National Accounts, 1840–1912, in: *Review of Income and Wealth*, Vol. 65, No. 1, 2019, S. 93.

79 Bolt, J., van Zanden, J. L., Maddison Project Database, Version 2020, 2020.

80 Yule, H., Cordier, H., *The Book of Ser Marco Polo the Venetian concerning the kingdoms and marvels of the East*. Translated and edited, with notes, by Colonel Sir Henry Yule. Third edition, revised throughout in the light of recent discoveries by Henri Cordier, 1903, S. 185 via https://warburg.sas.ac.uk/pdf/ndb90b2202522B.pdf, Abruf vom 18.02.2022.

81 Wei, Y. H. D., Restructuring for growth in urban China: Transitional institutions, urban development, and spatial transformation, in: *Habitat International*, Vol. 36, 2012, S. 399.

82 https://www.lhistoire.fr/editorial/«-quand-la-chine-séveillera-», Abruf vom 15.03.2022.

83 https://voxeu.org/article/historical-perspective-china-s-success-against-poverty, Abruf vom 18.02.2022; Ravallion, M., Poverty in China since 1950: A Counterfactual Perspective,

Working Paper 28370, National Bureau of Economic Research, Cambridge, 2021, S. 1; Cervantes-Godoy, D., Brooks, J., Smallholder Adjustment in Middle-Income Countries, OECD Food, Agriculture and Fisheries Working Papers No. 12, 2008, S. 6.

84 Li, H., Wu., B., Xiong, Y., The End of Cheap Chinese Labor, in: *Journal of Economic Perspectives*, Vol. 26, No. 4, 2012, S. 57.

85 https://www.nzz.ch/wirtschaft/china-70-jahre-ld.1512285, Abruf vom 18.02.2022.

86 https://www.forbes.com/sites/niallmccarthy/2014/12/05/china-used-more-concrete-in-3-years-than-the-u-s-used-in-the-entire-20th-century-infographic/, Abruf vom 18.02.2022.

87 https://www.mfa.gov.cn/ce/cebe/eng/mhs/t1715682.htm, Abruf vom 18.02.2022.

88 OECD (Hrsg.), China's Belt and Road Initiative in the Global Trade, Investment and Finance Landscape, in: *OECD Business and Finance Outlook 2018*, 2018.

89 https://www.handelsblatt.com/politik/international/serie-das-bessere-wachstum-so-will-griechenland-europas-wachstumschampion-werden/27423614.html, Abruf vom 18.02.2022.

90 https://www.tagesspiegel.de/wirtschaft/schluss-mit-der-blauaeugigkeit-wie-china-europas-haefen-und-containerschiffe-kapert/27054840.html, Abruf vom 18.02.2022.

91 OECD (Hrsg.), China's Belt and Road Initiative in the Global Trade, Investment and Finance Landscape, in: *OECD Business and Finance Outlook 2018*, 2018, S. 1.

92 https://www.forbes.com/sites/johnhyatt/2021/04/06/worlds-richest-cities-the-top-10-cities-billionaires-call-home/, Abruf vom 18.02.2022.

93 https://www.natureindex.com/supplements/nature-index-2021-science-cities/tables/overall, Abruf vom 18.02.2022.

94 https://techxplore.com/news/2021-02-china-alibaba-boosts-sales-profits.html, Abruf vom 18.02.2022.

95 https://www.spglobal.com/marketintelligence/en/documents/bank_disruptors_doubling_down_on_mobile_payments_in_china.pdf, Abruf vom 18.02.2022.

96 https://www.cnbc.com/2019/09/11/we-went-inside-alibabas-global-headquarters-heres-what-we-saw.html, Abruf vom 26.03.2022.

97 https://www.alibabagroup.com/en/about/faqs, Abruf vom 26.03.2022.

98 https://www.brandinginasia.com/alibaba-facial-recognition-store/, Abruf vom 26.03.2022.

99 Abrami, R. M. et al., Why China Can't Innovate, in: *Harvard Business Review*, Vol. 92, No. 3, 2014, S. 107–111.

100 https://latitude.blogs.nytimes.com/2011/10/31/chinas-copycat-culture/, Abruf vom 18.02.2022.

101 Wired, April 2016.

102 https://data.worldbank.org/indicator/NY.GDP.PCAP.KD?end=2020&locations=CN&start=1980, Abruf vom 24.03.2022.

103 https://data.worldbank.org/indicator/NY.GDP.PCAP.CD?locations=CN, Abruf vom 21.03.2022.

104 https://chinapower.csis.org/china-middle-class/, Abruf vom 15.03.2022.

105 https://fortune.com/global500/2020/, Abruf vom 18.02.2022.

106 https://data.worldbank.org/indicator/NY.GDP.MKTP.KD, Abruf vom 24.03.2022.

107 https://www.cnbc.com/2021/03/26/us-will-remain-richer-than-china-for-the-next-50-years-or-more-eiu.html, Abruf vom 18.02.2022.

108 https://data.worldbank.org/indicator/SP.DYN.TFRT.IN?locations=CN&view=chart, Abruf vom 21.03.2022.

109 Vollset, S. E. et al., Fertility, mortality, migration, and population scenarios for 195 countries and territories from 2017 to 2100: a forecasting analysis for the Global Burden of Disease Study, in: *The Lancet*, Vol. 396, No. 10258, 2020, S. 1285–1306, Datentabellen.

110 HM Treasury (Hrsg.), *Build Back Better: our plan for growth*, 2021.

111 https://data.worldbank.org/indicator/NY.GDP.KD.ZG?end=2020&locations=GB-US-DE&start=2019&view=chart, Abruf vom 27.03.2022.

112 Bughin, J., et al., *Solving the United Kingdom's Productivity Puzzle in a Digital Age*, 2018, S. 4.

113 Crafts, N., Mills, T., Is the UK Productivity Slowdown Unprecedented?, in: *National Institute Economic Review*, Vol. 251, 2020, S. R47.

114 https://data.worldbank.org/indicator/NV.IND.MANF.ZS?locations=GB, Abruf vom 21.03.2022.

115 https://www.sdcexec.com/sourcing-procurement/article/21590762/atradius-brexit-and-covid19-challenges-disrupt-ukeu-trade, Abruf vom 18.02.2022.

116 https://blogs.lse.ac.uk/europpblog/2021/07/13/dancing-in-the-dark-what-brexit-means-for-uk-eu-trade-and-uk-industry/, Abruf vom 18.02.2022.

117 https://blogs.lse.ac.uk/businessreview/2017/04/28/brexit-blame-it-on-the-loss-of-industrial-jobs-not-on-globalisation/, Abruf vom 18.02.2022.

118 https://www.spiegel.de/politik/letzter-walzer-a-579bd5c6-0002-0001-0000-000045589475, Abruf vom 18.02.2022.

119 Bolt, J., van Zanden, J. L., Maddison Project Database, Version 2020, 2020.

120 https://www.dailymail.co.uk/debate/article-2047860/British-car-industry-Why-none.html, Abruf vom 18.02.2022.

121 https://wikigerman.edu.vn/wiki18/2020/11/30/automobilindustrie-in-grosbritannien/, Abruf vom 18.02.2022.

122 https://www.telegraph.co.uk/motoring/classiccars/6670541/10-cars-that-should-never-have-been-built.html?image=2, Abruf vom 18.02.2022.

123 https://www.autoexpress.co.uk/car-news/97622/morris-marina-the-worst-cars-ever, Abruf vom 18.02.2022.

124 https://www.walesonline.co.uk/news/wales-news/fans-morris-marina-warned-2083802, Abruf vom 18.02.2022.

125 https://www.spiegel.de/wirtschaft/englische-art-a-c7e7 bc87-0002-0001-0000-000041911453, Abruf vom 18.02.2022.

126 https://www.spiegel.de/politik/letzter-walzer-a-579bd5c6-0002-0001-0000-000045589475, Abruf vom 18.02.2022.

127 Kitson, M., Michie, J., *The Deindustrial Revolution: The Rise and Fall of UK Manufacturing, 1870-2010*, University of Cambridge Working Paper No. 459, 2014, S. 11.

128 Lamberg, J.-A. et al., Thinking about industry decline: A qualitative meta-analysis and future research directions, in: *Business History*, Vol. 60, No. 2, 2018, S. 136.

129 https://www.handelsblatt.com/politik/international/brexit-referendum/brexit-news/grossbritannien-abstieg-einer-grossmacht-das-verwirrte-empire/13744112.html, Abruf vom 18.02.2022.

130 https://www.ons.gov.uk/economy/nationalaccounts/uksectoraccounts/compendium/economicreview/april2019/longtermtrendsinukemployment1861to2018, Abruf vom 18.02.2022.

131 https://www.destatis.de/DE/Themen/Arbeit/Arbeitsmarkt/Erwerbstaetigkeit/Tabellen/arbeitnehmer-wirtschaftsbereiche.html, Abruf vom 18.02.2022.

132 https://data.worldbank.org/indicator/NV.IND.MANF.ZS?locations=GB-US-DE-JP-CN, Abruf vom 21.03.2022.

133 https://www.handelsblatt.com/politik/international/grossbritannien-1976-viel-laerm-um-nichts/3427052.html, Abruf vom 18.02.2022.

134 Weichert, R., Der big bang in London und seine Konsequenzen für den deutschen Wertpapierhandel, in: *Kieler Diskussionsbeiträge*, No. 133, 1987, S. 3.

135 https://www.cityam.com/big-bang-30-can-1986-hold-key-seizing-citys-brexit/, Abruf vom 18.02.2022.

136 https://www.nzz.ch/wirtschaft/lehren-fuer-den-brexit-der-grosse-knall-am-londoner-finanzplatz-ld.124175, Abruf vom 18.02.2022.

137 Haldane, A. G., *Productivity Puzzles*, Rede an der London School of Economics vom 20. März 2017, S. 4.

138 https://www.economist.com/britain/2020/10/24/what-brexit-will-do-to-the-city-of-london, Abruf vom 18.02.2022.

139 Roper, S. et al., *Understanding value added per employee in six UK sectors: The insiders' view*, ERC Research Report, 2019, S. 27.

140 Bughin, J., et al., *Solving the United Kingdom's Productivity Puzzle in a Digital Age*, 2018, S. 10.

141 https://www.cityam.com/uk-tech-industry-grows-tenfold-in-last-decade-as-london-leads-europe/, Abruf vom 18.02.2022.

142 https://sifted.eu/articles/whats-next-london-fintech-experts-brexit/, Abruf vom 18.02.2022.

143 https://dealroom.co/blog/tech-nation-report-2021-the-future-uk-tech-built, Abruf vom 18.02.2022.

144 https://technation.io/jobs-and-skills-report-2021/#executive-summary, Abruf vom 27.03.2022.

145 https://data.worldbank.org/indicator/NY.GDP.PCAP.CD?locations=GB-DE-US, Abruf vom 21.03.2022.

146 Johnson, B., Sunak, R., *Igniting an Investment Big Bang: A Challenge From the Prime Minister and Chancellor to the UK's Institutional Investors*, Open Letter, 2021, S. 2.

147 HM Treasury (Hrsg.), *Build Back Better: our plan for growth*, 2021, S. 7.

148 https://appsso.eurostat.ec.europa.eu/nui/show.do?dataset=nama_10_gdp&lang=en, Abruf vom 18.02.2022.

149 Bolt, J., van Zanden, J. L., Maddison Project Database, Version 2020, 2020.

150 Oltmer, J., *Migration im 19. und 20. Jahrhundert*, 2. Aufl., 2013, S. 10.

151 https://data.census.gov/cedsci/table?q=ACSDT1Y2019.C04006&tid=ACSDT1Y2019. C04006&hidePreview=true, Abruf vom 22.03.2022.

152 https://www.wiwi.uni-muenster.de/wisoge/sites/wisoge/files/downloads/skripte/ industriealisierung_ws14-15/s07_unternehmensfinanzierung_folien.pdf, Slide 14, Abruf vom 18.02.2022.

153 Jung, A., Das erste Wirtschaftswunder, *Spiegel Special*, Nr. 5, 2008, S. 91.

154 https://de.wikipedia.org/wiki/Hochindustrialisierung_in_Deutschland, Abruf vom 18.02.2022.

155 Bolt, J., van Zanden, J. L., Maddison Project Database, Version 2020, 2020.

156 Oltmer, J., *Migration im 19. und 20. Jahrhundert*, 2. Aufl., 2013, S. 22f.

157 Bolt, J., van Zanden, J. L., Maddison Project Database, Version 2020, 2020.

158 Erhard, Ludwig, *Wohlstand für alle*, 8. Auflage, 1964, S. 8.

159 https://www.ndr.de/geschichte/schauplaetze/Wolfsburg-Von-der-Stadt-des-KdF-Wagens-bis-heute,stadtwolfsburg127.html, Abruf vom 18.02.2022.

160 https://www.filmothek.bundesarchiv.de/video/586185?topic=doc6lldywtgun788z6tl97&st art=00%3A05%3A01.09&end=00%3A06%3A57.10, Abruf vom 18.02.2022.

161 Volkswagen AG (Hrsg.), *Der Volkswagen-Käfer – eine Erfolgsgeschichte*, 2003, S. 8.

162 Schnell, R., *Geschichte der Deutschsprachigen Literatur seit 1945*, 1993, S. 310.

163 Wildt, M., *Am Beginn der Konsumgesellschaft*, 2. Aufl., 1995, S. 146.

164 Wildt, M., *Am Beginn der Konsumgesellschaft*, 2. Aufl., 1995, S. 145.

165 Petersen, S., Das elektrische Kochen – Die vollelektrische Küche als Leitbild moderner Haushalt, in: *Food & History*, Vol. 11, No. 1, 2013, S. 78.

166 Wildt, M., *Am Beginn der Konsumgesellschaft*, 2. Aufl., 1995, S. 145.

167 Wildt, M., *Am Beginn der Konsumgesellschaft*, 2. Aufl., 1995, S. 146.

168 https://www.ikw.org/haushaltspflege/wissen/ein-grund-zum-feiern-der-tag-der-waschmaschine, Abruf vom 18.02.2022.

169 Bolt, J., van Zanden, J. L., Maddison Project Database, Version 2020, 2020.

170 https://www.dreigliederung.de/essays/1994-12-001, Abruf vom 27.03.2022.

171 Bolt, J., van Zanden, J. L., Maddison Project Database, Version 2020, 2020.

172 https://www.wiwi.uni-muenster.de/wisoge/sites/wisoge/files/downloads/skripte/ deutsche_wirtsch/s10_wirtschaftswunder_i_folien.pdf, Slide 3, Abruf vom 18.02.2022.

173 https://www.dhm.de/archiv/ausstellungen/aufbau_west_ost/katlg21.htm, Abruf vom 18.02.2022.

174 Volkswagen AG (Hrsg.), *Geschäftsbericht über das Geschäftsjahr 1962*, 1963, S. 28.

175 https://www.bpb.de/kurz-knapp/hintergrund-aktuell/324552/erstes-anwerbeabkommen-vor-65-jahren/, Abruf vom 25.04.2022.

176 https://www.bpb.de/geschichte/deutsche-geschichte/anwerbeabkommen/43264/das-anwerbeabkommen, Abruf vom 18.02.2022.

177 https://www.bpb.de/geschichte/deutsche-geschichte/anwerbeabkommen/43161/von-der-fremde-zur-heimat, Abruf vom 18.02.2022.

178 Steinmeier, F.-W., *Bundespräsident Frank-Walter Steinmeier beim Festakt der Türkischen Gemeinde in Deutschland zum 60. Jahrestag des deutsch-türkischen Anwerbeabkommens am 5. Oktober 2021 in Berlin*, 2021, S. 1.

179 https://www.spiegel.de/politik/die-tuerken-kommen-rette-sich-wer-kann-a-5b1ba 6e5-0002-0001-0000-000041955159, Abruf vom 18.02.2022.

180 Bundesamt für Migration und Flüchtlinge (Hrsg.), *Der Einfluss von Zuwanderung auf die deutsche Gesellschaft*, Deutscher Beitrag zur Pilotforschungsstudie »The Impact of Immigration on Europe's Societies« im Rahmen des Europäischen Migrationsnetzwerks, 2005, S. 17.

181 Bundesamt für Migration und Flüchtlinge (Hrsg.), *Migrationsbericht 2020*, 2021, S. 15.

182 Statistisches Bundesamt (Hrsg.), *Bevölkerung mit Migrationshintergrund – Ergebnisse des Mikrozensus 2020 (Endergebnisse)*, Fachserie 1, Reihe 2.2, 2022, S. 469.

183 Eurostat (Hrsg.), *Youth Unemployment*, Dezember 2021.

184 Statistisches Bundesamt (Hrsg.), *Außenhandel, Gesamtentwicklung des deutschen Außenhandels ab 1950 (vorläufige Ergebnisse)*, Fachserie 7, Reihe 1, 2022, S. 2.

185 Mönning, A., Wolter, M. I., *Exportweltmeister Deutschland: Ist das deutsche Geschäftsmodell im Wandel?*, GWS Discussion Paper Nr. 5, 2020, S. 3.

186 Bundesministerium für Wirtschaft und Energie (Hrsg.), *Fakten zum deutschen Außenhandel*, 2021, S. 1.

187 Jones, C. I., *The End of Economic Growth? Unintended Consequences of a Declining Population*, Stanford GSB und NBER, Version 1.2, 2020, S. 2.

188 Vollset, S. E. et al., Fertility, mortality, migration, and population scenarios for 195 countries and territories from 2017 to 2100: a forecasting analysis for the Global Burden of Disease Study, in: *The Lancet*, Vol. 396, No. 10258, 2020, S. 1285–1306, Datentabellen.

189 https://www.handelsblatt.com/politik/konjunktur/nachrichten/konjunkturprognose-die-huette-brennt-dihk-senkt-wachstumsprognose-fachkraeftemangel-bremst-die-wirtschaft/27746680.html, Abruf vom 15.03.2022.

190 Grömling, M. et al., *Ein Wachstumspfad für mehr Produktivität, Innovation und Beschäftigung in Deutschland*, IW Gutachten, 2021, S. 16.

191 Deutsche Bundesbank (Hrsg.), *Monatsbericht Januar 2021*, Vol. 73, No. 1, 2021, S. 15.

Teil 2: Auf dem Weg in die Arbeiterlosigkeit

1 https://populationmatters.org/news/2021/07/world-population-day-celebrating-change-champions, Abruf vom 11.02.2022.

2 https://www.vogue.co.uk/article/prince-harry-jane-goodall-september-2019-issue, Abruf vom 11.02.2022.

3 https://data.worldbank.org/indicator/SP.DYN.TFRT.IN?locations=GB-US&view=chart, Abruf vom 21.03.2022.

4 https://data.worldbank.org/indicator/SP.DYN.TFRT.IN?locations=GB-US&view=chart, Abruf vom 21.03.2022.

5 https://www.gapminder.org/data/documentation/gd008/, Abruf vom 22.03.2022.

6 https://data.worldbank.org/indicator/SP.DYN.TFRT.IN?locations=NG-PK&most_recent_value_desc=true, Abruf vom 28.03.2022.

7 https://kostat.go.kr/portal/eng/pressReleases/8/1/index.board?bmode=read&bSeq=&aSeq=391897&pageNo=2&rowNum=10&navCount=10&currPg=&searchInfo=&sTarget=title&sTxt=, Abruf vom 15.03.2022.

8 https://www.asahi.com/ajw/articles/14338131, Abruf vom 15.03.2022.

9 https://edition.cnn.com/2021/12/01/china/china-birthrate-2020-mic-intl-hnk/index.html, Abruf vom 11.02.2022.
10 https://www.spiegel.de/ausland/china-fuehrt-drei-kind-politik-per-gesetz-ein-a-fd5a4451-f504-4c7f-b7bc-9ccd50ab2923, Abruf vom 11.02.2022.
11 https://merics.org/de/kurzanalyse/chinas-14th-five-year-plan-strengthening-domestic-base-become-superpower, Abruf vom 11.02.2022.
12 https://www.economist.com/finance-and-economics/2021/11/27/measuring-the-universes-most-important-sector, Abruf vom 21.02.2022.
13 https://www.cemnet.com/News/story/168163/world-cement-consumption-rises-by-2-8-in-2019.html, Abruf vom 11.02.2022.
14 https://fortune.com/2021/12/02/chinese-real-estate-investing-home-ownership-evergrande/, Abruf vom 11.02.2022.
15 https://wonderfulengineering.com/why-does-china-have-65-million-empty-homes-in-its-ghost-cities/, Abruf vom 11.02.2022.
16 https://data.worldbank.org/indicator/SP.POP.TOTL?locations=CN, Abruf vom 21.03.2022.
17 https://www.reuters.com/world/china/researcher-questions-chinas-population-data-says-it-may-be-lower-2021-12-03/, Abruf vom 11.02.2022.
18 https://data.worldbank.org/indicator/SP.DYN.TFRT.IN?locations=IN, Abruf vom 21.03.2022.
19 https://www.pib.gov.in/PressReleasePage.aspx?PRID=1774533, Abruf vom 20.03.2022.
20 Vollset, S. E. et al., Fertility, mortality, migration, and population scenarios for 195 countries and territories from 2017 to 2100: a forecasting analysis for the Global Burden of Disease Study, in: *The Lancet*, Vol. 396, No. 10258, 2020, Datentabellen.
21 https://www.indiatoday.in/india/story/india-fertilitaty-rate-declines-replacement-level-meaning-nfhs-survey-1880894-2021-11-25, Abruf vom 15.02.2022.
22 https://data.worldbank.org/indicator/SP.DYN.TFRT.IN?locations=FR-GB-DE-ES-IT sowie https://www.independent.co.uk/news/world/europe/italy-birth-rate-lowest-istat-b1975950.html, Abruf vom 28.03.2022.
23 Vollset, S. E. et al., Fertility, mortality, migration, and population scenarios for 195 countries and territories from 2017 to 2100: a forecasting analysis for the Global Burden of Disease Study, in: *The Lancet*, Vol. 396, No. 10258, 2020, Datentabellen.
24 https://data.worldbank.org/indicator/SP.DYN.TFRT.IN, Abruf vom 21.03.2022.
25 Food and Agriculture Organization of the United Nations (Hrsg.), *The State of Food Insecurity in the World*, 1999, S. 5.
26 https://theconversation.com/a-long-fuse-the-population-bomb-is-still-ticking-50-years-after-its-publication-96090, Abruf vom 15.02.2022.
27 FAO, IFAD, UNICEF, WFP and WHO (Hrsg.), *The State of Food Security and Nutrition in the World 2021*, 2021, S. 8.
28 https://www.timeshighereducation.com/features/do-great-minds-think-alike-the-the-lindau-nobel-laureates-survey, Abruf vom 28.02.2022.
29 Thompson, W. S., Population, in: *American Journal of Sociology*, Vol. 34, No. 6, 1929, S. 959–975.
30 Beloch, J., *Die Bevölkerung der griechisch-römischen Welt*, 1886, S. 507.
31 Goldewijk, K. K. et al., Long-term dynamic modeling of global population and built-up area in a spatially explicit way: HYDE 3.1, in: *The Holocene*, Vol. 20, No. 4, 2010, S. 566.
32 Martin, J., Nitschke, A., *Zur Sozialgeschichte der Kindheit*, 1986, S. 454.
33 Morland, P., *The Human Tide: How Population Shaped the Modern World*, 2019, S. 42.
34 Clark, G., *A Farewell to Alms: A Brief Economic History of the World*, 2008, S. 83.
35 https://data.worldbank.org/indicator/SP.DYN.TFRT.IN?locations=CN-IN-KR, Abruf vom 21.03.2022.
36 Roser, M. et al., Child and Infant Mortality, in: *Our World in Data*, 2013.
37 Razum, O., Breckenkamp, J., Kindersterblichkeit und soziale Situation: Ein internationaler Vergleich, in: *Deutsches Ärzteblatt*, Vol. 104, No. 43, 2007, S. 2950–2956.
38 Roser, M. et al., Child and Infant Mortality, in: *Our World in Data*, 2013.

39 Martin, J., Nitschke, A. (Hrsg.), *Zur Sozialgeschichte der Kindheit*, 1986, S. 466.
40 https://data.worldbank.org/indicator/SH.DYN.MORT?locations=NG-SO-TD, Abruf vom 21.03.2022.
41 http://iresearch.worldbank.org/PovcalNet/povOnDemand.aspx, Abruf vom 15.02.2022.
42 https://www.gapminder.org/data/documentation/gd005/, Abruf vom 28.03.2022.
43 Knapp, V. J., The coming of vegetables, fruits and key nutrients to the european diet, in: *Nutrition and Health*, Vol. 10, 1996, S. 315f.
44 Knapp, V. J., Major Dietary Changes in Nineteenth-Century Europe, in: *Perspectives in Biology and Medicine*, Vol. 31, No. 2, 1988, S. 188.
45 https://www.bpb.de/kurz-knapp/zahlen-und-fakten/deutschland-in-daten/221139/indikatoren-der-agrarentwicklung/, Abruf vom 15.02.2022.
46 https://www.bpb.de/shop/zeitschriften/izpb/142117/1850-bis-1880/, Abruf vom 15.02.2022.
47 Hirschfelder, G., *Europäische Esskultur*, 2005, S. 190.
48 https://vizhub.healthdata.org/gbd-compare/, Abruf vom 15.02.2022.
49 Goddemeier, C., Geschichte der Medizin: Erfinder des Stethoskops, in: *Deutsches Ärzteblatt*, Vol. 103, No. 21, 2006, S. 1436.
50 Unicef et al. (Hrsg.), *Levels & Trends in Child Mortality Report 2021*, 2021, S. 14.
51 Global Burden of Disease Collaborative Network (Hrsg.), *Global Burden of Disease Study 2019 Results*, 2021.
52 Smith, A., *An inquiry into the nature and causes of the wealth of nations: Volume One*, 1776, S. 86.
53 https://www.gapminder.org/data/documentation/gd005/, Abruf vom 15.02.2022.
54 https://www.gapminder.org/data/documentation/gd004/, Abruf vom 23.02.2022.
55 https://www.gapminder.org/data/documentation/gd008/, Abruf vom 23.02.2022.
56 https://www.gapminder.org/data/documentation/gd003/, Abruf vom 16.02.2022.
57 https://www.gapminder.org/data/documentation/gd003/, Abruf vom 16.02.2022.
58 https://ourworldindata.org/grapher/daily-per-capita-supply-of-calories-vs-gdp-per-capita?time=2018.latest%20, Abruf vom 22.02.2022.
59 https://data.worldbank.org/indicator/SP.DYN.TFRT.IN?locations=ZG, https://data.worldbank.org/indicator/SH.DYN.MORT?locations=ZG, Abruf vom 28.02.2022.
60 Genau: 2,7 Prozent.
61 Cummins, N., *Marital fertility and wealth in transition era France, 1750-1850*, 2009, S. 4.
62 Ferdinand, U., Historische Argumentationen in den Deutschen Debatten zu Geburtenrückgang und Differentieller Fruchtbarkeit. Fallbeispiel Karl Valentin Müller (1896-1963), in: *Historical Social Research*, Vol. 31, No. 4, 2006, S. 211.
63 Eggen, B., Rupp, M., Kinderreichtum – eine Ausnahme in der neueren Geschichte?, in: *Statistisches Monatsheft Baden-Württemberg*, No. 3, 2007, S. 8.
64 Cummins, N., *Marital fertility and wealth in transition era France, 1750-1850*, 2009, S. 4.
65 Eggen, B., Rupp, M., Kinderreichtum – eine Ausnahme in der neueren Geschichte?, in: *Statistisches Monatsheft Baden-Württemberg*, No. 3, 2007, S. 7.
66 https://ourworldindata.org/grapher/urbanization-last-500-years?country=~DEU, Abruf vom 22.02.2022.
67 Eggen, B., Rupp, M., Kinderreichtum – eine Ausnahme in der neueren Geschichte?, in: *Statistisches Monatsheft Baden-Württemberg*, No. 3, 2007, S. 7.
68 https://data.worldbank.org/indicator/SP.URB.TOTL?year_high_desc=true, Abruf vom 22.03.2022.
69 https://ourworldindata.org/grapher/urbanization-last-500-years?country=~OWID_WRL, Abruf vom 16.02.2022.
70 https://www.dhm.de/lemo/kapitel/kaiserreich/alltagsleben/urbanisierung-im-deutschen-reich.html, Abruf vom 16.02.2022.
71 https://courses.lumenlearning.com/boundless-ushistory/chapter/the-rise-of-the-city/, Abruf vom 22.02.2022.

72 Eggen, B., Rupp, M., Kinderreichtum – eine Ausnahme in der neueren Geschichte?, in: *Statistisches Monatsheft Baden-Württemberg*, No. 3, 2007, S. 8.

73 Vollset, S. E. et al., Fertility, mortality, migration, and population scenarios for 195 countries and territories from 2017 to 2100: a forecasting analysis for the Global Burden of Disease Study, in: *The Lancet*, Vol. 396, No. 10258, 2020, S. 1285.

74 https://www.berlin.de/tourismus/touren/2176620-956960-prenzlauer-berg-hier-sind-kinder-an-der-.html, Abruf vom 26.02.2022.

75 https://www.statistik-berlin-brandenburg.de/184-2021, Abruf vom 26.02.2022.

76 United Nations, Department of Economic and Social Affairs, Population Division (Hrsg.), *World Urbanization Prospects: The 2018 Revision*, 2019, S. 21.

77 https://punchng.com/lagos-records-lowest-birth-rate-katsina-is-highest/, Abruf vom 16.02.2022.

78 https://www.bbc.com/news/world-africa-34732609, Abruf vom 23.02.2022.

79 Lee, J.-W., Lee, H., Human capital in the long run, in: *Journal of Development Economics*, Vol. 122, 2016, S. 158.

80 Bruckmüller, E. et al., *Putzger Historischer Weltatlas*, 103. Auflage, 2004, S. 134.

81 Lee, J.-W., Lee, H., Human capital in the long run, in: *Journal of Development Economics*, Vol. 122, 2016, Datentabellen.

82 https://www.bpb.de/themen/bildung/zukunft-bildung/185878/kurze-geschichte-der-allgemeinen-schulpflicht/, Abruf vom 21.02.2022.

83 Bauer, S., Die geschichtlichen Motive des internationalen Arbeiterschutzes, in: *Vierteljahrschrift für Sozial- und Wirtschaftsgeschichte*, Vol. 1, No. 1, 1903, S. 79ff.; https://www.nationalarchives.gov.uk/education/resources/1833-factory-act/, Abruf vom 21.02.2022.

84 U.S. Wage and Hour Division, *The Fair Labor Standards Act Of 1938, As Amended*, 2011.

85 OECD (Hrsg.), *Education in China*, 2016, S. 10.

86 https://www.handelsblatt.com/politik/international/bildung-indien-fuehrt-schulpflicht-ein/3233658.html, Abruf vom 16.02.2022.

87 Rosling, H. et al., *Factfulness*, 2019, S. 43.

88 Heinemann, I., »Concepts of Motherhood«. Öffentliche Debatten, Expertendiskurse und die Veränderung von Familienwerten in den USA (1980–1970), in: *Zeithistorische Forschungen/Studies in Contemporary History*, Vol. 8, No. 1, 2011, S. 64.

89 https://ourworldindata.org/grapher/womens-educational-attainment-vs-fertility, Abruf vom 31.03.2022.

90 https://ourworldindata.org/uploads/2017/10/DHS-data-on-fertility-by-the-level-of-education-768x538.png, Abruf vom 31.03.2022.

91 https://data.worldbank.org/indicator/SP.DYN.TFRT.IN; https://data.worldbank.org/indicator/SP.POP.TOTL, Abruf vom 21.03.2022.

92 https://data.worldbank.org/indicator/SH.DYN.MORT?locations=ZG, Abruf vom 15.03.2022.

93 https://population.un.org/wpp/Download/Standard/Population/, Abruf vom 31.03.2022.

94 European Commission, Joint Research Centre (Hrsg.), *Demographic and Human Capital Scenarios for the 21st Century: 2018 assessment for 201 countries*, 2018.

95 Vollset, S. E. et al., Fertility, mortality, migration, and population scenarios for 195 countries and territories from 2017 to 2100: a forecasting analysis for the Global Burden of Disease Study, in: *The Lancet*, Vol. 396, No. 10258, 2020, S. 1285–1306.

96 https://www.healthdata.org/gbd/about/history, Abruf vom 23.02.2022.

97 Anstelle der Geburtenrate (Total Fertility Rate) wird die sogenannte Kohortenfruchtbarkeit berechnet. Sie erfasst die durchschnittliche Anzahl von Kindern von Frauen eines bestimmten Geburtenjahrgangs, bis diese 50 Jahre alt sind. Damit weist das Modell nicht denselben Rebound-Effekt auf wie das UN-Modell.

98 https://www.politico.eu/article/italy-birth-rates-coronavirus-pandemic/, Abruf vom 17.02.2022.

99 https://www.eldiario.es/economia/comisionada-reto-demografico-despues-creacion_1_2979685.html, Abruf vom 17.02.2022.

100 Murray, C. J. L., Five insights from the Global Burden of Disease Study 2019, in: *Viewpoint*, Vol. 396, No. 10258, 2020, S. 1138.

101 https://notesfrompoland.com/2021/12/28/poland-to-launch-demographic-strategy-based-on-supporting-families-not-migration/, Abruf vom 17.02.2022.

102 https://stats.oecd.org/Index.aspx?DataSetCode=MIG, Abruf vom 21.03.2022.

103 https://sdgs.un.org/goals, Abruf vom 17.02.2022.

104 https://www.asahi.com/ajw/articles/14558577, Abruf vom 28.03.2022.

105 Wagner, C., *Robotopia Nipponica, Recherchen zur Akzeptanz von Robotern in Japan*, 2013, S. 1f.

106 https://data.worldbank.org/indicator/SP.POP.65UP.TO.ZS?locations=JP, Abruf vom 28.03.2022.

107 https://www.businessinsider.de/politik/japans-sexproblem-ist-so-gross-dass-die-regierung-extreme-massnahmen-ergreift-2019-6/, Abruf vom 23.02.2022.

108 https://www.straitstimes.com/asia/east-asia/japans-childcare-crisis-deepens-as-births-hit-fresh-low-for-the-sixth-straight-year, Abruf vom 28.03.2022.

109 OECD (Hrsg.), Fertility trends: What have been the main drivers?, in: OECD Publishing, (Hrsg.), *Doing Better for Families*, 2011, S. 89–127.

110 Deutscher Bundestag (Hrsg.), *Strategien zur Steigerung der Geburtenrate in ausgewählten Ländern*, 2016, S. 8.

111 https://www.destatis.de/DE/Presse/Pressemitteilungen/2022/02/PD22_067_13321.html, Abruf vom 18.02.2022.

112 Vollset, S. E. et al., Fertility, mortality, migration, and population scenarios for 195 countries and territories from 2017 to 2100: a forecasting analysis for the Global Burden of Disease Study, in: *The Lancet*, Vol. 396, No. 10258, 2020, S. 1285–1306, Datentabellen.

113 Hardege, S., Friedrich, U., *DIHK-Report Fachkräfte 2021*, 2021, S. 5.

114 https://www.kfw.de/Über-die-KfW/Newsroom/Aktuelles/Pressemitteilungen-Details_681344.html, Abruf vom 18.02.2022.

115 https://www.dihk.de/de/themen-und-positionen/wirtschaftspolitik/konjunktur-und-wachstum/konjunkturumfrage-jahresbeginn-2022/-die-konjunktur-haelt-die-luft-an--65336, Abruf vom 20.03.2022.

116 https://www.destatis.de/DE/Presse/Pressemitteilungen/2021/09/PD21_459_12411.html, Abruf vom 18.02.2022.

117 https://www.nd-aktuell.de/artikel/1159811.fachkraeftemangel-filiale-dicht-wegen-fachkraeftemangel.html, Abruf vom 18.02.2022.

118 Beerheide, R., Schmedt, M., Interview mit Dr. med. (I) Klaus Reinhardt, Präsident der Bundesärztekammer: Es droht ein Kollaps der stationären Versorgung, in: *Deutsches Ärzteblatt*, Vol. 118, No. 43, 2021, S. 1982.

119 Vollset, S. E. et al., Fertility, mortality, migration, and population scenarios for 195 countries and territories from 2017 to 2100: a forecasting analysis for the Global Burden of Disease Study, in: *The Lancet*, Vol. 396, No. 10258, 2020, S. 1285–1306, Datentabellen.

120 Bundesministerium für Wirtschaft und Energie (Hrsg.), *Presseerklärung vom 7. Juni 2021*, S. 1.

121 Bundesministerium für Wirtschaft und Energie (Hrsg.), *Vorschläge für eine Reform der gesetzlichen Rentenversicherung*, 04.05.2021, S. 22.

122 Bundesministerium für Wirtschaft und Energie (Hrsg.), *Vorschläge für eine Reform der gesetzlichen Rentenversicherung*, 04.05.2021, S. 20.

123 Bundesministerium für Wirtschaft und Energie (Hrsg.), *Presseerklärung vom 7. Juni 2021*, S. 1

124 https://www.destatis.de/DE/Presse/Pressemitteilungen/2021/04/PD21_167_236.html, Abruf vom 18.02.2022.

125 Becker, M. et al., *Die 300-Milliarden-Euro-Frage – Perspektive für ein nachhaltiges Gesundheitssystem*, 2021, S. 20.

126 Markert, C. et al., *Geschichte und Zukunft der Produktivität: Ende oder Halbzeit eines großen Spiels?*, 2017, S. 1.

127 https://www.insider.com/bionic-bar-symphony-of-the-seas-cruise-ship-review-2019-11, Abruf vom 18.02.2022.

128 https://www.zmescience.com/science/news-science/smartphone-power-compared-to-apollo-432/, Abruf vom 18.02.2022.

129 Keynes, M. J., Economic Possibilities for our Grandchildren (1930), in: Brace, H. (Hrsg.), *Essays in Persuasion*, 1932, S. 358–373.

130 Statistisches Bundesamt (Hrsg.), *Volkswirtschaftliche Gesamtrechnungen, Inlandsproduktberechnung, Detaillierte Jahresergebnisse 2021 (vorläufige Ergebnisse)*, Fachserie 18, Reihe 1.4, 2022, S. 77.

131 Bolt, J., van Zanden, J. L., Maddison Project Database, Version 2020, 2020.

132 OECD (Hrsg.), GDP per person employed 2000-2019, USD, constant prices, 2015 ppp.

133 https://www.spiegel.de/wirtschaft/soziales/arbeitslosenzahl-wie-deutschlands-wichtigste-zahl-entsteht-a-00000000-0002-0001-0000-000172270231, Abruf vom 18.02.2022.

134 Sachverständigenrat zur Begutachtung der gesamtwirtschaftlichen Entwicklung (Hrsg.), *Nationaler Produktivitätsbericht 2019*, 2019, S. 86.

135 Solow, R. M., We'd Better Watch Out, in: *New York Times Book Review*, July 12 1987, S. 36.

136 https://www.bls.gov/opub/mlr/2021/article/the-us-productivity-slowdown-the-economy-wide-and-industry-level-analysis.htm, Abruf vom 18.02.2022.

137 https://www.bloomberg.com/features/2016-most-influential/, Abruf vom 18.02.2022.

138 Gordon, R. J., *Is U.S. Economic Growth Over? Faltering Innovation Confronts the Six Headwinds*, 2012.

139 Deutsche Bundesbank (Hrsg.), The slowdown in euro area productivity growth, in: *Deutsche Bundesbank Monthly Report*, January 2021, S. 15.

140 https://www.nytimes.com/2014/09/22/arts/peter-thiel-and-david-graeber-debate-technologys-future.html, Abruf vom 21.02.2022.

141 Statistisches Bundesamt (Hrsg.), *Volkswirtschaftliche Gesamtrechnungen, Inlandsproduktberechnung, Detaillierte Jahresergebnisse 2021 (vorläufige Ergebnisse)*, Fachserie 18, Reihe 1.4, 2022, S. 61.

142 Kuntze, P., Mai, C.-M., *Labour Productivity – Slower Growth in Germany and Europe*, 2020, S. 9f.

143 https://data.worldbank.org/indicator/IT.NET.USER.ZS?locations=DE, Abruf vom 24.02.2022.

144 Bansal, P., Forecasting American's Long-Term Adoption of Connected and Autonomous Vehicle Technologies, in: *Transportation Research Part A: Policy and Practice*, Vol. 95, 2017, S. 49.

145 https://www.destatis.de/DE/Themen/Wirtschaft/Konjunkturindikatoren/Lange-Reihen/Arbeitsmarkt/lrerw13a.html, Abruf vom 23.02.2022.

146 Statistisches Bundesamt (Hrsg.), *Volkswirtschaftliche Gesamtrechnungen, Inlandsproduktberechnung, Detaillierte Jahresergebnisse 2021 (vorläufige Ergebnisse)*, Fachserie 18, Reihe 1.4, 2022, S. 77.

147 Chant, C. A., Isaac Newton: Born Three Hundred Years Ago, in: *Journal of the Royal Astronomical Society of Canada*, Vol. 37, No. 1, 1943, S. 5.

148 Petersen, T. et al., Makroökonomische Folgen der demografischen Alterung, in: *Wirtschaftsdienst*, Vol. 100, No. 12, 2020, S. 959.

149 https://www.mpg.de/9326286/alternde-gesellschaften, Abruf vom 18.02.2022.

150 Sachverständigenrat zur Begutachtung der gesamtwirtschaftlichen Entwicklung (Hrsg.), *Nationaler Produktivitätsbericht 2020*, 2020, S. 300.

151 https://www.handelsblatt.com/meinung/homo-oeconomicus/homo-oeconomicus-ein-mindestlohn-von-zwoelf-euro-wuerde-produktivitaet-und-wachstum-erhoehen/26789500.html?ticket=ST-557163-IkoA60G6kiuwAZhFdlnD-ap4, Abruf vom 22.02.2022.

152 https://www.economist.com/finance-and-economics/2018/08/02/the-industrial-revolution-could-shed-light-on-modern-productivity, Abruf vom 22.02.2022.

153 Sachverständigenrat zur Begutachtung der gesamtwirtschaftlichen Entwicklung (Hrsg.), *Nationaler Produktivitätsbericht 2020*, 2020, S. 291.

154 KfW Bankengruppe (Hrsg.), *KfW Venture Capital Studie 2020*, 2020.

155 EY (Hrsg.), *Startup-Barometer Deutschland*, Januar 2022, S. 3.

156 https://www.globaldata.com/uk-based-start-ups-attracted-32-9-billion-vc-funding-2021-finds-globaldata/; https://www.reuters.com/business/finance/us-venture-capital-deals-notched-all-time-high-330-billion-2021-2022-01-14/, Abruf vom 24.02.2022.

157 KfW Bankengruppe (Hrsg,), *KfW-Gründungsmonitor 2020*, 2020.

158 https://www.spiegel.de/wirtschaft/unternehmen/kfw-weniger-als-30-prozent-der-jungen-erwachsenen-erwaegen-firmengruendung-a-54b99fb0-7ba4-4e0c-af9e-f5f29ed44a5d, Abruf vom 22.02.2022.

159 Sachverständigenrat zur Begutachtung der gesamtwirtschaftlichen Entwicklung (Hrsg.), *Nationaler Produktivitätsbericht 2019*, 2019, S. 112.

160 https://www.economist.com/leaders/2021/08/14/xi-jinpings-assault-on-tech-will-change-chinas-trajectory, Abruf vom 22.02.2022.

161 Schumpeter, J. A., *Capitalism, Socialism and Democracy*, 1942, S. 81 ff.

Teil 3: Wie wir den Wohlstand retten

1 Elbashir, S. M., et al., Duplexes of 21-nucleotide RNAs mediate RNA interference in cultured mammalian cells, in: *Nature*, Vol. 441, 2001, S. 494–498.

2 https://web.archive.org/web/20220401000449/https://thedocs.worldbank.org/en/doc/b3502c65235d8c72aef5f34d87ed6298-0500062021/related/data-sdn.pdf, Abruf vom 25.04.2022.

3 McAuliffe, M., Triandafyllidou, A. (Hrsg.), *World Migration Report 2022*, 2021, S. 3.

4 https://www.unhcr.org/refugee-statistics/download/?url=1Gfc0J, Abruf vom 27.02.2022, nicht berücksichtigt hierbei sind die 5,7 Millionen Palästinenser, die offiziell auch als Flüchtlinge gelten.

5 OECD (Hrsg.), *2021 Annual International Migration and Forced Displacement Trends and Policies Report to the G20*, S. 10.

6 https://www.oecd.org/g20/about/, Abruf vom 15.03.2022.

7 McAuliffe, M., Triandafyllidou, A. (Hrsg.), *World Migration Report 2022*, 2021, S. 25.

8 McAuliffe, M., Triandafyllidou, A. (Hrsg.), *World Migration Report 2022*, 2021, S. 27.

9 https://www.sueddeutsche.de/wirtschaft/zuwanderung-arbeitsmarkt-coronakrise-afd-1.5390143?, Abruf vom 27.02.2022.

10 https://www.destatis.de/DE/Presse/Pressemitteilungen/2021/09/PD21_459_12411.html, Abruf vom 27.02.2022.

11 https://www.destatis.de/DE/Presse/Pressemitteilungen/2022/01/PD22_027_124.html, Abruf vom 27.02.2022.

12 McAuliffe, M., Triandafyllidou, A. (Hrsg.), *World Migration Report 2022*, 2021, S. 25.

13 Pew Research Center, *Modern Immigration Wave Brings 59 Million to U.S., Driving Population Growth and Change Through 2065: Views of Immigration's Impact on U.S. Society Mixed*, 2015, S. 6.

14 https://data.newamericaneconomy.org/en/fortune500-2019/, Abruf vom 15.03.2022.

15 Anderson, S., Immigrants and Billion-Dollar Companies, in: *NFAP Policy Brief*, October 2018, S. 1.

16 https://news.crunchbase.com/news/immigrants-launched-lots-of-new-us-unicorns-but-numbers-may-be-headed-lower, Abruf vom 27.02.2022.

17 Abramitzky, R. et al., *Intergenerational Mobility of Immigrants in the US Over Two Centuries*, NBER Working Paper No. 26408, 2019.

18 McAuliffe, M., Triandafyllidou, A. (Hrsg.), *World Migration Report 2022*, 2021, S. 202.

19 https://www.migrationdataportal.org/international-data?i=stock_perc_&t=2020, Abruf vom 27.02.2022.

20 http://en.qstheory.cn/2020-10/04/c_607586.htm, Abruf vom 15.03.2022.

21 McAuliffe, M., Triandafyllidou, A. (Hrsg.), *World Migration Report 2022*, 2021, S. 202.

22 https://www.welt.de/politik/ausland/plus232868853/Migration-Migrationspolitik-Oesterreich-will-den-daenischen-Weg-gehen.html, Abruf vom 27.02.2022.

23 Silver, L. et al., *Diversity and Division in Advanced Economies*, Pew Research Center, October 2021, S. 13.

24 Bundesamt für Migration und Flüchtlinge (Hrsg.), *Migrationsbericht 2020*, 2021, Tabellen im Hauptbericht.

25 https://www.migrationdataportal.org/international-data?i=unemp_gap&t=2020, Abruf vom 20.03.2022.

26 https://ec.europa.eu/migrant-integration/news/portugal-new-report-shows-migrants-receive-29-smaller-salary-nationals_de, Abruf vom 15.03.2022.

27 OECD (Hrsg.), *How attractive is Germany for foreign professionals?*, Migration Policy Debates, No. 23, January 2020, S. 2.

28 Vollset, S. E. et al., Fertility, mortality, migration, and population scenarios for 195 countries and territories from 2017 to 2100: a forecasting analysis for the Global Burden of Disease Study, in: *The Lancet*, Vol. 396, No. 10258, 2020, S. 1290.

29 Bundesamt für Migration und Flüchtlinge (Hrsg.), *Migrationsbericht 2020*, 2021, Tabellen im Anhang.

30 https://www.zeit.de/news/2021-12/27/not-auf-arbeitsmarkt-keine-leute-verlieren-neue-leute-holen, Abruf vom 15.03.2022.

31 Bundesamt für Migration und Flüchtlinge (Hrsg.), *Migrationsbericht 2020*, 2021, Tabellen im Anhang.

32 Detre, L. A., Canada's Campaign For Immigrants And The Images In Canada West Magazine, in: *Great Plains Quarterly*, Vol. 2451, 2004, S. 114.

33 Bundesamt für Migration und Flüchtlinge (Hrsg.), *Migrationsbericht 2020*, 2021, Tabellen im Anhang.

34 HM Treasury (Hrsg.), *Build Back Better: our plan for growth*, 2021, S. 108.

35 https://www.mdr.de/nachrichten/deutschland/politik/kritik-fachkraefte-einwanderungsgesetz-102.html, Abruf vom 27.02.2022.

36 https://www.destatis.de/DE/Presse/Pressemitteilungen/2021/08/PD21_400_212.html, Abruf vom 27.02.2022.

37 Mayer, M. M., Liebig, T., *Wie attraktiv ist Deutschland für ausländische Fachkräfte?*, Policy Brief Migration, 2019, S. 3.

38 https://mediendienst-integration.de/artikel/angewiesen-auf-auslaendische-pflegekraefte.html, Abruf vom 27.02.2022.

39 Statistisches Bundesamt et al. (Hrsg.), *Datenreport 2021, Ein Sozialbericht für die Bundesrepublik Deutschland*, 2021, S. 42.

40 https://www.canada.ca/en/immigration-refugees-citizenship/services/refugees/welcome-syrian-refugees/key-figures.html, Abruf vom 15.03.2022.

41 https://theconversation.com/federal-election-2021-what-the-conservatives-dont-understand-about-refugee-resettlement-167033, Abruf vom 27.02.2022.

42 https://www.destatis.de/DE/Themen/Arbeit/Arbeitsmarkt/Qualitaet-Arbeit/Dimension-2/niedriglohnquote.html, Abruf vom 15.03.2022.

43 https://www.destatis.de/DE/Presse/Pressekonferenzen/2022/BIP2021/fg_schmidt.pdf?__blob=publicationFile, Abruf vom 15.03.2022.

44 https://fosteringinnovation.de/die-entscheidende-quelle-fuer-mehr-produktivitaet-ist-innovation/, Abruf vom 22.02.2022.

45 Expertenkommission Forschung und Innovation (Hrsg.), *Gutachten zu Forschung, Innovation und technologischer Leistungsfähigkeit Deutschlands 2018*, S. 42.

46 Mazzucato, M., *The Entrepreneurial State: Debunking Public vs. Private Sector Myths*, 2015, S. 6.

47 https://www.jfklibrary.org/learn/about-jfk/historic-speeches/address-to-joint-session-of-congress-may-25-1961, Abruf vom 22.02.2022.

48 Gisler, M., Sornette, D., Exuberant Innovations: The Apollo Program, in: *Society*, Vol. 46, No. 1, 2009, S. 58.

49 Stine, D. D., *The Manhattan Project, the Apollo Program, and Federal Energy Technology R&D Programs: A Comparative Analysis*, CRS Report for Congress, 2009, S. 6.
50 https://apollo11space.com/42-inventions-from-apollo-program/, Abruf vom 22.02.2022.
51 https://www.nasa.gov/directorates/spacetech/feature/Going_to_the_Moon_Was_Hard_But_the_Benefits_Were_Huge, Abruf vom 22.02.2022.
52 https://www.bmbf.de/bmbf/shareddocs/pressemitteilungen/de/karliczek-unsere-foerderung-eb-rschung-gegen-covid-19-den-weg.html, Abruf vom 22.02.2022.
53 https://investors.biontech.de/static-files/ed9d3efd-2dfb-4f48-955a-69718604d604, Abruf vom 22.02.2022.
54 https://www.zeit.de/2021/38/biontech-gruender-corona-impfstoff-oezlem-tuereci-ugur-sahin-interview/komplettansicht, Abruf vom 22.02.2022.
55 https://investors.biontech.de/news-releases/news-release-details/biontech-announces-fourth-quarter-and-full-year-2021-financial, Abruf vom 30.03.2022.
56 https://www.zeit.de/wirtschaft/2021-11/biontech-mainz-steuer-haushalt-schulden-mehreinnahmen/komplettansicht, Abruf vom 22.02.2022.
57 https://www.handelsblatt.com/politik/konjunktur/nachrichten/wachstum-der-biontech-faktor-impfstoff-produzent-traegt-fast-ein-fuenftel-zum-wirtschaftswachstum-bei/27975114.html, Abruf vom 22.02.2022.
58 Bundesministerium für Wirtschaft und Energie (Hrsg.), *Nationale Industriestrategie 2030*, 2019, S. 4.
59 SPD, Bündnis 90/Die Grünen und FDP (Hrsg.), *Koalitionsvertrag 2021–2025*, 2021, S. 5.
60 https://www.gtai.de/gtai-de/trade/asien-uebergreifend/specials/umschwung-bei-fuehrenden-anbietern-von-hightech-765828, Abruf vom 22.02.2022.
61 https://www.wiwo.de/politik/konjunktur/scheintote-unternehmen-es-gibt-mehr-zombies-als-viele-glauben-/26210592.html, Abruf vom 22.02.2022.
62 https://statistik.arbeitsagentur.de/DE/Navigation/Statistiken/Interaktive-Statistiken/Kurzarbeitergeld/Kurzarbeitergeld-Nav.html, Abruf vom 22.02.2022.
63 https://www.nsf.gov/nsb/sei/one-pagers/China-2018.pdf, Abruf vom 22.02.2022.
64 Bertelsmann Stiftung (Hrsg.), *Was Chinas Industriepolitik für die deutsche Wirtschaft bedeutet*, 2020, S. 11.
65 https://www.nio.com/de_DE/news/rekordjahr-2021-fuer-nio-globale-expansion-kontinuierliches-wachstum-erweiterung-des, Abruf vom 22.02.2022.
66 https://www.hurun.net/en-US/Info/Detail?num=R18H7AJUWBIX, Abruf vom 28.03.2022.
67 https://www.destatis.de/DE/Presse/Pressekonferenzen/2022/BIP2021/fg_schmidt.pdf?__blob=publicationFile, Abruf vom 22.02.2022.
68 https://www.cia.gov/the-world-factbook/field/budget/, Abruf vom 15.03.2022.
69 https://www.dstgb.de/themen/finanzen/investitionen/149-mrd-investitionsstau/, Abruf vom 22.02.2022.
70 Bundesministerium für Wirtschaft und Energie (Hrsg.), *Öffentliche Infrastruktur in Deutschland: Probleme und Reformbedarf*, 2020, S. 2f.
71 https://www.techbook.de/mobile/internet-speedtest-ranking, Abruf vom 22.02.2022.
72 https://er.jsc.nasa.gov/seh/ricetalk.htm, Abruf vom 15.03.2022.
73 https://www.bmwi.de/Redaktion/DE/Pressemitteilungen/2020/12/20201211-zukunftsfonds-startet-mit-10-milliarden-euro-setzen-damit-benchmark-in-europa.html, Abruf vom 22.02.2022.
74 https://ec.europa.eu/commission/presscorner/detail/en/IP_22_729, Abruf vom 22.02.2022.
75 https://www.deutsche-bank.de/pk/sparen-und-anlegen/finanzmarktexpertise/markt-und-meinung/der-wandel-der-halbleiterindustrie.html, Abruf vom 22.02.2022.
76 https://www.cnbc.com/2021/03/16/2-charts-show-how-much-the-world-depends-on-taiwan-for-semiconductors.html, Abruf vom 15.03.2022.
77 https://ec.europa.eu/commission/presscorner/detail/en/IP_22_729, Abruf vom 22.02.2022.
78 BP (Hrsg.), *Statistical Review of World Energy 2021*, 2021, Datentabellen.

79 https://www.handelsblatt.com/unternehmen/industrie/top-ten-die-groessten-solarhersteller-der-welt/4290706.html, Abruf vom 23.03.2022.

80 https://www.handelsblatt.com/unternehmen/energie/erneuerbare-energien-der-traum-von-der-rueckkehr-der-deutschen-solarindustrie/26045408.html, Abruf vom 23.02.2022.

81 https://ultralowcarbonsolar.org/news/evidence-grows-global-solar-supply-chains-diversifying/, Abruf vom 23.03.2022.

82 Max-Planck-Institut für Plasmaphysik (Hrsg.), *Kernfusion – Berichte aus der Forschung*, Folge 2, 2002, S. 33f.

83 https://ec.europa.eu/energy/sites/ener/files/documents/iter_factsheet_governance_and_funding_de.pdf, Abruf vom 22.02.2022 und https://www.iter.org/proj/inafewlines, Abruf vom 22.02.2022

84 https://www.ipp.mpg.de/9296/einfuehrung, Abruf vom 22.02.2022.

85 Zylstra, A. B. et al., Burning Plasma achieved in inertial infusion, in: *Nature*, Vol. 601, No. 7894, 2022, S. 542–548.

86 Gibney, E., Nuclear-Fusion Reactor Smashes Energy Record, in: *Nature*, Vol. 602, No. 7897, 2022, S. 371.

87 Department for Business, Energy & Industrial Strategy (Hrsg.), *Towards Fusion Energy – The UK Government's Fusion Strategy*, 2021, S. 15.

88 https://www.energiezukunft.eu/politik/zu-teuer-zu-spaet-und-zu-ungewiss/, Abruf vom 22.02.2022.

89 Hill, S. et al., *Global Entrepreneurship Monitor 2021/2022*, 2022, S. 44.

90 KfW Bankengruppe (Hrsg.), *KfW-Gründungsmonitor 2020*, 2020, S. 3.

91 https://tcdata360.worldbank.org/indicators/aps.ea.total?country=DEU&indicator=3116&countries=NLD,USA,KOR&viz=line_chart&years=2001,2020, Abruf vom 22.02.2022.

92 https://www.linkedin.com/pulse/greatest-inventor-thomas-alva-edisons-vision-failures-narayanan/, Abruf vom 22.02.2022.

93 https://www.inc.com/carmine-gallo/how-james-dysons-thousands-of-failures-can-help-you-tell-a-captivating-founder-origin-story.html, Abruf vom 22.02.2022.

94 McKinsey & Company (Hrsg.), *Deutschland 2030 – Kreative Erneuerung*, 2021, S. 4.

95 https://www.automationanywhere.com/company/press-room/global-research-reveals-world-s-most-hated-office-tasks, Abruf vom 27.02.2022.

96 Statistisches Bundesamt (Hrsg.), *Volkswirtschaftliche Gesamtrechnungen, Inlandsproduktberechnung, Detaillierte Jahresergebnisse 2021 (vorläufige Ergebnisse)*, Fachserie 18, Reihe 1.4, 2022, Datentabellen.

97 https://ifr.org/ifr-press-releases/news/robot-density-nearly-doubled-globally, Abruf vom 15.03.2022.

98 https://www.reuters.com/world/asia-pacific/jobs-ageing-faces-behind-south-koreas-record-low-employment-numbers-2022-03-23/, Abruf vom 29.03.2022.

99 https://www.reuters.com/markets/asia/japans-jan-jobless-rate-rises-job-availability-hits-21-month-high-2022-03-03/, Abruf vom 29.03.2022.

100 https://ifr.org/ifr-press-releases/news/china-aims-for-global-leadership-in-robotics, Abruf vom 17.02.2022.

101 Dauth, W. et al., German Robots – The Impact of Industrial Robots on Workers, in: *IAB-Discussion Paper*, Vol. 30, 2017, S. 1.

102 https://www.sueddeutsche.de/wirtschaft/digitalisierung-bill-gates-fordert-robotersteuer-1.3386861, Abruf vom 27.02.2022.

103 https://www.shz.de/top-thema/ambient-news/aninstallation1/oekonomen-fragen-sollten-roboter-steuern-zahlen-id19687151.html, Abruf vom 25.04.2022.

104 Statistisches Bundesamt (Hrsg.), *Volkswirtschaftliche Gesamtrechnungen, Inlandsproduktberechnung, Detaillierte Jahresergebnisse 2021 (vorläufige Ergebnisse)*, Fachserie 18, Reihe 1.4, 2022, Datentabellen.

105 Statistisches Bundesamt (Hrsg.), *Volkswirtschaftliche Gesamtrechnungen, Inlandsproduktberechnung, Detaillierte Jahresergebnisse 2021 (vorläufige Ergebnisse)*, Fachserie 18, Reihe 1.4, 2022, S. 75.

106 Statistisches Bundesamt (Hrsg.), *Volkswirtschaftliche Gesamtrechnungen, Inlandsproduktberechnung, Detaillierte Jahresergebnisse 2021 (vorläufige Ergebnisse)*, Fachserie 18, Reihe 1.4, 2022, Datentabellen.

107 Statistisches Bundesamt (Hrsg.), *Volkswirtschaftliche Gesamtrechnungen, Inlandsproduktberechnung, Detaillierte Jahresergebnisse 2021 (vorläufige Ergebnisse)*, Fachserie 18, Reihe 1.4, 2022, S. 166f.

108 https://data.worldbank.org/indicator/NV.SRV.TOTL.ZS?locations=CN-US-EU-DE, Abruf vom 17.02.2022.

109 https://data.worldbank.org/indicator/SL.SRV.EMPL.ZS?locations=US-EU-DE-CN, Abruf vom 17.02.2022.

110 Statistisches Bundesamt (Hrsg.), *Volkswirtschaftliche Gesamtrechnungen, Inlandsproduktberechnung, Detaillierte Jahresergebnisse 2021 (vorläufige Ergebnisse)*, Fachserie 18, Reihe 1.4, 2022, S. 77.

111 https://www.businessinsider.com/dscout-research-people-touch-cell-phones-2617-times-a-day-2016-7, Abruf vom 27.02.2022.

112 https://blog.rescuetime.com/screen-time-stats-2018/, Abruf vom 27.02.2022.

113 https://www.economist.com/finance-and-economics/2017/12/07/are-digital-distractions-harming-labour-productivity, Abruf vom 27.02.2022.

114 https://www.businessinsider.de/karriere/arbeitsleben/produktivitaet-im-job-damit-verschwenden-deutsche-zeit-bei-arbeit-2019-10/, Abruf vom 27.02.2022.

115 https://www.handelsblatt.com/technik/it-internet/start-up-der-siegeszug-der-softwareroboter-uipath-will-die-bueroarbeit-revolutionieren/27398236.html, Abruf vom 27.02.2022.

116 Stripe (Hrsg.), *The Developer Coefficient*, 2018, S. 4.

117 https://medium.com/@tannisliviniuk/what-are-our-company-goals-many-employees-cant-answer-that-question-40a4c2fe2902, Abruf vom 27.02.2022.

118 https://www.daserste.de/information/wissen-kultur/w-wie-wissen/arbeitswelt-112.html, Abruf vom 27.02.2022.

119 Statistisches Bundesamt (Hrsg.), *Volkswirtschaftliche Gesamtrechnungen, Inlandsproduktberechnung, Detaillierte Jahresergebnisse 2021 (vorläufige Ergebnisse)*, Fachserie 18, Reihe 1.4, 2022, S. 77.

120 https://www.tagesspiegel.de/wirtschaft/digital-vorreiter-im-baltikum-behoerdendienste-erledigen-sich-in-estland-kuenftig-von-selbst/25385494.html, Abruf vom 27.02.2022.

121 Nationaler Normenkontrollrat (Hrsg.), *Monitor Digitale Verwaltung #6*, 2021, S. 2.

122 https://www.silicon.de/41693199/behoerden-digimeter-bei-aktuellem-tempo-dauert-die-behoerden-digitalisierung-noch-ueber-30-jahre, Abruf vom 27.02.2022.

123 GKV-Spitzenverband (Hrsg.), *Stellungnahme des GKV-Spitzenverbandes vom 18.03.2022 zum Entwurf eines Gesetzes zur Einführung einer verpflichtenden Impfberatung für Erwachsene und einer altersbezogenen Impfpflicht ab 50 Jahren unter Vorbehalt gegen das Coronavirus SARS-CoV-2*, Drucksache 20/954, 2022, S. 4.

124 https://www.washingtonpost.com/wp-dyn/content/article/2009/03/17/AR2009031701150.html, Abruf vom 27.02.2022.

125 https://data.worldbank.org/indicator/SE.PRM.NENR?most_recent_value_desc=false, Abruf vom 27.02.2022.

126 Tenorth, H.-E., »Bildung« – Reflexionen, Systeme, Welten. Aspekte ihrer Struktur und Dynamik am deutschen Exempel, in: Köller, O. et al. (Hrsg.), *Das Bildungswesen in Deutschland: Bestandteile und Potenziale, 1*, 2019, S. 59ff.

127 Zum Beispiel Hanushek, E. A., Wößmann, L., Education and Economic Growth, in: Peterson, P. et al. (Hrsg.), *International Encyclopedia of Education*, 3. Aufl., 2010, S. 245ff.

128 https://data.worldbank.org/indicator/NY.GDP.PCAP.KD?end=1970&locations=JP-KR-GB-US-DE-BR-AR&start=1960, Abruf vom 25.03.2022.

129 https://www.deutschlandfunkkultur.de/schulen-nach-dem-pisa-schock-unser-bildungssystem-bleibt-100.html, Abruf vom 27.02.2022.

130 Statistisches Bundesamt (Hrsg.), *Bevölkerung mit Migrationshintergrund – Ergebnisse des Mikrozensus 2020 (Endergebnisse)*, Fachserie 1, Reihe 2.2, 2022, S. 41.

131 United Nations Development Programme (Hrsg.), *Human Development Report (2018 Statistical Update)*, 2018, Datentabellen.
132 Statistisches Bundesamt (Hrsg.), *Bildungsfinanzbericht 2021*, 2021, S. 19.
133 OECD (Hrsg.), *Education at a Glance 2021: OECD Indicators*, 2021, S. 245.
134 OECD (Hrsg.), *Lernen für das Leben, Erste Ergebnisse der Internationalen Schulleistungsstudie PISA 2000*, 2001.
135 https://www.spiegel.de/spiegel/print/index-2002-20.html, Abruf vom 27.02.2022.
136 Max-Planck-Institut für Bildungsforschung (Hrsg.), *PISA 2000, Zusammenfassung zentraler Befunde*, 2001, S. 40f.; Stanat, P. et al., Schülerinnen und Schüler mit Migrationshintergrund, in: Klieme, E. et al. (Hrsg.), *PISA 2009, Bilanz nach einem Jahrzehnt*, 2010, S. 200ff.
137 Goy, M. et al., Ein halbes Jahrhundert internationale Schulleistungsstudien. Eine systematisierende Übersicht, in: *Tertium Comparationis Journal für International und Interkulturell Vergleichende Erziehungswissenschaft*, Vol. 14, No. 1, 2008, S. 83f.
138 Kultusministerkonferenz (Hrsg.), *PISA 2000 – Zentrale Handlungsfelder, Beschluss der 299. Kultusministerkonferenz vom 17./18.10.2002*, S. 7.
139 https://www.deutschlandfunkkultur.de/schulen-nach-dem-pisa-schock-unser-bildungssystem-bleibt-100.html, Abruf vom 27.02.2022.
140 https://www.bundesregierung.de/breg-de/service/newsletter-und-abos/rundbrief-ausbildung/bildungsrepublik-deutschland-774184, Abruf vom 27.02.2022.
141 OECD (Hrsg.), *Deutschland – Ländernotiz, PISA 2018 Ergebnisse*, S. 4.
142 OECD (Hrsg.), *PISA 2018 Results (Volume I): What Students Know and Can Do*, 2019, S. 17.
143 Reiss, K. et al. (Hrsg.), *PISA 2018. Grundlagenbildung im internationalen Vergleich*, 2019, S. 61 und 198.
144 https://www.zeit.de/2021/41/bildung-deutschland-pisa-studie-bildungspolitik-ludger-woessmann-forschung, Abruf vom 27.02.2022.
145 OECD (Hrsg.), *PISA 2018 Results (Volume I): What Students Know and Can Do*, 2019, S. 17.
146 OECD (Hrsg.), Ist die Wahrscheinlichkeit bei sozioökonomisch benachteiligten Schülerinnen und Schülern größer, Klassen zu wiederholen?, in: *PISA im Fokus*, No. 9, 2014, S. 1.
147 https://www.zeit.de/2019/51/bildungspolitik-pisa-studie-einwanderkinder-benachteiligung-umverteilung/, Abruf vom 27.02.2022.
148 OECD (Hrsg.), *PISA 2018 Results (Volume II): Where All Students Can Succeed*, 2019, S. 17f.
149 OECD (Hrsg.), *Deutschland – Ländernotiz, Ergebnisse PISA 2018*, S. 6.
150 European Commission (Hrsg.), *PISA 2018 and the EU*, 2019, S. 30.
151 https://www.zeit.de/gesellschaft/schule/2019-12/pisa-studie-schulleistungen-oecd-risikoschueler-schulsystem/, Abruf vom 30.03.2022.
152 https://www.zeit.de/gesellschaft/schule/2019-12/pisa-studie-schulleistungen-oecd-risikoschueler-schulsystem/seite-2, Abruf vom 27.02.2022.
153 SPD, Bündnis 90/Die Grünen und FDP (Hrsg.), *Koalitionsvertrag 2021–2025*, 2021, S. 74.
154 Bantel, S. et al., Kindergesundheit in der COVID-19-Pandemie: Ergebnisse aus den Schuleingangsuntersuchungen und einer Elternbefragung in der Region Hannover, in: *Bundesgesundheitsblatt – Gesundheitsforschung – Gesundheitsschutz*, Vol. 64, Dezember 2021, S. 1544.
155 https://www.zeit.de/news/2021-03/18/eltern-und-gewerkschaft-schuleingangsuntersuchungen, Abruf vom 27.02.2022.
156 https://www.news4teachers.de/2021/08/in-berlin-hat-nur-noch-jeder-fuenfte-neue-grundschullehrer-auf-lehramt-studiert/, Abruf vom 31.03.2022.
157 https://www.spiegel.de/politik/lehrermangel-mit-quereinsteigern-und-senioren-gegen-die-bildungsmisere-a-00000000-0002-0001-0000-000169122939, Abruf vom 27.02.2022.

158 https://www.destatis.de/DE/Themen/Gesellschaft-Umwelt/Bildung-Forschung-Kultur/_ Grafik/_Interaktiv/altersverteilung-lehrkraefte.html, Abruf vom 27.02.2022.

159 https://www.bertelsmann-stiftung.de/de/themen/aktuelle-meldungen/2019/september/ lehrermangel-in-grundschulen-bis-2030-groesser-als-bislang-erwartet/, Abruf vom 27.02.2022.

160 https://www.spiegel.de/lebenundlernen/schule/grundschullehrer-bundeslaender-drehen-am-einstiegsgehalt-a-1207307.html, Abruf vom 19.03.2022.

161 https://www.tagesspiegel.de/wissen/pisa-studie-2019-was-die-deutsche-wirtschaft-durch-mittelmaessige-schulische-leistungen-verliert/25290390.html, Abruf vom 27.02.2022.

162 Sekretariat der Ständigen Konferenz der Kultusminister der Länder in der Bundes-republik Deutschland (Hrsg.), *Allgemeinbildende Schulen in Ganztagsform in den Ländern in der Bundesrepublik Deutschland – Statistik 2016 bis 2020*, 2021, S. 9.

163 https://www.bmfsfj.de/bmfsfj/aktuelles/alle-meldungen/rechtsanspruch-auf-ganztagsbetreuung-fuer-ab-2026-beschlossen-178826, Abruf vom 19.03.2022.

164 https://www.bmfsfj.de/bmfsfj/themen/corona-pandemie/aufholen-nach-corona, Abruf vom 27.02.2022.

165 OECD (Hrsg.), *Education at a Glance, Germany*, 2019, S. 6.

166 Dolton, P. et al., *Global Teacher Status – Index 2018*, 2018, S. 49.

167 https://hbr.org/2010/10/what-cant-be-measured, Abruf vom 31.03.2022.

168 Wößmann, L., Bildung für Wirtschaftswachstum und Chancengleichheit, in: *ifo Schnelldienst*, Vol. 74, No. 7, 2021, S. 16.

169 Kultusministerkonferenz (Hrsg.), *Strategie der Kultusministerkonferenz »Bildung in der Digitalen Welt«*, 2017, S. 59.

170 https://www.digitalpaktschule.de/de/was-ist-der-digitalpakt-schule-1701.html, Abruf vom 27.02.2022.

171 https://www.digitalpaktschule.de/de/die-finanzen-im-digitalpakt-schule-1763.html, Abruf vom 30.03.2022.

172 Deutscher Philologenverband (Hrsg.), *Befragung zu aktuell bedeutsamen Aspekten für guten Unterricht unter Lehrkräften an Gymnasien*, 2021.

173 KfW Research (Hrsg.), *KfW-Kommunalpanel 2021: Ad-hoc-Umfrage »Digitalisierung in Schulen«*, 2021, S. 10.

174 https://www.aktiv-online.de/news/digitale-schule-in-daenemark-ist-die-kreidezeit-laengst-vorbei-4048, Abruf vom 27.02.2022.

175 https://deutsches-schulportal.de/expertenstimmen/schulen-in-daenemark-jacob-chammon-von-der-daenischen-bildungspolitik-lernen/, Abruf vom 27.02.2022.

176 FiBS Forschungsinstitut für Bildungs- und Sozialökonomie (Hrsg.), *Schule zukunftsfähig machen. Cornelsen Schulleistungsstudie 2022*, 2022, S. 79.

177 https://www.gew.de/presse/pressemitteilungen/detailseite/gew-digitale-spaltung-zwischen-schulen-ueberwinden/, Abruf vom 30.03.2022.

178 Bertelsmann Stiftung et al. (Hrsg.), *Lehrkräfte vom ersten Semester an für die digitale Welt qualifizieren*, Policy Brief November 2021.

179 https://www.zukunftsinstitut.de/artikel/bildung-im-zeitalter-der-wissensexplosion/, Abruf vom 27.02.2022.

180 OECD (Hrsg.), *Dream Jobs? Teenagers' Career Aspirations and the Future of Work*, 2020, S. 19.

181 Bertelsmann Stiftung et al. (Hrsg.), *OECD Lernkompass 2030*, 2020, S. 12.

182 de Witt, C., Leineweber, C., Zur Bedeutung des Nichtwissens und die Suche nach Problemlösungen, in: *MedienPädagogik*, No. 39, 2020, S. 33.

183 https://www.zukunftsinstitut.de/artikel/bildung-im-zeitalter-der-wissensexplosion/, Abruf vom 27.02.2022.

184 FiBS Forschungsinstitut für Bildungs- und Sozialökonomie (Hrsg.), *Schule zukunftsfähig machen. Cornelsen Schulleistungsstudie 2022*, 2022, S. 62.

185 FiBS Forschungsinstitut für Bildungs- und Sozialökonomie (Hrsg.), *Schule zukunftsfähig machen. Cornelsen Schulleistungsstudie 2022*, 2022, S. 45.

186 Ergebnis einer Podiumsdiskussion zum Thema »Digital Skills« beim GIGA-Gipfel am 28.10.2021, an der ich teilgenommen habe.

187 OECD (Hrsg.), *PISA 2012 Results (Volume V): Creative Problem Solving*, 2012, S. 154.

188 Vodafone Stiftung Deutschland (Hrsg.), *Erfolgsfaktor Resilienz*, 2018, S. 10.

189 https://www.rnd.de/wirtschaft/zwoelf-euro-mindestlohn-cdu-wirtschaftsrat-fuerchtet-lohnkosten-schock-UCTXXFECBZCW3AH36DZM5ZVHL4.html, Abruf vom 27.02.2022.

190 https://www.spd.de/aktuelles/detail/news/12-euro-mindestlohn-als-zeichen-des-respekts/09/03/2021/, Abruf vom 27.02.2022.

191 https://www.handwerk.com/mindestloehne-fuer-dachdecker-steigen-am-1-januar-2022, Abruf vom 27.02.2022.

192 https://www.rnd.de/wirtschaft/amazon-12-euro-stundenlohn-ab-juli-2021-in-deutschen-versandzentren-ZZLEZKE7RFB2DGGBCCHBQXT2DQ.html, Abruf vom 27.02.2022.

193 Emmanuel, N., Harrington, E., *The Payoffs of Higher Pay: Elasticities of Productivity and Labor Supply with Respect to Wages*, Working Paper, 2020.

194 Allen, R. C., *The British Industrial Revolution in Global Perspective: How Commerce Created The Industrial Revolution and Modern Economic Growth*, 2006, S. 3ff.

195 https://fred.stlouisfed.org/series/M0892AUSM156SNBR, Abruf vom 19.03.2022.

196 https://www.dol.gov/general/aboutdol/history/flsa1938, Abruf vom 27.02.2022.

197 Gordon, R. J., *The Rise and Fall of American Growth*, 2017, S. 542.

198 Gordon, R. J., *The Rise and Fall of American Growth*, 2017, S. 547.

199 https://fred.stlouisfed.org/series/M0892AUSM156SNBR, Abruf vom 27.02.2022.

200 Sonn, P. K., Lathrop, Y. M., Raise Wages, Kill Jobs?, in: *National Employment Law Project*, 2016, S. 9.

201 https://ec.europa.eu/eurostat/de/web/microdata/structure-of-earnings-survey, Abruf vom 27.02.2022.

202 Ademmer, M. et al., *Produktivität in Deutschland – Messbarkeit und Entwicklung*, Kieler Beiträge zur Wirtschaftspolitik, Nr. 12, 2017.

203 https://data.worldbank.org/indicator/NY.GDP.PCAP.PP.KD?locations=DE; https://data.worldbank.org/indicator/NY.GDP.MKTP.PP.KD?locations=DE, Abruf vom 19.03.2022.

204 Brenke, K., Grabka, M. M., Schwache Lohnentwicklung im letzten Jahrzehnt, in: *DIW Wochenbericht*, No. 45, 2011, S. 3ff.

205 Kügler, A. et al., Productivity Growth, Wage Growth and Unions, in: *Proceedings of ECB Forum on Central Banking*, June 20th 2018, S. 219.

206 https://www.ifo.de/node/41001, Abruf vom 27.02.2022.

207 https://ec.europa.eu/eurostat/de/web/microdata/structure-of-earnings-survey, Abruf vom 27.02.2022; Grabka, M., Schröder, C., *Der Niedriglohnsektor in Deutschland ist größer als bislang angenommen*, DIW Wochenbericht, Nr. 14, 2019, S. 249.

208 Knabe, A. et al., *Der flächendeckende Mindestlohn*, Diskussionsbeiträge, No. 2014/4, Freie Universität Berlin, 2014, S. 34.

209 Arni, P. et al., *Kein Mindestlohn ohne unabhängige wissenschaftliche Evaluation*, IZA Standpunkte Nr. 65, 2014, S. 14.

210 Dustmann, C. et al., *Reallocation Effects of the Minimum Wage*, Discussion Paper Series CDP 07/20, Centre for Research & Analysis of Migration, 2020, S. 33.

211 IAB (Hrsg.), *Auswirkungen des gesetzlichen Mindestlohns*, IAB-Stellungnahme 4/2020, S. 13f.

212 https://www.bbc.com/news/business-58870395, Abruf vom 27.02.2022.

213 Lübker, M., Schulten, T., WSI-Mindestlohnbericht 2021: Ist Europa auf dem Weg zu angemessenen Mindestlöhnen?, in: *WSI Mitteilungen*, Vol. 74, No. 2, 2021, S. 129f.

214 https://www.diw.de/de/diw_01.c.824335.de/nachrichten/ist_ein_mindestlohn_von_zwoelf_euro_sinnvoll.html, Abruf vom 27.02.2022.

215 https://www.cnbc.com/2019/04/18/steve-schwarzman-raise-minimum-wage-eliminate-taxes-for-teachers.html, Abruf vom 27.02.2022.

216 https://www.businessinsider.com/amazons-15-minimum-wage-push-is-a-strategic-business-decision-2021-2, Abruf vom 19.03.2022.

217 https://www.usnews.com/news/articles/best-states/minimum-wage-by-state, Abruf vom 27.02.2022.

218 https://www.businessforafairminimumwage.org/Federal/Signers15, Abruf vom 27.02.2022.

219 Für Unternehmen mit 26 oder mehr Mitarbeitern. https://www.paycor.com/resource-center/articles/minimum-wage-by-state/, Abruf vom 27.02.2022.

220 https://www.whitehouse.gov/briefing-room/statements-releases/2021/04/27/fact-sheet-biden-harris-administration-issues-an-executive-order-to-raise-the-minimum-wage-to-15-for-federal-contractors/, Abruf vom 27.02.2022.

221 https://www.cnbc.com/2021/02/21/15-minimum-wage-wont-cover-living-costs-for-many-americans.html, Abruf vom 27.02.2022.

222 https://stats.oecd.org/Index.aspx?DataSetCode=TENURE_AVE, Abruf vom 22.02.2022.

223 https://www.bls.gov/news.release/pdf/tenure.pdf, Abruf vom 22.02.2022.

224 Gallup (Hrsg.), *State of the Global Workplace Report 2021*, S. 36.

225 https://www.bls.gov/news.release/jltst.t04.htm, Abruf vom 25.02.2022.

226 Grömling, M. et al., *Ein Wachstumspfad für mehr Produktivität, Innovation und Beschäftigung in Deutschland*, IW Gutachten, 2021, S. 44.

227 https://www.destatis.de/DE/Themen/Arbeit/Arbeitsmarkt/Qualitaet-Arbeit/Dimension-4/dauer-beschaeftigung-aktuell-Arbeitgeber.html, Abruf vom 22.02.2022.

228 OECD (Hrsg.), *OECD Employment Outlook 2020, Worker Security and the Covid-19 Crisis*, 2020, S. 168.

229 OECD (Hrsg.), *The future of productivity*, 2015, S. 25.

230 OECD (Hrsg.), *OECD Employment Outlook 2020, Worker Security and the Covid-19 Crisis*, 2020, S. 171f.

231 https://www.weforum.org/agenda/2022/01/quit-rate-wage-growth-economy-support/, Abruf vom 22.02.2022.

232 Sachverständigenrat zur Begutachtung der gesamtwirtschaftlichen Entwicklung (Hrsg.), *Nationaler Produktivitätsbericht 2021*, S. 296f.

233 https://www.handelsblatt.com/unternehmen/industrie/insolvenzen-2009-das-jahr-der-mega-pleiten/3330414.html, Abruf vom 22.02.2022.

234 https://rp-online.de/wirtschaft/unternehmen/letzte-chance-fuer-den-riesen-arcandor_aid-8837595, Abruf vom 22.02.2022.

235 https://www.abendblatt.de/wirtschaft/article107513569/Karstadt-Nur-850-Millionen-Euro-koennen-Pleite-noch-abwenden.html, Abruf vom 22.02.2022.

236 https://corporate.zalando.com/de/unternehmen/zalando-in-zahlen, Abruf vom 19.03.2022.

237 Sachverständigenrat zur Begutachtung der gesamtwirtschaftlichen Entwicklung (Hrsg.), *Nationaler Produktivitätsbericht 2021*, S. 318.

238 https://www.arbeitsagentur.de/m/corona-kurzarbeit/, Abruf vom 29.03.2022.

239 https://www.bloomberg.com/news/articles/2021-05-14/one-in-three-u-s-workers-changed-or-lost-jobs-in-past-year, Abruf vom 22.02.2022.

240 Sachverständigenrat zur Begutachtung der gesamtwirtschaftlichen Entwicklung (Hrsg.), *Nationaler Produktivitätsbericht 2021*, S. 309.

241 Sachverständigenrat zur Begutachtung der gesamtwirtschaftlichen Entwicklung (Hrsg.), *Nationaler Produktivitätsbericht 2021*, S. 312f.

242 Sachverständigenrat zur Begutachtung der gesamtwirtschaftlichen Entwicklung (Hrsg.), *Nationaler Produktivitätsbericht 2021*, S. 319.

243 https://www.ifo.de/node/67877, Abruf vom 23.02.2022.

244 Bundesregierung (Hrsg.), Referentenentwurf der Bundesregierung, Verordnung über die Bezugsdauer und Verlängerung der Erleichterungen der Kurzarbeit (Kurzarbeitergeldverlängerungsverordnung - Kug-verlV) vom 24.11.2021, S. 2.

245 https://www.faz.net/aktuell/wirtschaft/mehr-wirtschaft/bundesagentur-kurzarbeit-keine-dauerloesung-in-pandemien-17745657.html, Abruf vom 23.02.2022.

246 https://www.deutsche-finanzagentur.de/de/wirtschafts-stabilisierung/, Abruf vom 23.02.2022.

247 https://www.bls.gov/news.release/jolts.t04.htm, Abruf vom 23.02.2022.

248 https://www.forbes.com/sites/lizelting/2021/11/11/the-incredibly-simple-reason-behind-the-great-resignation/, Abruf vom 23.02.2022.

249 https://www.buzzfeednews.com/article/laurenstrapagiel/burger-king-we-all-quit, Abruf vom 23.02.2022.

250 https://www.ifo.de/node/67877, Abruf vom 23.02.2022.

251 https://twitter.com/BharatRamamurti/status/1480590753592135693, Abruf vom 25.02.2022.

252 https://www.smh.com.au/business/workplace/australia-s-version-of-the-great-resignation-revealed-as-staff-swap-jobs-20211111-p5984f.html, Abruf vom 23.02.2022.

253 https://www.nzz.ch/wirtschaft/sinnkrise-oder-mehr-die-great-resignation-sorgt-fuer-raetsel-ld.1661198, Abruf vom 23.02.2022.

254 https://www.nytimes.com/2021/07/03/world/asia/china-slackers-tangping.html, Abruf vom 23.02.2022.

255 https://stats.oecd.org/Index.aspx?DataSetCode=EPL_OV, Abruf vom 23.02.2022.

256 OECD (Hrsg.), *OECD Employment Outlook 2020, Worker Security and the Covid-19 Crisis, 2020*, S. 170.

257 StepStone (Hrsg.), *Befragung zu Jobsuche und Bewerbung*, 2020.

258 https://www.stepstone.de/Ueber-StepStone/press/funf-arbeitsmarkt-trends-die-2022-wichtig-werden/, Abruf vom 23.02.2022.

259 StepStone (Hrsg.), *Befragung zu Jobsuche und Bewerbung*, 2020.

260 BCG, StepStone, The Network (Hrsg.), *Decoding Global Reskilling and Career Paths*, 2021.

261 StepStone, et al. (Hrsg.), *Future Skills – Future Learning*, 2021.

262 https://data.worldbank.org/indicator/SP.DYN.LE00.IN?locations=DE, Abruf vom 25.02.2022.

263 https://www.demografie-portal.de/DE/Fakten/renteneintrittsalter.html, Abruf vom 23.02.2022.

264 https://www.oecd.org/employment/emp/average-effective-age-of-retirement.htm, Abruf vom 23.02.2022.

265 https://de.statista.com/statistik/daten/studie/216672/umfrage/dauer-des-rentenbezugs-in-deutschland/, Abruf vom 23.02.2022.

266 Wissenschaftlicher Beirat beim Bundesministerium für Wirtschaft und Energie (BMWi) (Hrsg.), *Presseerklärung vom 7. Juni 2021*, S. 1.

267 https://www.destatis.de/DE/Presse/Pressemitteilungen/2021/06/PD21_N041_12.html, Abruf vom 23.02.2022.

268 Blanchard-Fields, F. et al., Age Differences in Everyday Problem-Solving Effectiveness: Older Adults Select More Effective Strategies for Interpersonal Problems, in: *The Journals of Gerontology Series B Psychological Sciences and Social Sciences*, Vol. 62, No. 1, 2007, S. 61ff.

269 https://www.dia-vorsorge.de/demographie/aeltere-sind-besonders-einsam/, Abruf vom 21.02.2022.

270 https://www.destatis.de/DE/Themen/Querschnitt/Demografischer-Wandel/Aeltere-Menschen/erwerbstaetigkeit.html, Abruf vom 23.02.2022.

271 Wu, C. et al., Association of retirement age with mortality: a population-based longitudinal study among older adults in the USA, in: *J Epidemiol Community Health*, Vol. 70, No. 9, 2016, S. 917ff.

272 StepStone (Hrsg.), *Diversity Studie*, 2020.

273 McKinsey & Company (Hrsg.), *Diversity wins: How inclusion matters*, 2020, S. 4.

274 https://www.bcg.com/de-de/publications/2018/how-diverse-leadership-teams-boost-innovation, Abruf vom 23.02.2022.

275 StepStone (Hrsg.), *Diversity Studie*, 2020.

276 https://forge.medium.com/toxic-masculinity-oppresses-men-in-the-workplace-too-210f539fb26f, Abruf vom 27.02.2022.

277 Schein, V. E., The relationship between sex role stereotypes and requisite management characteristics, in: *Journal of Applied Psychology*, Vol. 57, No. 2, 1973, S. 95ff.

278 Hentschel, T. et al., The Multiple Dimensions of Gender Stereotypes: A Current Look at Men's and Women's Characterizations of Others and Themselves, in: *Frontiers in Psychology*, Vol. 10, 2019, S. 1ff.

279 Peus, C. V. et al., On becoming a leader in Asia and America: Empirical evidence from women managers, in: *The Leadership Quarterly*, Vol. 26, No. 1, 2015, S. 55ff.

280 https://www.destatis.de/DE/Themen/Arbeit/Arbeitsmarkt/Qualitaet-Arbeit/Dimension-1/frauen-fuehrungspositionen.html, Abruf vom 27.02.2022.

281 https://www.destatis.de/DE/Themen/Arbeit/Arbeitsmarkt/Erwerbstaetigkeit/Tabellen/erwerbstaetige-erwerbstaetigenquote.html, Abruf vom 27.02.2022.

282 https://www.destatis.de/DE/Presse/Pressemitteilungen/2021/12/PD21_N068_2313.html, Abruf vom 27.02.2022.

283 https://appsso.eurostat.ec.europa.eu/nui/show.do?dataset=lfsa_eppgacob&lang=en, Abruf vom 20.03.2022.

284 https://www.demografie-portal.de/DE/Fakten/teilzeitarbeit-gruende.html?nn=677112, Abruf vom 27.02.2022.

285 Zinn, S. et al., *Kinderbetreuung in Corona-Zeiten: Mütter tragen die Hauptlast, aber Väter holen auf*, DIW Nr. 51, 2020, S. 2.

286 https://www.spiegel.de/panorama/gesellschaft/jutta-allmendinger-zu-retraditionalisierung-ausser-thesen-nichts-gewesen-a-0fa3400e-100e-4883-beee-8726557e1f16, Abruf vom 27.02.2022.

287 Esping-Andersen, G., *The Three Worlds of Welfare Capitalism*, 1990, S. 27.

288 Bundesministerium für Familie, Senioren, Frauen und Jugend (Hrsg.), *Kinder, Haushalt, Pflege – wer kümmert sich?*, 3. Aufl., 2021, S. 22.

289 https://www.brookings.edu/essay/the-history-of-womens-work-and-wages-and-how-it-has-created-success-for-us-all/, Abruf vom 27.02.2022.

290 Bundesministerium für Familie, Senioren, Frauen und Jugend (Hrsg.), *Zweiter Gleichstellungsbericht der Bundesregierung – eine Zusammenfassung*, 2. Aufl., 2018, S. 11.

291 https://www.gehalt.de/news/gender-pay-gap-welche-branchen-sind-besonders-stark-betroffen, Abruf vom 27.02.2022.

292 Geis-Thöne, W., *Kinderbetreuung: Über 340.000 Plätze für unter Dreijährige fehlen*, IW-Kurzbericht Nr. 96, 2020, S. 1.

293 https://www.destatis.de/DE/Presse/Pressemitteilungen/2020/09/PD20_380_225.html, Abruf vom 20.03.2022.

294 Seils, E., *Die Betreuung von Kindern unter drei Jahren*, WSI Report, Nr. 9, 2013, S. 6f.

295 SPD, Bündnis 90/Die Grünen und FDP (Hrsg.), *Koalitionsvertrag 2021–2025*, 2021, S. 92.

Teil 4: Ein New Deal gegen die Arbeiterlosigkeit

1 Seiler, A. J., *Siamo italiani – Die Italiener, Gespräche mit italienischen Arbeitern in der Schweiz*, 1965, Vorwort.

Zitate auf dem Buchumschlag

Jimenez, F., Özgenc, K., »Mister Arbeitsmarkt«: https://www.businessinsider.de/karriere/stepstone-chef-sebastian-dettmers-fordert-ende-der-kuendigungsfristen-d/, Abruf vom 03.05.2022.

Langwald, T., »Dettmers spürt den Puls des deutschen Arbeitsmarkts so unmittelbar wie nur wenige Unternehmenslenker.«: https://www.waz.de/podcast/wirtschaftsreporter/ein-neuer-name-fuers-centro-oberhausen-und-eine-seilbahn-id233149045.html, Abruf vom 03.05.2022.